主　　编　曹士兵　国家法官学院副院长
副 主 编　关　毅　国家法官学院科研部主任
　　　　　刘　畅　国家法官学院科研部副主任
主编助理　边疆戈　国家法官学院编辑
　　　　　苏　烽　国家法官学院编辑

《中国法院年度案例》编辑人员（按姓氏笔画）
边疆戈　关　毅　刘　畅　苏　烽　孟　军
罗胜华　赵丽敏　唐世银　曹士兵　曹海荣
梁　欣　程　瑛

本书编审人员　赵丽敏

中国法院
2016年度案例

国家法官学院案例开发研究中心◎编

劳动纠纷

中国法制出版社
CHINA LEGAL PUBLISHING HOUSE

《中国法院年度案例》通讯编辑名单

序

《中国法院年度案例》丛书，是国家法官学院于2012年开始编辑出版的一套大型案例丛书，之后每年初定期出版，由国家法官学院案例开发研究中心具体承担编辑工作。此前，该中心坚持20余年连续不辍编辑出版了《中国审判案例要览》丛书80余卷，分中文版和英文版在海内外发行，颇有口碑，享有赞誉。现在编辑出版的《中国法院年度案例》丛书，旨在探索编辑案例的新方法、新模式，以弥补当前各种案例书的不足。该丛书2012—2015年已连续出版4套，一直受到读者的广泛好评，并迅速售罄。为响应读者需求，2014年度新增3个分册：金融纠纷、行政纠纷、刑事案例。2015年度将刑事案例调整为刑法总则案例、刑法分则案例2册。现国家法官学院案例开发研究中心及时编撰推出《中国法院2016年度案例》系列，新增知识产权纠纷分册，共20册。

党的十八届四中全会提出了建设中国特色社会主义法治体系，建设社会主义法治国家的依法治国的总目标，对司法体制改革和司法审判提出了新的标准和要求，特别强调加强和规范司法解释和案例指导，统一法律适用标准。法律的生命在于实施，而法律实施的核心在于法律的统一适用。《中国法院年度案例》丛书出版的价值追求，即是公开精品案例，研究案例所体现的裁判方法和理念，为司法统一贡献力量。

总的说来，当前市面上的案例丛书大多“不好读”，存在篇幅长、无效信息多、案例情节杂、缺乏深加工等不足。《中国法院年度案例》丛书试图把案例书籍变得“好读有用”，故在编辑中坚持以下方法：一是高度提炼案例内容，控制案例篇幅，每个案例基本在3000字以内；二是突出争议焦点，剔除无效信息，尽可能在有限篇幅内为读者提供有效、有益的信息；三是注重对案件裁判文书的再加工，大多数案例由案件的主审法官撰写“法官后语”，高度提炼、总结案例的指导价值。

同时，《中国法院年度案例》丛书还有以下特色：一是信息量大。国家法官学院案例开发研究中心每年从全国各地法院收集到的上一年度审结的典型案例超过10000件，《中国法院年度案例》有广泛的选编基础，可提供给读者新近发生的全国各地的代表性案例。二是方便检索。为节约读者选取案例的时间，丛书分卷细化，每卷下还将案例主要根据案由分类编排，每个案例用一句话概括焦点问题作为主标题，让读者一目了然，迅速找到需要的案例。

总之，编辑《中国法院年度案例》就是为了让案例类书籍简便、易用，这既是本丛书的特点，也是编辑出版这套丛书的理由。中国法制出版社始终坚持全力支持《中国法院年度案例》的出版，给了作者和编辑们巨大的鼓励。我们在此谨表谢忱，并希望通过共同努力，逐步完善，做得更好，真正探索出一条编辑案例书籍的新路，更好地服务于学习、研究法律的读者，服务于社会，服务于国家的法治建设。

本丛书既可作为法官、检察官、律师等实务工作人员办案权威参考和培训推荐教程，也是社会大众学法用法的极佳指导，亦是教学科研机构案例研究配备精品。当然，案例作者和编辑在编写过程中也不能一步到位实现最初的编写愿望，可能会存在各种不足，甚至错误，欢迎读者批评指正，我们愿听取建议，并不断改进。

曹士兵

目　录

Contents

一、确认劳动关系

二、劳动合同

三、社会保险

四、追索劳动报酬、经济补偿金

五、竞业限制

六、举证责任分配

七、时效及其他

一、确认劳动关系

1

存在“厂中厂”情况下的劳动关系认定

——刘素平诉无锡市中恒汽配有限公司确认劳动关系案

【案件基本信息】

1. 裁判书字号

江苏省无锡市中级人民法院（2014）锡民终字第1877号民事判决书

2. 案由：确认劳动关系纠纷

3. 当事人

原告（被上诉人）：刘素平

被告（上诉人）：无锡市中恒汽配有限公司（以下简称中恒公司）

【基本案情】

2013年4月2日，刘素平在中恒公司的厂房中受伤，后被送往无锡市手外科医院治疗。2013年12月10日，刘素平向无锡市南长区劳动人事争议仲裁委员会（以下简称“南长区仲裁委”）提出申诉，要求确认与中恒公司之间存在劳动关系。南长区仲裁委认为刘素平未提供与中恒公司之间具有劳动关系的初步证据，不符合受理条件，于同日做出不予受理通知书。刘素平遂诉至法院，认为其是看到中恒公司的招聘广告才去应聘的，应聘初期是中恒公司的管理人员李某松接待的，在入职后都是中恒公司的员工徐某强安排工作并对包括其在内的工人进行管理，且在受伤后与公司的老板刘某领进行过协商，故要求确认其在2013年4月2日与中恒公司存在劳动关系。中恒公司辩称，其公司将部分厂房租赁给一个名叫李某松的个人使用，刘素平系李某松个人雇佣，平时受李某松管理，事发后亦是李某松送刘素平住院治疗，之所以其公司股东刘某领会与刘素平进行协商是受李某松的委托，故刘素平与其公司之间并不存在劳动关系。诉讼中，李某松在法院调查过程中自认刘素平系其个人雇佣。

【案件焦点】

在案外人自认与受伤劳动者存在雇佣关系的情况下，如何认定受伤劳动者与何单位存在劳动关系。

【法院裁判要旨】

江苏省无锡市高新技术产业开发区人民法院经审理认为：双方对于刘素平在中恒公司经营地受伤的事实没有异议，只是对于刘素平属于中恒公司的员工，还是受李某松雇佣存在争议，故作为经营地所有者的中恒公司对此负有举证责任。虽然案外人李某松主动向法院表明其是租用中恒公司的场地进行经营，刘素平是受其雇佣的，但中恒公司仅提供了与李某松签订的租赁协议，未能提供租金交纳或其他凭证证明租赁关系的事实。中恒公司作为依法成立的公司法人，应当建立完善的财务制度，但根据中恒公司提供的财务账册来看，在其主张的与李某松租赁关系期间财务账册中并没有交纳租赁费的记载，无法佐证中恒公司与李某松之间存在租赁关系的主张。而根据刘素平提供的录音资料，在录音资料中刘某领并没有提及自己是受李某松委托代为协商处理刘素平受伤一事，而是直接要求刘素平上班，并提及后续的处理问题。综合双方的举证情况，刘素平的陈述与其提供的证据所要证实的事实能够予以佐证，且能形成较为完整的证据链，具有高度盖然性；而中恒公司提供的证据尚不足以证明其主张，故应当承担举证不能的不利后果。综上，依照《最高人民法院关于民事诉讼证据的若干规定》第二条、参照《劳动和社会保障部〈关于确立劳动关系有关事项的通知〉》第二条之规定，判决如下：

确认刘素平在 2013 年 4 月 2 日与中恒公司存在劳动关系。

中恒公司不服提起上诉。江苏省无锡市中级人民法院经审理认为：认定事实劳动关系，首先要考虑劳动者与用人单位之间是否具有建立劳动关系的合意，再结合劳动者是否实际接受用人单位的管理、指挥或者监督，劳动者提供的劳动是否是用人单位业务的组成部分，用人单位是否向劳动者提供基本劳动条件，以及向劳动者支付报酬等因素综合认定。本案中，对于刘素平在中恒公司所有的厂房内受伤这一事实，双方当事人均无异议。双方存有争议的问题在于，是否认定刘素平是中恒公司的员工，中恒公司认为其公司将厂房租赁给了李某松，刘素平系李某松雇佣的员工。刘素平为证明其与中恒公司之间存在事实劳动关系，提供了工作服照片、录音资料等证据予以证明，初步证明了与中恒公司之间的劳动关系。中恒公司则提供了与李某松之间的厂房设备租赁协议、送货单以及证人证言，证明其主张的事实。对此，本院认为，中恒公司未能提供租赁协议实际履行的依据，即使其所称的租赁事实存在，但刘素平是看到中恒公司门口的招聘启事应聘的，李某松租用的厂房并没有指示牌，且李某松在庭审中陈述，其平时税收由中恒公司代为处理，以中恒公司名义开具票据，刘素平又有中恒公司的工作服，事发后又是中恒公司股东刘某领与其协商相关赔偿事宜。因此，刘素平有理由相信其是与中恒公司之间建立的劳动关系。中恒公司所称的租赁关系即使真实，其也没有提供证据证明刘素平对此是明知的，且无法证明刘素平与李某松中间有建立雇佣关系的合意。

无锡市中级人民法院依照《中华人民共和国民事诉讼法》第一百七十条第一款第（一）项之规定，作出如下判决：

驳回上诉，维持原判。

【法官后语】

《劳动合同法》明确规定：建立劳动关系，应当订立书面劳动合同。但现实生活中还存在着大量的事实劳动关系，特别是一些用人单位为了规避用工风险，通过与个人签订所谓的厂房租赁协议、承包协议等形式，名义上将公司的部分业务转由个人经营，实际上仍由公司幕后操纵、管理，形成了所谓的“厂中厂”模式，在此种模式下的用工比较混乱，一旦在用工过程中出现伤亡事故，则用人单位往往以伤亡劳动者系个人雇佣、与公司无关为由拒绝承担责任，侵犯劳动者的合法权益。对于此类案件，法院在审查过程中应当根据劳动者与用人单位之间是否具有建立劳动关系的合意，劳动者是否实际接受用人单位的管理、指挥或者监督，劳动者提供的劳动是否是用人单位业务的组成部分，用人单位是否向劳动者提供基本劳动条件，以及向劳动者支付报酬等因素综合认定。

本案中，双方对于刘素平在中恒公司所有的厂房中受伤均无异议，双方的争议在于刘素平是中恒公司的员工还是受李某松的个人雇佣。刘素平为证明其与中恒公司之间存在事实劳动关系，提供了工作服照片、录音资料等证据予以证明，初步证明了与中恒公司之间的劳动关系。在此种情况下，根据民事诉讼举证责任分配的原则，中恒公司应当对双方不存在劳动关系负举证责任。虽然中恒公司提供的证人李某松当庭表示是其租用了中恒公司的部分厂房、刘素平是其个人雇佣的，但这仅是个人的陈述，其与中恒公司均未能提供证据证明租赁合同已经实际履行，且根据证人李某松的陈述，其平时税收由中恒公司代为处理且以中恒公司名义开具票据，进一步证明了对外是以中恒公司名义进行经营。而刘素平在用人单位未与其签订劳动合同的情况下，根据其应聘时看到的是张贴在中恒公司的招聘启事、工作中所穿是中恒公司的工作服，以及事发后又是中恒公司股东刘某领与其协商相关赔偿事宜等迹象，有理由相信其是与中恒公司建立的劳动关系。

编写人：江苏省无锡市高新技术产业开发区人民法院　胡艳丽

2

能否确认车辆实际所有人聘用的司机与车辆挂靠单位之间存在事实劳动关系

——高金银诉北京昌顺运输有限责任公司确认劳动关系案

【案件基本信息】

1. 裁判书字号

北京市第二中级人民法院（2014）二中民终字第09887号民事判决书

2. 案由：确认劳动关系

3. 当事人

原告（上诉人）：高金银

被告（被上诉人）：北京昌顺运输有限责任公司（以下简称昌顺运输公司）

【基本案情】

昌顺运输公司许可经营项目为普通货运、货物专用运输（罐式）（道路运输经营许可证有效期至2014年5月6日）。

高金银主张其自2009年3月经王某明招聘驾驶渣土车，一般在建筑工地上运输渣土、建筑用材等，由王某明的亲属郑某对其进行管理和安排工作内容，且由王某明的妻子向其直接以签字领取现金的形式发放劳动报酬，无固定的工资发放周期，平时以借支的名义领取报酬，在每年春节前再结算总工资，2013年1月12日之前的工资已经结算清；自2011年2月，其因家中有事，休息一年多；此后，其经王某明再次招聘于2012年4月29日重新入职昌顺运输公司，工作内容、用工形式、管理人员等并未发生变化。高金银还称王某明系以昌顺运输公司名义进行招聘，王某明出示载有昌顺运输公司名称的渣土车车辆行车本，此种渣土车在新购时无法登记在个人名下，个人无法办理此种车辆的运输证，须以公司名义营运；除此之外，昌顺运输公司为相关车辆提供道路运输证、二级维护证，有时去建筑工地拉渣土时，渣土车辆的挡风玻璃处摆放有昌顺运输公司牌子，车辆停靠地点先后是北京市丰台区××村、北京市丰台区永合庄×号某大院。

昌顺运输公司则主张王某明将本人出资购买的车辆挂靠在其公司名下，实际车主王某明借用其公司车辆运营资质，但王某明及妻子并非其公司员工，郑某亦与其公司无关；其公司未实际使用过挂靠车辆，未曾招聘高金银，也未曾为高金银缴纳社会保险等；其公司允许王某明将车辆挂靠在其公司名下是否合法，与本案无关。因而，昌顺运输公司认为高金银系由王某明雇佣，其公司与高金银不存在劳动关系。

高金银为证明其诉讼主张，提交以下证据为证：1. 公安交通管理简易程序处罚决定书7份，证明其驾驶的车辆属于昌顺运输公司，从而说明双方存在劳动关系。高金银解释称其驾驶属于昌顺运输公司的车辆因违规被罚款后，由郑某等缴纳罚款后再向其返还缴费单据。2. 住院病案首页、入院记录、手术记录和出院记录，证明其受伤情况。其中，住院病案首页载明高金银住院时间为2013年1月15日至同年2月11日，手术记录载明高金银被诊断为左股骨粗隆间骨折、左跟骨骨折，出院记录载明建议全休一个月，一个月后门诊复查，不适随诊。高金银解释称：2013年1月12日下午三点左右，其与王某明的姐夫前往丰台区二七厂拉炉渣，因装载量过大，其欲爬上车顶进行平整，但由于未抓稳而摔伤，此后由王某明将其送往医院治疗，住院费用由王某明支付。昌顺运输公司认可上述证据的真实性，但不认可上述证据的证明目的和关联性，称其公司与王某明系挂靠关系，王某明不受其公司管理。

诉讼中，王某明出庭作证称：车牌号为京G5××02、京G8××41、京G7××09、京G8××39的车辆由其出资购买并挂靠在昌顺运输公司名下，认可上述《车辆挂靠合同》及其签名的真实性，昌顺运输公司只负责协助其办理车辆行驶证等车辆手续方面的事项，由其本人安排车辆的具体运营和招用司机等，运营方面不受昌顺运输公司的任何管理，每年春天以现金的形式向昌顺运输公司交纳服务费，由昌顺运输公司向其出具收据；其基本上未以昌顺运输公司名义与客户签订合同，若有需要则其本人借用其他公司的名义与客户签订合同；高金银在2009年通过别人介绍而担任司机为其干活（干了一段时间，中间停了一段时间，后来又来干了，具体时间段记不清了），由其亲属郑某对高金银等司机进行管理，由其妻子为高金银等支付报酬（2009年月工资为3000元左右，2012年月工资大概为3000元左右，2013年月工资涨到4000元左右），不是每月固定开支，已支付完高金银的工资，高金银与昌顺运输公司不存在劳动关系；其知道高金银受伤的情况，其姐夫高岳良负责平车，而高金银作为司机负责开车，但高金银擅自爬车而摔伤，事后其将高金银送到医院进行治疗，其以现金形式为高金银支付了在医院的所有开销6、7万元左右；其曾将挂靠在昌顺运输公司名下的车辆先后停靠在北京市丰台区××村、永合庄×号某大院。

昌顺运输公司为证明王某明与其公司存在挂靠关系，提交《车辆挂靠合同》和收据为证。1. 落款日期均为2009年3月24日的两份《车辆挂靠合同》中约定：王某明将其自筹资金购置的车辆挂靠在昌顺运输公司，车辆所有权、使用权归属王某明；王某明须遵守昌顺运输公司的各项规章制度，接受统一管理，依法经营、照章纳税，定期上缴税费；王某明每年向昌顺运输公司缴纳服务费1000元（每年一次等级评定、两次二级维护的费用由王某明承担，收取后概不退还）；王某明每年须为挂靠的车辆投保，并由昌顺运输公司统一代理，若不通过昌顺运输公司代理，则王某明每次应交纳违约金5000元，每年须提前10天一次性交清保险费（其中第三者责任险至少为50万元，此属强制性保险），若王某明拖欠保费则应交纳滞纳金；

昌顺运输公司对王某明发生损害其公司名誉的事件有权作出处理和要求赔偿，按有关规定严格考核安全、质量等指标；若王某明违反本合同规定，昌顺运输公司有权注销车辆的所有手续，挂靠车辆的一切证件归昌顺运输公司所有；车辆过户或者转卖须经昌顺运输公司同意，过户及转卖时须交清所有税费；车辆自落户之日，四年内禁止过户，公司内部车辆转卖自由等。王某明根据《车辆挂靠合同》将车牌号为京 G5××02、京 G8××41 等车辆挂靠在昌顺运输公司名下，该挂靠车辆在车辆登记机构登记的车主为昌顺运输公司。高金银以《车辆挂靠合同》违法为由对该证据的真实性和证明目的均不予认可，并表示其对《车辆挂靠合同》并不知情。2. 收据载明：王某明分别在 2009 年 3 月 19 日、2011 年 3 月 8 日、2012 年 3 月 14 日、2013 年 3 月 15 日、2014 年 3 月 17 日向昌顺运输公司支付的费用金额依次为 4000 元、8000 元、4000 元、4000 元、4000 元。高金银认可收据的真实性，但表示其对王某明向昌顺运输公司支付挂靠费用并不知情。

本案审理中，昌顺运输公司和王某明均未提交证据证明曾将二者之间的车辆挂靠关系告知高金银。

2013 年 9 月 16 日，高金银向北京市大兴区劳动人事争议仲裁委员会（以下简称大兴区仲裁委）申请劳动仲裁，要求确认昌顺运输公司与其自 2009 年 3 月至 2013 年 9 月 16 日起存在劳动关系。2013 年 12 月 11 日，大兴区仲裁委经审理作出京兴劳人仲字［2013］第 3330 号裁决书，裁决驳回高金银全部仲裁请求。高金银不同意该仲裁裁决结果，起诉至原审法院。

【案件焦点】

1. 能否确认车辆实际所有人雇佣的司机与车辆被挂靠单位之间存在事实劳动关系；2. 若确认是否存在事实劳动关系，应满足哪些因素。

【法院裁判要旨】

北京市大兴区人民法院经审理认为：当事人对自己提出的诉讼请求所依据的事实或反驳对方诉讼请求所依据的事实有责任提供证据加以证明。没有证据或者证据不足以证明当事人事实主张的，由负有举证责任的当事人承担不利后果。高金银自认系案外人王某明招用，王某明的妻子为其发放工资；劳动过程中，其直接接受郑某安排、管理；但高金银未能提供证据证明王某明、王某明的妻子、郑某上述行为系代理昌顺运输公司的行为。昌顺运输公司提交车辆挂靠合同主张其公司与高金银不存在劳动关系，高金银工作中使用的车辆实际车主系王某明。王某明接受法庭询问时认可其与昌顺运输公司之间系挂靠关系，高金银系其个人雇佣的司机。综上，法院认为高金银所提交的证据不足以证明其与昌顺运输公司存在劳动关系，对高金银要求确认其与昌顺运输公司自2009年3月至2013年9月16日存在劳动关系的诉讼请求，法院不予支持。2014年8月，北京市大兴区人民法院作出如下判决：

驳回高金银的诉讼请求。

高金银持原审起诉意见提起上诉。北京市第二中级人民法院经审理认为：《中华人民共和国道路运输条例》第二十五条和《北京市道路运输条例》第十二条均规定道路货物运输实行运营许可制度，《中华人民共和国行政许可法》第九条规定"依法取得的行政许可，除法律、法规规定依照法定条件和程序可以转让的外，不得转让。"据此，从事道路货物运输经营的单位或个人，应按照法律法规的程序和条件取得相应的经营许可；经申请获得经营许可资质的单位或个人，不得转让、出租道路运输许可证件。昌顺运输公司与王某明签订《车辆挂靠合同》，以其公司名义为挂靠车辆办理车辆运营证件和手续，允许无经营许可资质的王某明利用该运营证件和手续从事道路运输活动，违反上述强制性规定。

昌顺运输公司虽称其公司与高金银不存在劳动关系，但本案现有证据不能证明其公司的此项主张。其一，昌顺运输公司允许无经营许可资质的王某明从事本应属于其公司许可经营范围的道路运输业务，不仅违反法律法规的强制性规定，还以收取挂靠费的形式获取不正当利益，其公司需承担用工主体责任。其二，虽然形式上由王某明使用昌顺运输公司提供的车辆运输证件从事经营活动，但由高金银直接驾驶登记在昌顺运输公司名下的相关运输车辆并使用车辆运输证件，长期的工作经历足以使高金银认为系由昌顺运输公司为其提供劳动工具。其三，昌顺运输公司虽提交了《车辆挂靠合同》及挂靠费用收据证明其公司与王某明为挂靠关系，但在其公司和王某明均未提交证据证明已将车辆挂靠关系、由王某明直接与高金银建立雇佣关系等事项告知高金银的情况下，昌顺运输公司与王某明之间签订车辆挂靠合同、支付挂靠费用的行为对第三者高金银无约束力，亦对高金银要求确认其与昌顺运输公司存在劳动关系的主张不具有对抗效力。其四，在王某明出示载有昌顺运输公司名称的车辆行驶本、道路运输证、二级维护证等证件的情况下，高金银作为普通劳动者有理由相信王某明系代表昌顺运输公司进行招工和劳动管理，并善意形成其本人是为昌顺运输公司提供劳动并建立劳动关系的信赖，昌顺运输公司对此信赖的形成负有法律责任且须承担相应的法律后果。综合上述因素，二审法院对高金银关于其与昌顺运输公司之间存在劳动关系的上诉主张予以采纳，认定高金银与昌顺运输公司存在事实劳动关系。原审法院对此处理不妥，二审法院予以纠正。

昌顺运输公司作为用人单位应当对劳动关系的存续期间负有举证责任，但其公司未在举证责任范围内尽到必要的举证义务。此种情况下，结合高金银关于其实际提供劳动的期间以及王某明的相关陈述，对高金银要求确认其在 2009 年 3 月至 2011 年 1 月、2012 年 4 月 29 日至 2013 年 1 月 12 日期间与昌顺运输公司存在劳动关系的请求，二审法院予以支持；高金银于 2013 年 1 月 12 日受伤后虽未再实际提供劳动，然而昌顺运输公司并未作出解除劳动关系的处理决定，考虑到高金银的受伤程度及恢复情况，对其要求确认 2013 年 1 月 13 日至同年 9 月 16 日期间与昌顺运输公司存在劳动关系的请求，二审法院亦予以支持。但因高金银在 2011 年 2 月至 2012 年 4 月 28 日期间长期未实际提供劳动，故对其要求在此期间与昌顺运输公司存在劳动关系的请求，二审法院不予支持。2014 年 12 月，北京市第二中级人民法院依据《中华人民共和国劳动合同法》第七条，《中华人民共和国行政许可法》第九条，《中华人民共和国道路运输条例》第二十五条，《北京市运输条例》第十二条，《中华人民共和国民事诉讼法》第一百七十条第一款第（二）项之规定，判决如下：

一、撤销北京市大兴区人民法院（2013）大民初字第 14714 号民事判决；

二、确认高金银在 2009 年 3 月至 2011 年 1 月、2012 年 4 月 29 日至 2013 年 9 月 16 日期间与北京昌顺运输有限责任公司存在劳动关系。

【法官后语】

车辆实际所有人聘用的司机要求确认与车辆挂靠单位存在事实劳动关系的案件，普遍存在受聘用司机在工作中受伤的情况。最高人民法院针对车辆实际所有人聘用的司机与车辆挂靠单位是否存在事实劳动关系，所作出的相关司法解释、答复之间存在矛盾。为统一裁判标准，需要对上述司法实践中面临的劳动关系认定和工伤责任承担问题进行剖析。

1. 最高人民法院行政审判庭于 2007 年 12 月 3 日对安徽省高级人民法院做出的

《关于车辆挂靠其他单位经营车辆实际所有人聘用的司机工作中伤亡能否认定为工伤问题的答复》（［2006］行他字第17号）的内容为：个人购买的车辆挂靠其他单位且以挂靠单位的名义对外经营的，其聘用的司机与挂靠单位之间形成了事实劳动关系，在车辆运营中伤亡的，应当适用《劳动法》和《工伤保险条例》的有关规定认定是否构成工伤。

2. 最高人民法院于2013年10月28日对安徽省高级人民法院做出的《关于车辆实际所有人聘用的司机与挂靠单位之间是否形成事实劳动关系的答复》（［2013］民一他字第16号）的内容为：个人购买的车辆挂靠其他单位且以挂靠单位的名义对外经营的，根据2008年1月1日起实施的《劳动合同法》规定的精神，其聘用的司机与挂靠单位之间不具备劳动关系的基本特征，不宜认定其形成了事实劳动关系。

3.《最高人民法院关于审理工伤保险行政案件若干问题的规定》第三条第一款第（五）项规定："个人挂靠其他单位对外经营，其聘用的人员因工伤亡的，被挂靠单位为承担工伤保险责任的单位。"经了解得知行政审判庭目前仍以民事审判庭确认劳动关系作为工伤行政案件的审理前提，若民事审判庭确认双方不存在劳动关系，则行政审判庭不支持劳动者要求认定工伤的诉求，致使劳动者依据《最高人民法院关于审理工伤保险行政案件若干问题的规定》第三条第一款第五项要求被挂靠单位承担工伤保险责任，仍存在现实困难。

上述规定在逻辑和理念上的不统一，致使实践中对"能否确认车辆实际所有人聘用的司机与车辆挂靠单位之间存在事实劳动关系"司法裁量标准和结论的不一致。目前，对此问题存在以下三种观点：

第一种观点，道路货物运输和客运实行运营许可制度，依法取得的行政许可，除法定可以转让的情形外不得转让。据此，经申请获得经营许可资质的单位或个人，若非法转让、出租道路运输许可证件，则可以确认车辆实际所有人聘用的司机与车辆被挂靠单位之间存在劳动关系。理由如下：1. 车辆被挂靠单位允许无经营许可资质的车辆实际所有人，从事本应属于其单位许可经营范围的道路运输业务，不仅违反法律法规的强制性规定，还以收取挂靠费的形式获取不正当利益，其单位需承担用工主体责任。2. 劳动者直接驾驶登记在车辆被挂靠单位名下的相关运输车辆并使用车辆运输证件等，长期的工作经历足以使劳动者认为系由车辆被挂靠单位为其提供劳动工具。3. 即使车辆被挂靠单位提交《车辆挂靠合同》、挂靠费用收据等证据，证明其单位与车辆实际所有人为挂靠关系，但若其单位和车辆实际所有人未提交证据证明已将车辆挂靠关系、由车辆实际所有人直接与劳动者建立雇佣关系等事项告知劳动者的情况下，车辆被挂靠单位与车辆实际所有人之间签订车辆挂靠合同、支付挂靠费用的行为对作为第三人的劳动者无约束力，亦对劳动者要求确认其与车辆被挂靠单位存在劳动关系的主张不具有对抗效力。4. 在车辆实际所有人出示或者劳动者经常使用载有车辆被挂靠单位名称的车辆行驶本、道路运输证、二级维护证或其他证件的情况下，劳动者有理由相信车辆实际所有人系代表车辆被挂靠单位进行招工和劳动管理，并善意形成其本人是为车辆被挂靠单位提供劳动并建立劳动关系的信赖，车辆被挂靠单位对此信赖的形成负有法律责任且须承担相应的法律后果。综合上述因素，应认定劳动者与车辆被挂靠单位存在事实劳动关系。

第二种观点，《劳动合同法》实施后，对劳动关系的认定一般应依据书面劳动合同，严格审查无书面劳动合同而形成的事实劳动关系，不得随意扩大劳动关系的认定范围。车辆实际所有人雇佣的司机与车辆被挂靠单位之间不符合原劳动和社会保障部《关于确立劳动关系有关事项的通知》的文件内容，也不符合事实劳动关系的基本特征。理由如下：1. 劳动者和车辆被挂靠单位并不存在提供劳动与支付报酬之间的稳定对价关系，劳动者的报酬并非由车辆被挂靠单位直接发放；2. 劳动者与车辆被挂靠单位之间并未在提供劳动过程中形成劳动管理与被管理关系，劳动者的劳动内容并非由车辆被挂靠单位具体安排；3. 劳动者与车辆被挂靠单位之间并不存在人身依附性；4. 劳动者和车辆被挂靠单位也不存在建立劳动关系的合意。5.《最高人民法院关于审理工伤保险行政案件若干问题的规定》第三条第一款第（五）项表述“个人挂靠其他单位对外经营，其聘用的人员因工伤亡的，被挂靠单位为承担工伤保险责任的单位”，该条文仅指明被挂靠单位承担何种形式的责任，未明确被挂靠单位与劳动者存在劳动关系。因而，从严格掌握劳动关系内涵和外延的角度出发，不应认定车辆实际所有人雇佣的司机与车辆被挂靠单位之间存在事实劳动关系。

第三种观点认为，虽然车辆实际所有人雇佣的司机与车辆被挂靠单位之间不符合事实劳动关系的基本特征，但为了解决工伤保险待遇问题，可以确认车辆实际所有人雇佣的司机与车辆被挂靠单位之间建立拟制劳动关系，但劳动者不得据此主张解除劳动关系经济补偿金、未签订书面劳动合同双倍工资等其他劳动关系项下的劳动权利。

上述三种观点各抒己见，具有启发和参考意义，但第二、三种观点具有片面性。其中，第二种观点虽强调了用人单位与劳动者之间客观方面的人身依附关系和主观方面的“合意”因素对能否建立劳动关系的重要性，却忽略了实践中违法挂靠中松散劳动管理所导致的人身依附关系脆弱性，以及劳动环境可能促使劳动者确信其所提供劳动的对象即为被挂靠单位的特殊性；第三种观点单纯便于解决车辆实际所有人聘用的司机在工作中受伤后的工伤认定问题，突破传统劳动关系的内涵和外延而提出“拟制劳动关系”的概念，不仅不利于维护劳动法体系和理论基础的稳定性，也不利于遏制违法挂靠现象的蔓延，从而损害劳动者正当的劳动权利。

鉴于司法实践的复杂性，能否确认车辆实际所有人雇佣的司机与车辆被挂靠单位为事实劳动关系，需结合具体案情谨慎处理，正确理解劳动关系的形式特征和实质特征，切实保护劳动者合法权益，避免被挂靠单位转嫁用工风险。建议在办理此类案件时综合考量以下因素：其一，车辆被挂靠单位是否违反《道路运输条例》等关于货运（包括危险品运输）、客运的运营许可制度，并从中获取不正当利益；其二，车辆实际所有人以其个人名义还是以被挂靠单位的名义进行招工和日常劳动管理；其三，劳动者对车辆被挂靠单位与车辆实际所有人之间的车辆挂靠协议、车辆挂靠费用的支付等情况是否知情；其四，是否有足够的因素促使劳动者形成其向被挂靠单位提供劳动并建立劳动关系的心理信赖；其五，车辆被挂靠单位对挂靠车辆是否存在某种形式的管理。

如果劳动者对实际挂靠关系并不知情，且由于车辆实际所有人或者被挂靠单位存在未及时履行释明义务等方面的明显过错，从而放纵或促使劳动者在长期劳动过程中形成其提供劳动的对象即为被挂靠单位的心理信赖，鉴于被挂靠单位作为劳动者所提供劳动的受益者之一，长期并未提出拒绝劳动者提供劳动的意思表示，可以视为被挂靠单位与劳动者具有建立劳动关系的合意。此外，被挂靠单位在知情的前提下，对车辆实际所用人若存在利用其单位名义进行招工、管理或者发放薪酬等行为予以默认，劳动者有足够理由认为车辆实际所用人系作为被挂靠单位的代理人行使直接劳动管理权。上述情况，应依法确认车辆实际所有人聘用的司机与车辆被挂靠单位之间存在事实劳动关系，便于劳动者在因工受伤的情况下向被挂靠单位主张工伤保险待遇等，避免非因劳动者过错而致使其本人游离在劳动法体系的保护之外的情况出现；否则，劳动者只能主张人身损害赔偿。鉴于侵权之诉与工伤保险待遇之诉在责任主体、举证责任和标准、过错责任承担等方面均存在较大差异，前者不利于最大限度地保护劳动者的合法权益。

综上，判断能否确认车辆实际所有人聘用的司机与车辆被挂靠单位之间存在事实劳动关系，关键在于是否有充足的因素促使司机形成其提供劳动的对象即为车辆被挂靠单位的认识，以及产生接受被挂靠单位劳动管理的心里信赖，避免过于突出传统意义上的“合意”因素在判断劳动关系时的作用。

编写人：北京市第二中级人民法院　朱涛

3

用人单位工商注册登记之前是否与劳动者存在劳动关系

——王共贤诉李瑞军劳动争议案

【案件基本信息】

1. 裁判书字号

北京市第二中级人民法院（2014）二中民终字第09976号民事判决书

2. 案由：劳动争议纠纷

3. 当事人

原告（上诉人）：王共贤

被告（被上诉人）：李瑞军

【基本案情】

王共贤称其2011年6月至2012年7月2日期间在李瑞军经营的精功眼镜店工作，2012年7月2日之后李瑞军将其店面注册成立瞳亮眼镜店。王共贤继续在其店内工作，工作至2013年2月19日。2011年6月至2012年7月2日期间，李瑞军未与王共贤签订劳动合同且未缴纳社保。

李瑞军辩称其2012年7月2日成立瞳亮眼镜店，王共贤所述的2011年6月至

2012 年 7 月 2 日期间在其眼镜店工作与事实不符。并称在 2012 年 3、4 月份找王共贤零星的加工一些镜片，双方仅属于加工承揽关系，没有劳动关系。

王共贤主张 2011 年 6 月至 2012 年 7 月 2 日期间与李瑞军经营的瞳亮眼镜店存在劳动关系，并提供镜片报损记录和镜片销售记录据以证明。镜片报损记录显示 2012 年 2 月 2 日至 2012 年 7 月 10 日期间的镜片报损日期、镜片型号、磨损原因及李瑞军签名。2009 年 9 月 17 日至 2010 年 5 月 23 日期间镜片销售记录，载有李瑞军签字。王共贤主张以上证据证明李瑞军经营的精功眼镜店自 2009 年 9 月 17 日就开始试营业了。

【案件焦点】

王共贤是否与未进行工商注册登记的瞳亮眼镜店存在劳动关系。

【法院裁判要旨】

北京市丰台区人民法院经审理认为：当事人对于自己的主张，有责任提供证据。王共贤主张其提交的镜片报损记录和镜片销售记录均证明自 2011 年 6 月至 2012 年 7 月 2 日期间与精功眼镜店存在劳动关系。虽然瞳亮眼镜店是精功眼镜店的加盟店，但是王共贤未能证明其向本院提交的精功眼镜配镜单即为瞳亮眼镜店加盟的精功眼镜店所使用，故对于该证据的关联性，本院不予认可。李瑞军虽不认可镜片报损记录及销售记录上签名为其本人所签，但未能向本院提供相关证据，故对王共贤认为该签名为李瑞军本人签字的主张，本院予以采信。镜片报损记录未能体现王共贤加工眼镜系瞳亮眼镜店业务的组成部分，镜片销售记录亦不能证明李瑞军的签字系代表瞳亮眼镜店所签，故对于二份证据的关联性，本院不予采信。参照《劳动和社会保障部关于确立劳动关系有关事项的通知》第一条之规定，王共贤提交的上述证据均不足以证明其与李瑞军存在符合上述规定之情形，亦不足以证明其与李瑞军存在劳动关系，故其主张未签订劳动合同二倍工资的诉讼请求，没有事实及法律依据，本院不予支持。据此，王共贤未能证明其与未进行工商注册登记的瞳亮眼镜店存在劳动关系，应当承担举证不能的法律后果，对于其诉讼请求本院依法不予支持。王共贤主张补缴社会保险的诉讼请求，不属于人民法院审理劳动争议案件受案范围，本案不予处理。综上所述，据此判决如下：

驳回王共贤的各项诉讼请求。

王共贤持原审起诉意见提起上诉。北京市第二中级人民法院经审理认为：当事人对自己提出的诉讼请求所依据的事实或者反驳对方诉讼请求所依据的事实有责提供证据加以证明。没有证据或者证据不足以证明当事人的事实主张的，由负有举证责任的当事人承担不利后果。王共贤主张其自2011年6月15日起与李瑞军成立的个体工商户瞳亮眼镜店存在劳动关系，李瑞军对此不予认可。经核实，瞳亮眼镜店注册成立的时间晚于王共贤所述入职时间，且依据王共贤提供的现有证据并不足以证实其于瞳亮眼镜店经营期间受该店安排从事相关劳动。故在现有证据的情况下，王共贤要求确认与瞳亮眼镜店存在劳动关系及在瞳亮眼镜店注销后向该个体工商户经营者李瑞军主张劳动关系下未签订劳动合同双倍工资，依据不足。王共贤主张补缴社会保险的诉讼请求，不属于人民法院审理劳动争议案件受案范围，本案不予处理。据此，王共贤的上诉请求，证据不足，本院难以支持。综上，原审法院所作判决并无不当，本院予以维持。依照《中华人民共和国民事诉讼法》第一百七十条第一款第（一）项之规定，本院判决如下：

驳回上诉，维持原判。

【法官后语】

本案的处理重点主要在于对用人单位招用劳动者未订立书面劳动合同，劳动关系是否成立的情形。《劳动和社会保障部关于确立劳动关系有关事项的通知》第一条规定，用人单位招用劳动者未订立书面劳动合同，但同时具备下列情形的，劳动关系成立：（一）用人单位和劳动者符合法律、法规规定的主体资格。

《个体工商户登记管理办法》第二条规定："有经营能力的公民经工商行政管理部门登记，领取个体工商户营业执照，依法开展经营活动。"经工商部门登记的才取得"个体工商户"的身份，自然人未经工商登记从事经营活动的，不能认为是个体工商户，不具有"个体工商户的"身份。

《最高人民法院关于审理劳动争议案件适用法律若干问题的解释（二）》第九条规定："劳动者与起有字号的个体工商户产生的劳动争议诉讼，人民法院应当以营业执照上登记的字号为当事人，但应同时注明该字号业主的自然情况。"《最高人民法院关于审理劳动争议案件适用法律若干问题的解释（三）》第四条规定："劳动者与未办理营业执照、营业执照被吊销或者营业期限届满仍继续经营的用人单位发生争议的，应当将用人单位或者其出资人列为当事人。”由以上规定可以看出因为未进行工商注册登记的瞳亮眼镜店不具有合法的个体工商户的资格，不具备劳动争议中的主体资格，不属于适格的用工主体。因此王共贤无法与未进行工商注册登记的瞳亮眼镜店存在劳动关系，而是其与瞳亮眼镜店的实际经营者李瑞军存在雇佣关系。在个体工商户未注册期间劳动者与其的劳动关系无法成立。本案法官正是考虑到此，因而驳回了王共贤诉请确认其与未进行工商注册登记的瞳亮眼镜店的劳动关系。

编写人：北京市丰台区人民法院　刘钟泽

4

招生代理与委托单位之间是否构成劳动关系

——吴昊诉北京中宣艺影文化传媒有限公司确认劳动关系案

【案件基本信息】

1. 裁判书字号

北京市第一中级人民法院（2014）一中民终字第04500号民事裁定书

2. 案由：确认劳动关系纠纷

3. 当事人

原告（上诉人）：吴昊

被告（被上诉人）：北京中宣艺影文化传媒有限公司（以下简称中宣艺影公司）

【基本案情】

吴昊称其于2013年2月16日入职中宣艺影公司，担任市场总监一职，月工资标准6000元，工作内容为以中宣艺影公司的名义对外招生且不用坐班，中宣艺影公司未与其签订书面劳动合同，并于2013年7月22日违法将其辞退。中宣艺影公司予以否认，主张双方系招生代理关系，不对吴昊进行管理，按照所招学生学费35%的比例支付代理费，并提前给吴昊预支部分差旅费。

吴昊以要求中宣艺影公司支付工资、未签订书面劳动合同二倍工资差额、违法解除劳动关系赔偿金等为由诉至北京市海淀区劳动人事争议仲裁委员会，北京市海淀区劳动人事争议仲裁委员会通知不予受理。

吴昊不服裁决结果，以与中宣艺影公司存在劳动关系为由起诉至北京市海淀区人民法院。

吴昊为证明与中宣艺影公司之间存在劳动关系，提交银行明细予以佐证。中宣艺影公司法定代表人刘某通过银行转账方式支付吴昊款项情况如下：2013 年 3 月 26 日支付 6000 元、2013 年 4 月 19 日支付 6000 元、2013 年 5 月 9 日支付 1267 元、2013 年 6 月 4 日支付 6000 元、2013 年 6 月 7 日支付 4619.9 元。上述 5 笔款项在银行明细中摘要一栏均体现为“转账存入”。另 2013 年 4 月 28 日，吴昊的银行账户中存在一笔摘要为“工资”的入账，对方户名一栏显示为“批量代付业务资金集中过渡户”。就该笔工资支付情况，吴昊解释为有的学生到公司后，不满意公司给推荐的学校，经刘某同意，再推荐给其他学校，其他学校直接支付给提成。

【案件焦点】

中宣艺影公司与吴昊之间是否构成劳动关系。

【法院裁判要旨】

北京市海淀区人民法院经审理认为：本案的焦点是确认中宣艺影公司与吴昊建立的是劳动关系还是劳务关系。其一，吴昊认可其不用坐班，中宣艺影公司亦主张不对吴昊进行管理，鉴此，可以证明中宣艺影公司并不对吴昊进行日常考勤；其二，吴昊主张以中宣艺影公司的名义对外招生，故在招生过程中，其应持有相应的授权或宣传材料，使所招收的学员有理由相信其系代表中宣艺影公司进行招生，但吴昊无法提供相应的授权或招生宣传材料，不符合常理；其三，吴昊主张其所招收的学生如不满意中宣艺影公司推荐的学校，经刘某同意，再推荐给其他学校，由其他学校直接支付给提成。该主张可以证明，吴昊所提供的劳动并非均为中宣艺影公司的组成部分；其四，中宣艺影公司法定代表人刘某支付吴昊的款项，与吴昊主张的工资支付周期不符，且浮动范围极大，有别于劳动关系中劳动者的工资具有相对稳定性、规律性的特征；其五，为查明本案事实，法院要求吴昊本人出庭，但其代理人表示吴昊本人在外地，无法出庭。且吴昊再无其他证据能够证明双方之间存在劳动关系。综合以上分析，吴昊仅凭借其所提交的银行明细无法证明其与中宣艺影公司之间存在劳动关系，而根据吴昊关于其工作方式、内容、获取报酬的方式等分析，其与中宣艺影公司之间法律关系符合劳务关系的特征，故法院确认双方之间建立的是劳务关系。庭审中，法院向吴昊释明后，吴昊仍坚持按照劳动争议进行诉讼，故吴昊在本案的起诉，法院依法予以驳回。

综上所述，依据《中华人民共和国民事诉讼法》第一百一十九条、第一百五十四条第一款第（三）项，《最高人民法院关于适用〈中华人民共和国民事诉讼法〉若干问题的意见》第一百三十九条之规定，裁定：驳回吴昊的起诉。

吴昊不服上述裁定提起上诉。北京市第一中级人民法院经审理认为：劳动关系是兼具人身性和财产性特征的法律关系，劳动者与用人单位之间是否存在管理与被管理关系是劳动关系的重要特征。本案吴昊认可其不坐班，中宣艺影公司认可不对吴昊进行管理，中宣艺影公司与吴昊不存在管理与被管理关系。

劳动者提供的劳动是用人单位工作的组成部分是劳动关系的另一重要特征。本案吴昊未提供证据证明其对外招生有中宣艺影公司的授权，且其认可所招收的学生如不满意中宣艺影公司推荐的学校，再由其推荐给其他学校，由其他学校直接支付吴昊提成，故吴昊所提供的劳动并非均为中宣艺影公司的业务组成部分。吴昊主张其与中宣艺影公司之间系劳动关系，应就该事实的存在承担举证责任。因吴昊所提交的证据不足以证明其与中宣艺影公司之间形成的是劳动关系，故法院对其与中宣艺影公司存在劳动关系的主张不予采信。一审裁定驳回起诉符合法律规定。

北京市第一中级人民法院依照《中华人民共和国民事诉讼法》第一百七十条第一款第（一）项之规定，作出如下裁定：

驳回上诉，维持原裁定。

【法官后语】

随着教育产业化和民办教育的迅猛发展，出现了一个新型的职业群体——招生代理。招生代理又称招生咨询师，他们分布在全国各地，为各类院校特别是民办院校和职业技术学院招揽生源，获取报酬。当发生纠纷时，他们往往以与学校存在劳动关系为由，主张权利。如本案的当事人吴昊。

主张合同关系成立并生效的一方当事人对合同订立和生效的事实承担举证责任。吴昊主张与中宣艺影公司存在劳动关系，应就该事实的存在承担举证责任。

判断劳动者与用人单位之间是否存在劳动关系，最直接有效的证据是二者之间签订的劳动合同。但有些情况下，劳动者无法提供劳动合同，认定劳动关系是否成立需要从劳动关系的构成要件出发，综合多方面因素进行判断。

目前对于劳动关系的认定标准，明确具体的规定只有原劳动和社会保障部《关于确立劳动关系有关事项的通知》，该通知规定，用人单位招用劳动者未订立书面劳动合同，但同时具备下列情形的，劳动关系成立：(1) 用人单位和劳动者符合法律、法规规定的主体资格；(2) 用人单位依法制定的各项劳动规章制度适用于劳动者，劳动者受用人单位的劳动管理，从事用人单位安排的有报酬的劳动；(3) 劳动者提供的劳动是用人单位业务的组成部分。在学术界，对于劳动关系的认定标准存在两种理论：一是控制标准论，按照这种理论，劳动者必须服从用人单位，遵守用人单位的劳动纪律和各项规章制度，用人单位有权监督劳动者的工作；二是组织标准论，它以劳动者的工作是否为用人单位的业务组成部分作为标准，如果一个人的工作是单位业务的组成部分可以认定双方形成劳动关系。劳动关系是兼具人身性和财产性特征的法律关系。控制标准论更能体现劳动关系隶属性的特点。

综上所述，根据劳动关系的认定标准，综合分析吴昊仅凭借其所提交的银行明细无法证明其与中宣艺影公司之间存在劳动关系。

编写人：北京市第一中级人民法院　秦顾萍

5

代驾司机与代驾公司之间是否存在劳动关系

——庄燕生诉北京亿心宜行汽车技术开发服务有限公司劳动争议案

【案件基本信息】

1. 裁判书字号

北京市第一中级人民法院（2014）一中民终字第6355号民事判决书

2. 案由：劳动争议纠纷

3. 当事人

原告（上诉人）：庄燕生

被告（被上诉人）：北京亿心宜行汽车技术开发服务有限公司（以下简称亿心宜行公司）

【基本案情】

亿心宜行公司为提供代驾服务的公司，其开发的一个手机软件，代驾司机如果有时间，可以打开软件，如客户需要代驾，可以选择附近的代驾司机。亿心宜行公司按代驾费用的百分之二十收取代驾司机信息服务费。

2011年10月6日，庄燕生到亿心宜行公司从事代驾服务。2013年4月15日，双方签署e代驾驾驶员合作协议，其中载明：一、合作内容：由亿心宜行公司（甲方）向庄燕生（乙方）提供代驾服务的信息，由乙方向客户提供代理驾驶服务。二、乙方按照甲方对社会公布的各项收费标准收取并获取服务收益，甲方从乙方的信息费中扣除相应费用，作为甲方提供信息服务的费用。三、合作服务流程：1. 由甲方接受客户预约后通知乙方服务内容，或客户直接与乙方联系。2. 乙方依据本协议执行“代理驾驶”的合作任务。四、收益分配与结算形式：1. 甲方向乙方提供代驾服务信息，暂定按每次代驾实际收费的20%收取信息费用，扣除税后其余部分为乙方所得。2. 通过e代驾正规预约渠道进行预约乙方的，视为甲方向乙方提供代驾服务信息，甲方有权收取对应的信息费。3. 随着市场的变化以及竞争的改变，甲方有权调整对乙方收取的信息费，其他特殊情况信息费用的收取甲方另行通知乙方。2013年4月2日，亿心宜行公司对庄燕生罚款500元。2013年8月，亿心宜行公司在其网站发布公告，以庄燕生多次恶意逃单为由与其解除合作关系。

庄燕生以要求亿心宜行公司支付未签书面劳动合同二倍工资、违法解除劳动关系赔偿金、补发工资、退还罚款为由向北京市石景山区劳动争议仲裁委员会提出申请，仲裁委员会裁决如下：驳回庄燕生的仲裁申请。

庄燕生不服上述裁决，向法院提起诉讼称：其于2011年10月6日按招工广告到亿心宜行公司应聘，成为该公司司机，从事代驾服务工作。在劳动中，代驾司机必须穿工服，带工牌，必须以e代驾员工身份，以e代驾的名义按照其指定的收费标准收费，并遵守其他规定，向e代驾的客户提供服务，上述事实完全符合劳动关系构成要件。故要求判令亿心宜行公司支付：1. 未签订劳动合同双倍工资 114906 元；2. 补偿工资 41784 元；3. 违法辞退赔偿金 20 892 元；4. 退还违法罚款 500 元。

亿心宜行公司答辩称：双方是合作关系，亿心宜行公司只提取信息费。穿工服、带工牌是形式上的东西，是帮助代驾司机有更好的形象，这是按合作协议履行。事实上庄燕生有自主选择权，可以自主选择把软件打开，选择是否接活，庄燕生并没有固定工作时间。亿心宜行公司提供信息，庄燕生根据信息选择是否与客户签约这种模式不是劳动关系，双方是合作关系。

【案件焦点】

庄燕生与亿心宜行公司之间是否属于劳动关系。

【法院裁判要旨】

北京市石景山区人民法院经审理认为：本案原告作为代驾司机，可以兼职也可以全职，工作时间自己掌握，不符合劳动关系的认定标准。且根据庄燕生与亿心宜行公司签订的 e 代驾驾驶员合作协议，二者是合作关系。庄燕生未能提供充分证据证明其与亿心宜行公司存在劳动关系，故其基于劳动关系的各项诉讼请求，没有事实依据及法律依据，法院不予支持。依据《中华人民共和国民事诉讼法》第六十四条第一款，《最高人民法院关于民事诉讼证据的若干规定》第二条之规定，判决如下：驳回庄燕生的诉讼请求。

宣判后，庄燕生提起上诉。北京市第一中级人民法院经审理认为：劳动关系的成立需要劳动者为单位提供有偿劳动，接受用人单位的管理，服从单位的劳动分工及安排，遵守劳动纪律及相关规章制度；另一方面，用人单位必须为劳动者提供工作条件，按照劳动者的劳动数量和质量给付其劳动报酬，保障劳动者享有相关福利待遇。认定劳动关系的要素应参照《劳动和社会保障部关于确立劳动关系有关事项的通知》第一条之规定："用人单位招用劳动者未订立书面劳动合同，但同时具备下列情形的，劳动关系成立：（一）用人单位和劳动者符合法律、法规规定的主体资格；（二）用人单位依法制定的各项劳动规章制度适用于劳动者，劳动者受用人单位的劳动管理，从事用人单位安排的有报酬的劳动；（三）劳动者提供的劳动是用人单位业务的组成部分。"从本案主要事实来看，庄燕生没有固定的工作场所，工作时间可自行掌握，庄燕生亦非按月从亿心宜行公司获取劳动报酬，结合代驾司机的行业特点以及本案中庄燕生与亿心宜行公司签订的e代驾驾驶员合作协议的情况，法院认为庄燕生与亿心宜行公司之间并非劳动关系，故庄燕生基于其与亿心宜行公司存在劳动关系而提起的各项诉讼请求，缺乏事实和法律依据，法院均不予支持。依照《中华人民共和国民事诉讼法》第一百七十条第一款第（一）项之规定，判决：

驳回上诉，维持原判。

【法官后语】

随着经济社会的发展，代驾服务逐渐为大家所熟悉并接受，代驾服务的范围也不断拓展，酒后代驾、旅游代驾、商务代驾，种类繁多。那么，代驾员与代驾公司之间是一种什么关系，是否必然是劳动关系，我们认为对此不能一概而论，还是应当结合案情来具体分析代驾员与代驾公司之间是否符合劳动关系的认定标准。

所谓劳动关系，是劳动者与用人单位在实现劳动过程中发生的社会关系。其基本内容是劳动者提供劳动，用人单位使用该劳动并支付工资。从该意义上说，它是一种合同关系，具有合同之债的财产要素。但与民法之债的关系不同的是它还具有身份的要素。劳动者必须亲自提供劳动而不能由他人代理；在劳动过程中，劳动者与用人单位会形成从属关系，劳动者需服从用人单位的管理。而正是这种从属性，使劳动关系与其他民事法律关系区分开来。

司法实践中，认定劳动关系的标准通常包括：

1. 管理标准。主要指劳动者服从用人单位的管理，遵守用人单位的规章制度。

2. 生产条件标准。主要指用人单位提供了基本的劳动条件，包括劳动场所、劳动对象和劳动工具，这样劳动者同用人单位提供的生产资料相结合，双方之间才能形成劳动法律关系。

3. 报酬标准。主要指劳动者向用人单位提供劳动，用人单位向劳动者支付劳动报酬，由用人单位发放劳动报酬是认定劳动关系的重要标志。

4. 劳动内容标准。主要指劳动者提供的劳动是用人单位业务的组成部分，如果劳动者提供的劳动不属于用人单位的业务范围，一般来说，双方之间就不存在劳动关系。

上述标准有助于对劳动关系进行判断，但认定劳动关系最核心的标准还是管理标准，即用人单位与劳动者之间是否存在管理与被管理、指挥与被指挥、监督与被监督的关系。如果代驾公司依法制定的各项劳动规章制度适用于代驾司机，代驾司机受代驾公司的劳动管理，从事代驾公司安排的有报酬的劳动，可以认定双方之间存在劳动关系，否则，对代驾司机关于双方之间存在劳动关系的主张，不予支持。

具体到本案，庄燕生虽然必须穿亿心宜行公司工服，带工牌，按照公司指定的标准收费，但这只是庄燕生提供代驾服务的形式，不足以据此认定庄燕生与亿心宜行公司之间存在劳动关系。根据查明的事实，庄燕生的工作完全由其自行安排，想接活即可打开手机软件，不想接活也可不受亿心宜行公司的约束，在这种情况下，并不存在庄燕生服从亿心宜行公司指挥的情形，不能认定庄燕生在接受亿心宜行公司的劳动管理。同时，从庄燕生与亿心宜行公司签订的合作协议看，亿心宜行公司向庄燕生提供信息，收取信息服务费，其余的代驾服务费则作为庄燕生的收入，可见庄燕生也并非从亿心宜行公司获取劳动报酬，故庄燕生与亿心宜行公司之间并非劳动关系，而是一种合作关系，双方之间是一种平等的民事主体关系，权利义务应按照合作协议确定。

编写人：北京市第一中级人民法院　何锐

6

承担用工主体责任不等同于劳动关系成立

——谭刚诉重庆市双全建筑安装有限公司劳动争议案

【案件基本信息】

1. 裁判书字号

重庆市第一中级人民法院（2014）渝一中法民终字第05755号民事判决书

2. 案由：劳动争议纠纷

3. 当事人

原告（上诉人）：谭刚

被告（被上诉人）：重庆市双全建筑安装有限公司（以下简称双全建司）

【基本案情】

双全建司将其承建的“尚品世家”小区第13栋商住楼的模板劳务工程分包给吴某杰施工。吴某杰再分别承包给邓某禄等10人。由邓某禄等自行雇请工人，自行安排工作时间，自行提供部分辅助材料和小型工具，在具体的施工过程中，亦不受双全建司管理，工程完工后，由邓某禄等承包人与吴某杰结算，并领取工程款，再向其雇请的工人发放工资。邓某禄在吴某杰处承包工程后，雇请谭刚等共同完成，并于2012年3月4日开工，2012年7月4日完工。

2012年7月16日，谭刚到双全建司承建的“尚品世家”小区第12栋商住楼从事木工工作。2012年10月23日，谭刚在工作时受伤并入院治疗，并于2012年11月1日出院。2012年11月23日谭刚又回该工地上班至2012年12月15日离开。2013年1月31日铜梁县人力资源和社会保障局认定谭刚的受伤性质属于工伤。

2013年6月19日，谭刚向铜梁县劳动仲裁委申请仲裁，要求确认其与双全建司从2012年3月4日起至2012年12月15日期间存在事实劳动关系；并要求双全建司支付经济补偿金6040元和拖欠经济补偿金的赔偿金6040元、支付未签订书面劳动合同双倍工资差额45300元、支付养老保险费10268元。该委于2013年6月26日向谭刚出具《逾期未作出决定案件证明书》。为此，谭刚起诉至法院。

审理中，谭刚与双全建司均认可双方的劳动关系于2013年9月16日解除。谭刚陈述，在“尚品世家”第12栋楼上班期间的工资亦由邓某禄发放。同时，谭刚撤回了要求双全建司支付经济补偿赔偿金6040元及养老保险费10268元的诉讼请求。

【案件焦点】

双全建司将工程发包给不具备用工主体资格的自然人，对该自然人招用的劳动者谭刚在涉案工程工作时受伤并认定为工伤，能否依此认定谭刚与双全建司之间存在劳动关系。

【法院裁判要旨】

重庆市铜梁区人民法院经审理认为：因工伤认定系以劳动者与用人单位存在劳动关系为前提，谭刚在工作时受伤，且被认定为工伤性质，双全建司对此没有异议，故谭刚与双全建司存在劳动关系。用人单位自用工之日起超过一个月不满一年未与劳动者订立书面劳动合同的，应当向劳动者每月支付二倍的工资。由于谭刚与双全建司之间并没有签订书面劳动合同，故双全建司应当支付谭刚因未签劳动合同的双倍工资差额。

重庆市铜梁区人民法院依照《中华人民共和国劳动合同法》第七条，第十条第一款、第二款，第三十六条、第四十六条第（二）项、第八十二条第一款，《中华人民共和国民事诉讼法》第六十四条的规定，作出如下判决：

一、原告谭刚与被告重庆市双全建筑安装有限公司于2012年7月16日至2012年12月15日期间存在劳动关系。

二、被告重庆市双全建筑安装有限公司在本判决生效之日起十日内支付原告谭刚双倍工资差额13348元。

三、驳回原告谭刚的其他诉讼请求。

谭刚持原审起诉意见提起上诉。重庆市第一中级人民法院经审理认为：根据劳动和社会保障部《关于确立劳动关系有关事项的通知》（以下简称“通知”）第一条规定：“用人单位招用劳动者未订立书面劳动合同，但同时具备下列情形的，劳动关系成立：（一）用人单位和劳动者符合法律、法规规定的主体资格；（二）用人单位依法制定各项劳动规章制度适用于劳动者，劳动则受用人单位的劳动管理、从事用人单位安排的有报酬的劳动；（三）劳动者提供的劳动是用人单位业务的组成部分。”根据已查明的事实，双全建司将涉案工程的劳务部分分包给吴某杰，吴某杰将劳务部分再次分包给邓某禄等人，邓某禄再雇请谭刚等人从事关模劳务工作，不受双全建司的管理、指挥、监督，也不受双全建司劳动纪律和规章制度的约束，也不在双全建司领取劳动报酬，而是以完成关模的平方米计算价款。谭刚的做工具有阶段性、临时性特征。一旦邓某禄所承揽的关模工作任务结束，谭刚不再在双全建司所承接的其他项目做工，双方的关系自然终止。邓某禄与吴某杰之间是按照合同法建立的、而不是按照劳动合同法建立的关系，谭刚受邓某禄雇请从事相关工作，谭刚与双全建司之间不具有劳动关系的法律特征，因此双方不具有劳动关系。根据上述《通知》第四条“建筑施工、矿山企业等用人单位将工程（业务）或经营权发包给不具备用工主体资格的组织或自然人，对该组织或自然人招用的劳动者，由具备用工主体资格的发包方承担用工主体责任”的规定，虽然谭刚在涉案工程工作时受伤并认定为工伤，具有用工主体资格的双全建司应当按照规定承担谭刚因工受伤的用工主体责任，但并不能因此认定双方具有劳动关系。现谭刚请求确认劳动关系及支付未签订劳动合同双倍工资、经济补偿金，于法无据，一审法院对此的处理不当，本院予以纠正。

重庆市第一中级人民法院依照《中华人民共和国民事诉讼法》第一百七十条第一款第（二）项之规定，作出如下判决：

一、撤销重庆市铜梁区人民法院（2013）铜法民初字第02748号民事判决。

二、驳回上诉人谭刚的诉讼请求。

【法官后语】

本案争论的重点在于双全建司承担用工主体责任，对此是否等同于承认谭刚与双全建司之间存在劳动关系，不同的理解，也导致了一、二审法院裁判的不同。

一审法院认为依照《工伤保险条例》第十八条第一款第二项的规定，提出工伤申请应当提交与用人单位存在劳动关系（包括事实劳动关系）的证明材料，谭刚被认定为工伤，前提即是其与双全建司之间存在劳动关系，那么，双全建司与谭刚之间存在劳动关系。

但二审法院认为，首先，谭刚系不具备用工主体资格的自然人招录的人员，其目的在于完成该项工程，工作本身具有不固定性，且双全建司与谭刚之间并没有建立劳动关系的合意，根据《通知》第四条的规定双全建司对谭刚承担的仅仅是用工主体责任，并没有明确规定由此认定双方之间存在劳动关系，只是因为双全建司将工程分包给不具备资质的自然人，主观上存在过错，为了保护劳动者的权益，应当承担劳动者因工受伤后享有工伤保险待遇的赔偿责任。其次，从《通知》的内容来看，第一条是关于确认事实劳动关系特征的规定，第二条是关于确认事实劳动关系证据的规定，第三条是关于劳动合同的签订及补偿金的规定。谭刚与双全建司之间的关系并不完全具备上述特征或条件。但出于以下两点原因：一是由于建筑行业违法分包情况普遍，一旦包工头逃跑或无力支付报酬，广大农民工的权益就无法得到保障；二是由于农民工受工伤后，包工头无法或无力承担工伤保险待遇费用。为维护广大农民工的合法权益，该《通知》第四条是对建筑施工和矿山企业这两个特殊行业的突出问题作出了特殊规定，且该条规定明确将具有用工主体资格的用人单位与劳动者之间的关系界定为“用工主体责任”，而非普遍意义上的“用人单位责任”。最后，实践中具有用工主体资格的用人单位往往根本不知道劳动者是否实际提供了劳务，而劳动者也仅知道由不具有用工主体资格的组织或自然人安排工作，由其管理，由其支付工资，而根本不知道具有用工主体资格的用人单位是谁，如此情况下依照该《通知》第四条的规定直接认定双方存在劳动关系，与事实不相符，让具有用工主体资格的用人单位来承担用工主体责任以外的其他责任过于严苛。因此，认定谭刚与双全建司之间不存在劳动关系，遂对一审判决予以改判。这样既考虑到劳动者合法利益保护，使其能够得到应有赔偿的同时，又兼顾了具有用工主体资格的用人单位的利益，使其承担相应的责任，从而平衡了二者的权利义务关系。

编写人：重庆市铜梁区人民法院　蓝燕

7

公司外派董事与公司之间能否认定为事实劳动关系

——四川达进东方能源管理有限公司诉刘麒麟劳动争议案

【案件基本信息】

1. 裁判书字号

四川省成都市中级人民法院（2014）成民终字第588号民事判决书

2. 案由：劳动争议纠纷

3. 当事人

原告（被上诉人）：四川达进东方能源管理有限公司（以下简称达进东方公司）

被告（上诉人）：刘麒麟

【基本案情】

为开拓四川业务，在英属维尔京群岛注册的TC（BVI）决定与深圳东方光电合资在四川省双流县成立一家合资公司开展业务。2010年1月8日，双方通过了《四川达进东方能源管理有限公司股东会决议》，决定由TC（BVI）委派杨凯山、白锡权、杨大海、刘麒麟，深圳东方光电委派朱建钦出任公司董事，任期3年，由杨凯山担任董事长，并共同委托刘麒麟办理达进东方公司的注册登记手续，期限至该公司营业执照领取完成及外汇登记证、银行开户手续办理完毕止，并确定委派的董事由委派方负责发放薪酬。同月10日，达进东方公司召开董事会，报告事项为：……同意聘任朱建钦为公司总经理，聘任白锡权为公司首席财务官，刘麒麟为公司首席运营官，以上职位任期均为3年，……该次会议的决议为：董事同意通过，杨凯山、白锡权和刘麒麟在该董事会决议签字页上签了名，杨大海、朱建钦2人未签名。同年3月10日，刘麒麟与TC（BVI）的全资子公司达进光电签订了雇佣合约，约定刘麒麟任达进东方公司的公司办副总经理，工作地点为香港、深圳、成都，到职时间为2010年3月1日，期限为3年，月基本工资为港币20000元，变动工资为港币10000元，为激励刘麒麟，双方还在合同中约定，若刘麒麟帮助达进东方公司实现销售收入3000万元港币或利润150万元港币，达进东方公司同意以象征性价格将达进东方公司15%的股份给予刘麒麟，若小于上述目标，则按相应比例以象征性价格转让达进东方公司股权给刘麒麟。达进东方公司于2010年3月18日取得企业法人营业执照。刘麒麟在成都负责达进东方公司的经营与管理，并取得了LED路灯改造订单395.33万元。其间，刘麒麟同时为达进东方公司股东之一的成都一品香江商贸有限公司（以下简称一品香江公司）的实际控制人，刘麒麟确认一品香江公司为其接受达进东方公司15%股权的指定公司，15%股权以增资扩股方式获得，股权价值为25.9万美元。2011年5月30日，达进东方公司的两名股东TC（BVI）、深圳东方光电与一品香江公司签订了增资扩股协议，同意接受一品香江公司作为新股东对达进东方公司以等同于25.94万美元的人民币现金方式投资，对公司进行增资扩股，增资后达进东方公司的注册资本为172.94万美元，其中TC（BVI）占比为59.5%、深圳东方光电为25.5%、一品香江公司为15%。截至2011年6月1日，通过一品香江公司的努力，达进东方公司已经实现LED路灯改造RMB395.33万元的订单。达进东方公司在运营过程中，管理层之间产生矛盾，刘麒麟于2012年2月15日在未经公司其他股东许可的情况下，取走了公司的公章、账册等物品，达进光电遂于同月29日终止了与刘麒麟的雇佣合同，同日，达进东方公司终止了刘麒麟在达进东方公司处的所有工作及董事席位。2013年4月26日和30日，刘麒麟两次致函杨凯山，要求根据2010年3月1日所签署的雇佣协议，尽快向其支付所欠工资、补偿其公积金。此后，刘麒麟继续向达进东方公司的股东发送电子邮件，汇报达进东方公司的运营情况并要求对公司下一步工作计划进行批示，但达进东方公司表示这些邮件真实性无法确定且只是刘麒麟的单方行为，不代表达进东方公司对此进行认可。

另查明，一品香江公司于2012年1月11日向达进东方公司及其股东杨凯山、朱建钦、杨大海、白锡权发函，要求委派刘麒麟自原董事任职到期（包括被原委派方终止）之日起任达进东方公司的董事及高管，并授权刘麒麟代表其行使股东权利，但未收到回应。

还查明，刘麒麟于2012年5月30日向双流县劳动人事争议仲裁委员会申请仲裁，2013年8月1日，该仲裁委作出如下裁决：1. 达进东方公司于裁决生效之日起十日内为刘麒麟补缴2010年3月至2013年5月的社会保险，具体金额以社保机构核定为准；2. 达进东方公司于裁决生效之日起十日内一次性支付刘麒麟工资3659487.16元；3. 达进东方公司于裁决生效之日起十日内一次性支付刘麒麟未签订书面劳动合同的二倍工资中未支付部分1006357元。该裁决书于2013年8月2日送达刘麒麟，于8月5日送达达进东方公司。刘麒麟不服该裁决，诉至法院。

【案件焦点】

公司高级管理人员被派至与公司有关联的企业任职，其与任职公司之间是否存在事实劳动关系。

【法院裁判要旨】

四川省成都市双流县人民法院经审理认为：刘麒麟与达进东方公司股东之一TC（BVI）的全资子公司达进光电签订有雇佣合约，TC（BVI）是刘麒麟的雇主达进光电的全资股东，达进东方公司是由TC（BVI）与深圳东方光电合资成立的公司，达进东方公司与TC（BVI）、达进光电系具有关联关系的企业，TC（BVI）通过其控制的达进光电委派刘麒麟到达进东方公司处工作这一用工形式并不违反《劳动合同法》的规定，刘麒麟明知达进东方公司的股东欲利用其在成都的社会关系拓展达进东方公司的业务，其到达进东方公司处上班后，不但积极拓展业务，同时还接受TC（BVI）的委派担任达进东方公司的董事及CEO，在日常工作中通过电子邮件等方式与达进东方公司的股东保持联系并汇报工作，并通过其实际控制的一品香江公司接受达进东方公司的股权，在双方发生矛盾以后，刘麒麟也是通过电子邮件要求依据雇佣合约主张其权利，而不是向达进东方公司主张权利，这些事实说明刘麒麟是按照雇佣合约在履行自己的义务、主张自己的权利，同时也说明刘麒麟并未将自己纳入达进东方公司的组织体系之中，因此，刘麒麟虽然对达进东方公司的成立、运营付出了劳动，但这些行为系刘麒麟履行其在雇佣合约中的义务的行为，达进东方公司、刘麒麟双方并不存在劳动关系，达进东方公司无需向刘麒麟支付工资和未签订书面劳动合同二倍工资中未支付部分。遂依据《中华人民共和国劳动合同法》第二条第一款、第八十二条第一款，《最高人民法院关于民事诉讼证据的若干规定》第二条之规定，判决如下：

一、达进东方公司、刘麒麟之间不存在劳动关系；

二、达进东方公司无需向刘麒麟支付工资3659487.16元和未签订书面劳动合同二倍工资中未支付部分1006357元。

刘麒麟不服，提出上诉。四川省成都市中级人民法院经审理认为：达进东方公司是由TC（BVI）与深圳东方光电合资成立的公司。根据达进东方公司的股东会决议，TC（BVI）委派刘麒麟出任达进东方公司董事，其薪酬由委派方负责发放。刘麒麟与TC（BVI）的全资子公司达进光电签订有雇佣合同，故刘麒麟系TC（BVI）通过其控制的达进光电委派到达进东方公司工作。刘麒麟担任达进东方公司的董事及CEO后，其并未与达进东方公司签订劳动合同，也未在达进东方公司领取薪酬，其在日常工作中是通过电子邮件等方式与达进东方公司的股东保持联系并汇报工作；在双方发生矛盾以后，刘麒麟也是通过电子邮件要求依据雇佣合约主张其权利，而不是向达进东方公司主张权利。且其间，刘麒麟通过其实际控制的一品香江公司依照其与达进光电签订的《雇佣合同》的约定接受了达进东方公司的股权。这些事实均说明刘麒麟是按照雇佣合约在履行自己的义务、主张自己的权利，故原审判决认定事实清楚，适用法律正确，应予维持。据此，依照《中华人民共和国民事诉讼法》第一百七十条第一款第（一）项之规定，判决如下：

驳回上诉，维持原判。

【法官后语】

随着我国社会经济的发展，公司与高级管理人员签订雇佣协议，然后将其派至关联企业任董事等高级管理人员，被派遣人员未与关联企业签订劳动合同的情况已经屡见不鲜，虽然该高级管理人员付出了自己的劳动，但并不能因此而认定其与所派驻的企业之间存在事实劳动关系。所谓事实劳动关系，是指劳动关系双方当事人在建立、变动劳动关系时，未按照法律要求签订书面劳动合同，但符合确立劳动关系的构成要件，双方实际上存在劳动关系的状态。在审判实践中，要认定劳动者和企业之间事实劳动关系的存在，一般应当具备以下情形：（一）用人单位和劳动者的主体资格符合法律、法规规定，即用人单位是我国境内的企业、个体组织、民办非企业单位、国家机关、企事业单位、社会团体等组织，劳动者具有完全民事行为能力且未达到退休年龄；（二）劳动者接受企业的劳动管理，受企业制定的各项劳动规章制度约束，从事企业安排的有报酬的劳动；（三）劳动者提供的劳动是用人单位业务的组成部分。本案中，刘麒麟作为一个合资企业的董事、高管和达进东方公司的股东之一——品香江公司的实际控制人，同时又是达进东方公司的关联企业达进光电的雇员，其多重身份和其在达进东方公司成立、运营过程中付出的劳动给双方是否存在劳动关系的认定带来了较大的困扰。鉴于刘麒麟与达进东方公司未签订书面劳动合同，需要审查其双方是否存在事实劳动关系。结合本案查明的事实，刘麒麟虽然在达进东方公司的成立、经营过程中付出了相当多的劳动，对于达进东方公司的生产经营作出了较大贡献，但刘麒麟在担任达进东方公司的董事及CEO后，并未与达进东方公司签订劳动合同，也未在达进东方公司领取薪酬，其在日常工作中还通过电子邮件等方式与达进东方公司的股东保持联系并汇报工作，这些事实与上述第（二）种情形相悖，故不能认定刘麒麟与达进东方公司之间存在劳动关系。

编写人：四川省成都市双流县人民法院　易炜

8

股东为公司工作能否直接认定存在劳动关系

——肖刚诉广西佰政药业有限责任公司确认劳动关系案

【案件基本信息】

1. 裁判书字号

广西壮族自治区南宁市中级人民法院（2014）南市民四终字第23号民事判决书

2. 案由：确认劳动关系纠纷

3. 当事人

原告（被上诉人）：肖刚

被告（上诉人）：广西佰政药业有限责任公司（以下简称佰政公司）

【基本案情】

佰政公司的前身是南宁市万应中药饮片有限公司（以下简称万应公司），于2012年10月22日变更为现名。肖刚于2011年4月9日至8月9日为万应公司的控股股东，从事管理性及业务性工作。《南宁市万应中药饮片有限责任公司增资扩股协议》载明：甲方刘廷欢，乙方肖刚，丙方覃定兵。第一条约定有关各方（1）甲方持有公司20%股权。（2）乙方持有公司50%股权。（3）丙方持有公司30%股份。第三条约定甲方以现有资产折合人民币贰拾万作为股金；乙方将人民币伍拾万元以现金的方式投入；丙方将人民币叁拾万以现金方式入股。第六条约定甲方是万应公司合法股东，各方同意乙方、丙方作为万应公司的新股东对万应公司增资扩股；乙方、丙方是具有完全民事权利能力和行为能力的中国公民，并对此次增资扩股所投入的财产拥有合法的处分权及其他合法权利。该协议的签订日期为2011年4月3日。双方均认可肖刚已履行出资义务，并于2011年12月退出其在公司的全部股份。《现金支出凭单》载明：收款人肖刚，审批人、主管会计、记账员、出纳员一栏均无人签名。因双方发生劳动争议肖刚诉至市劳动仲裁委，要求裁令确认双方于2011年4月至2011年8月存在劳动关系并支付相应未签订劳动合同的双倍工资差额。2012年10月10日，市劳动仲裁委作出南劳人仲裁字［2012］1256号仲裁裁决，裁令对肖刚的所有仲裁请求不予支持。肖刚对仲裁裁决不服诉至法院。肖刚诉称其于2011年4月8日到佰政公司处工作，担任综合管理岗位工作，具体内容包括发货、代理、记账、管理办公室内务等，双方未签订劳动合同。原告需听从被告的安排，遵守被告的相关管理制度，为被告提供劳动，并且从被告处取得报酬，双方劳动权利义务明确，因此双方存在事实法律关系。请求法院判令双方存在劳动关系并支持未签订劳动合同二倍工资差额的请求。佰政公司辩称，肖刚原是佰政公司的实际控制人，第一大股东，拥有公司一切内外经营管理权，对内其代表公司对公司员工进行管理，对外则代表公司从事一切经营业务活动，因此本案不适用《劳动法》和《劳动合同法》。请求法院驳回肖刚的诉讼请求。

【案件焦点】

双方属于承包关系还是劳动关系。

【法院裁判要旨】

广西壮族自治区南宁市西乡塘区人民法院经审理认为：肖刚从事佰政公司安排的有劳动报酬的劳动，双方之间属于劳动关系，判决佰政公司支付肖刚未签订劳动合同的二倍工资差额7500元。

佰政公司持其原审答辩意见提起上诉。广西壮族自治区南宁市中级人民法院经审理认为：肖刚的工作为佰政公司的业务组成部分，该点无疑。但肖刚此期间亦为佰政公司的控股股东，佰政公司经营状况的好坏直接影响到其可能获取的分红，肖刚在公司劳动人员不足或认为自己进行经营管理可能对公司经营有利的情况下，可能义务为公司提供劳务；肖刚在未获取劳动报酬的情况下，也可能为公司提供劳务。现肖刚主张其与佰政公司存在劳动关系，就应当举证证明其是为了获取劳动报酬而与佰政公司达成合意为公司提供劳务。针对上述问题，肖刚因其对公司各项经营事务享有实际控制权，包括对佰政公司公章使用的决定权，故其举出的《工资花名册》不能单独证明佰政公司向其支付过工资。肖刚要证明其以劳动者的身份向佰政公司提供劳务的过程中受佰政公司的劳动管理，应当提供股东会决议等确认其劳动者身份、提供劳务具体范围、确认他人对肖刚享有劳动管理权的对肖刚具有约束力的文件，或者肖刚实际接受了佰政公司劳动管理的相关证据予以证明。但肖刚未能举出上述证据对其受佰政公司劳动管理的证明，故不能确定双方存在劳动关系。

南宁市中级人民法院判决撤销一审判决，驳回肖刚的全部诉讼请求。

【法官后语】

股东在履行完出资义务后享有股东权益、获取分红，没有向公司提供劳务的义务。但现实社会中股东在公司担任职位、从事一定工作的情况十分普遍。因为公司经营状况的好坏直接影响到股东可能获取的分红，所以此时股东为公司工作就会有两种可能性，一种是在公司人员不足或认为自己进行经营管理可能对公司经营有利的情况下，义务为公司提供劳务为了获取更多分红；一种单纯是为了获取劳动报酬。所以股东要求确认与公司存在劳动关系，必须排除第一种可能性，即股东应当举证证明其与公司之前存在建立劳动关系的合意。对于具体证据认定而言此类案件也不同于一般的劳动争议案件。由于股东尤其是控股股东对公司具有实际控制权，实践中掌握、使用公司的印章很容易，所以简单盖有公司印章的《职工花名册》《工资表》等不能单独作为证据认定双方存在建立劳动关系合意。股东要提供的证据，应当是股东会决议等确认其劳动者身份、提供劳务具体范围、确认他人对股东享有劳动管理权的对股东具有约束力的文件，或者公司每月向股东发放劳动报酬的财务支出凭证或客观转账凭证等。否则不能认定双方具有建立劳动关系的合意，不应当认定双方存在劳动关系。二审对此问题认识清楚、分析恰当，纠正了一审的错误。

编写人：广西壮族自治区南宁市中级人民法院　魏超

9

证券经纪人与证券公司营业部之间是否构成劳动关系

——李兴龙诉国泰君安证券股份有限公司等劳动争议案

【案件基本信息】

1. 裁判书字号

北京市第三中级人民法院（2014）三中民终字第05932号民事判决书

2. 案由：劳动争议纠纷

3. 当事人

原告（上诉人）：李兴龙

被告（被上诉人）：国泰君安证券股份有限公司（以下简称国泰君安公司）、国泰君安证券股份有限公司北京通州新华西街证券营业部（以下简称新华西街营业部）

【基本案情】

李兴龙与国泰君安公司于2010年至2012年期间共签订了三份《证券经纪人委

托合同》，上述合同约定，“甲方（即国泰君安公司）拟委托乙方（即李兴龙）代理甲方进行客户招揽、客户服务等活动，并向乙方支付代理报酬，乙方接受甲方委托”；“甲方委托乙方为其新华西街营业部提供服务”；“甲乙双方法律关系为委托代理关系，不构成任何劳动关系，乙方不具有甲方任何类别的员工身份，双方争议不适用《劳动合同法》”；“本合同未尽事项，甲乙双方友好协商解决，协商无法解决的，任何一方均可向甲方总部所在地的人民法院提起诉讼”；“本合同经双方签署且乙方取得证券经纪人执业证书后生效”。2012年6月21日，李兴龙在证券经纪人承诺书上签字，承诺书规定，“本人承诺专门代理国泰君安公司从事客户招揽和客户服务等营销活动，无任何在其他单位的劳动合同关系”。李兴龙与国泰君安公司签订《证券经纪人委托合同》后，被委派到新华西街营业部从事客户招揽、客户服务等工作。工作期间，李兴龙的经纪人报酬经国泰君安公司核定并发放。李兴龙作为经纪人为新华西街营业部提供服务至2013年3月。

后李兴龙向北京市通州区劳动人事争议仲裁委员会（以下简称仲裁委）提起劳动仲裁，要求确认李兴龙与新华西街营业部于2010年7月1日至2013年3月31日期间存在劳动关系；新华西街营业部支付其解除劳动关系经济补偿金8805元、2010年7月1日至2013年3月31日期间未签订劳动合同双倍工资差额30619.08元、2010年7月1日至2013年3月31日期间拖欠工资39720元。2013年12月仲裁委作出裁决，驳回了李兴龙的仲裁请求。李兴龙对此不服诉至法院，新华西街营业部认可仲裁结果。另查，新华西街营业部系国泰君安公司的分支机构，不具备法人资格。本案审理过程中，经李兴龙申请，法院将国泰君安公司追加为被告。

【案件焦点】

证券公司营业部与证券经纪人之间构成何种法律关系，是劳动关系还是委托代理关系。

【法院裁判要旨】

北京市通州区人民法院经审理认为：当事人对自己提出的主张有责任提供证据予以证实。证券经纪人是指接受证券公司的委托，代理其从事客户招揽和客户服务等活动的证券公司以外的自然人。根据相关规定，证券公司从事证券经纪业务，可以委托证券公司以外的人员作为证券经纪人，代理其进行客户招揽、客户服务等活动。本案中，根据李兴龙与国泰君安公司签订的《证券经纪人委托合同》确定，由国泰君安公司委托李兴龙代理国泰君安公司进行客户招揽、客户服务等活动，据此，李兴龙与国泰君安公司建立委托代理关系，而非劳动关系。李兴龙亦未提交充分、有效的证据证明其与作为国泰君安公司分支机构的新华西街营业部建立了劳动关系，故本院认为李兴龙要求确认其与新华西街证券营业部之间存在劳动关系缺乏事实及法律依据，本院不予支持。因李兴龙要求新华西街营业部支付解除劳动关系经济补偿金、未签订劳动合同双倍工资差额及拖欠工资的诉讼请求均以双方之间存在劳动关系为基础，现李兴龙与新华西街营业部不能被认定为劳动关系，故原告李兴龙的上述诉讼请求于法无据，本院不予支持。

北京市通州区人民法院依照《中华人民共和国民事诉讼法》第六十四条第一款，《中华人民共和国合同法》第八条之规定，判决如下：

驳回原告李兴龙的诉讼请求。

李兴龙不服一审判决，提起上诉。北京市第三中级人民法院经审理认为：当事人对自己提出的诉讼请求所依据的事实或者反驳对方诉讼请求所依据的事实有责任提供证据加以证明。没有证据或者证据不足以证明当事人的事实主张的，由负有举证责任的当事人承担不利后果。本案争议的焦点在于李兴龙与新华西街营业部是否存在劳动关系。根据李兴龙与国泰君安公司签订的《证券经纪人委托合同》，由国泰君安公司委托李兴龙代理国泰君安公司进行客户招揽、客户服务等活动，因此李兴龙与国泰君安公司属于委托代理关系，而非劳动关系。李兴龙亦未提交充分有效的证据证明其与新华西街营业部建立了劳动关系，故一审法院判决驳回李兴龙的全部诉讼请求，并无不当。综上，李兴龙的上诉主张，缺乏事实和法律依据，本院不予支持。一审法院判决认定事实清楚，适用法律正确，应予维持。

北京市第三中级人民法院依照《中华人民共和国民事诉讼法》第一百七十条第一款第（一）项之规定，判决如下：

驳回上诉，维持原判。

【法官后语】

证券公司营业部与证券经纪人之间构成何种法律关系，应以双方实际履行合同的权利义务来判定。

一、李兴龙与新华西街营业部之间不符合劳动关系构成要件

1. 在工作方式上，李兴龙为新华西街营业部提供的服务仅限于客户招揽、客户服务等活动。除此之外，李兴龙没有直接的上级领导，不用从事委托范围之外的其他工作，也没有确定的职位级别，新华西街营业部仅为完成任务对李兴龙的工作进行监督。而在劳动关系中，劳动者工作职位等级划分及工作内容完全由用人单位指挥与安排，两者有根本的区别。

2. 在接受管理的程度上，李兴龙工作时间较自由，不需严格遵守八小时的工作制，也不参与考勤。这与劳动关系中劳动者受用人单位的考勤管理和约束有很大的区别。

3. 在劳动报酬上，李兴龙没有固定底薪，其获取的报酬完全由工作业绩决定，且报酬发放的时间、数额均不固定。这有别于劳动关系中劳动者有规律地领取工资。

二、李兴龙与新华西街营业部构成委托代理关系是双方真实意思表示

本案中，纵观双方签订的《证券经纪人委托合同》各项约定，均是围绕授权与代理进行，且明确双方法律关系性质为委托代理关系。李兴龙签约时已知晓上述规定，但仍在合同上签字，说明其同意接受合同条款限制，按照委托代理关系行使权利并履行义务。

此外，证券行业中存在大量公司委托个人从事客户招揽和客户服务的现象，并不违反法律规定，故双方签订委托代理合同招揽客户符合证券行业特点，顺应行业发展趋势。

综上，李兴龙与新华西街营业部之间构成委托代理关系，解除劳动关系经济补偿金、未签订劳动合同双倍工资差额及拖欠工资均为以劳动法律法规为依据，在委托代理关系中，李兴龙的上述诉讼请求均不能被支持。

编写人：北京市通州区人民法院　张璐

10

劳动者在房产经纪公司的加盟店中工作且其劳动已构成公司业务组成部分的，能否认定双方存在劳动关系

——郭秀红诉淄博中聚房地产服务有限公司确认劳动关系案

【案件基本信息】

1. 裁判书字号

山东省淄博市中级人民法院（2014）淄民三终字第 288 号民事判决书

2. 案由：确认劳动关系纠纷

3. 当事人

原告（被上诉人）：郭秀红

被告（上诉人）：淄博中聚房地产服务有限公司（以下简称中聚房产）

【基本案情】

郭秀红称其自 2010 年 1 月起在中聚房产工作，双方未签订劳动合同。郭秀红先后被安排到中聚房产明清街店、莲池店工作。中聚房产与该公司莲池店业主赵某系加盟合同关系，中聚房产根据业务情况以业务佣金的形式支付赵某款项。郭秀红所从事的房屋经纪工作的业务流程为带领客户到中聚房产完成客户与中聚房产的购房签约、交款、过户等事项。在郭秀红所述其在中聚房产工作的时间段中，从中聚房产直接领取工资的员工中无郭秀红。2012 年 8 月 4 日，郭秀红发生交通事故。2012 年 12 月 6 日，赵某与郭秀红签订协议，约定赵某因郭秀红交通事故受伤一事支付郭秀红四万元医疗费。2013 年 8 月，郭秀红申请劳动仲裁要求确认其与中聚房产存在劳动关系。2013 年 11 月 4 日，淄博市张店区劳动人事争议仲裁委员会裁决驳回郭秀红的仲裁请求。郭秀红不服该裁决，诉至法院要求确认其与中聚房产存在劳动关系。中聚房产则辩称其与郭秀红并不存在劳动关系。

中聚房产原名称为淄博鲁房房地产服务有限公司，其于2010年5月28日变更企业名称为中聚房产。淄博鲁房房地产服务有限公司曾以宣传彩页的方式招聘房产经纪人。2012年12月27日，中聚房产曾在其公司主页栏目发布房产经纪人招聘广告。2011年1月，郭秀红获得中聚房产颁发的优秀经纪人荣誉证书。2014年6月30日，经淄博市公安局司法鉴定中心鉴定，郭秀红在一审提交的身份及收入情况证明、补病休证明所盖公章均非中聚房产公章盖印。

【案件焦点】

劳动者在房产经纪公司的加盟店中工作的，其与房产经纪公司之间是否存在劳动关系。

【法院裁判要旨】

山东省淄博市张店区人民法院经审理认为：中聚房产提供的个体工商户营业执照仅能证明案外人赵某具有个体工商户经营资质，但并不能证明郭秀红系赵某雇佣。中聚房产提供的商标使用许可合同甲方处加盖印章并非中聚房产公章，郭秀红提交的身份及收入情况证明盖有中聚房产公章且在身份及收入情况证明上赵某身份为经办人而非雇主。郭秀红提供的补病休证明和荣誉证书上亦盖有中聚房产公章。综上，依法认定郭秀红与中聚房产之间存在劳动关系。据此，依照《中华人民共和国劳动法》第三条、第七十八条之规定，判决确认郭秀红与淄博中聚房地产服务有限公司存在劳动关系。

中聚房产不服一审判决提起上诉称：郭秀红在一审提交的身份及收入情况证明、补病休证明所盖公章系伪造，一审据此认定郭秀红与我方存在劳动关系错误。我方与公司莲池店业主赵某系加盟合同关系，郭秀红系受赵某管理并获报酬，且赵某因本案交通事故已支付郭秀红四万元医疗费，故郭秀红应为赵某的雇员，请求依法改判我方与郭秀红不存在劳动关系。

山东省淄博市中级人民法院经审理认为：郭秀红在原审提交的身份及收入情况证明、补病休证明所盖公章已被公安机关鉴定为伪造，故对该两份证据，依法不予采信。本案中，郭秀红在从事房屋经纪工作的过程中虽未受中聚房产直接管理，但结合郭秀红完成工作的业务流程以及中聚房产曾为郭秀红颁发优秀经纪人荣誉证书的事实，可以认定郭秀红提供的劳动已构成中聚房产的业务组成部分，在双方符合用人单位及劳动者法定主体资格的情况下，双方之间应为事实劳动关系。中聚房产对此虽有异议，并提供工资发放明细、领款单、活期账户明细、加盟合同书等证据拟证实其与公司莲池店业主赵某之间系加盟合同关系，郭秀红应系赵某个人的雇员，但上述证据仅证实郭秀红未直接从中聚房产领取工资，既无法证实郭秀红系由赵某单方雇佣、管理并发放工资，亦不能推翻郭秀红向中聚房产提供劳动的事实。故对中聚房产关于其与郭秀红之间不存在劳动关系的主张，依法不予支持。依照《中华人民共和国民事诉讼法》第一百六十九条、第一百七十条第一款第（一）项、第一百七十五条之规定，判决：

驳回上诉，维持原判。

【法官后语】

本案主要涉及的问题在于，劳动者在房产经纪公司的加盟店中工作的，其与房产经纪公司之间是否存在劳动关系。

伴随着我国房地产市场的不断发展，房地产经纪行为也日益活跃。为规范房地产经纪行为，住房和城乡建设部、国家发展和改革委员会、人力资源和社会保障部于2011年联合发布了《房地产经纪管理办法》（以下简称《办法》）。根据《办法》第三条和第七条的规定，房地产经纪是指房地产经纪机构和房地产经纪人员为促成房地产交易，向委托人提供房地产居间、代理等服务并收取佣金的行为，房地产经纪机构是指依法设立并从事房地产经纪活动的中介服务机构。《办法》第八条第三款则明确规定："房地产经纪机构和分支机构与其招用的房地产经纪人员，应当按照《劳动合同法》的规定签订劳动合同。"

不过现实中由于房地产经纪人员的流动性较强，实践中也经常出现房地产经纪公司与房地产经纪人员未签订书面劳动合同的情况；加之当前房地产经纪公司为了能够以最小的成本扩大规模，往往采取"加盟店"的形式来实现业务的扩张，而加盟店从性质上来讲并不是房地产经纪公司的分公司。这就导致出现了房地产经纪公司与在其加盟店工作的员工之间是否存在劳动关系的问题。本案中的情况即是如此。本案中的中聚房产莲池店其实是中聚房产的加盟店，其业主是赵某，郭秀红发生交通事故受伤时实际是在中聚房产莲池店工作。郭秀红主张其与中聚房产存在劳动关系，中聚房产则主张郭秀红是赵某的雇员，其与中聚房产不存在劳动关系。而本案经过一、二审，最终确认郭秀红与中聚房产存在劳动关系。笔者认为这一认定是正确的。这是因为，对于现实中存在的未订立书面劳动合同情形下应如何认定是否构成劳动关系，法律并无明确规定，目前审判实践中对此通常都是按照原劳动和社会保障部《关于确立劳动关系有关事项的通知》（劳社部发［2015］12号）（以下简称《通知》）的相关规定来加以确认。《通知》第一条明确规定："用人单位招用劳动者未订立书面劳动合同，但同时具备下列情形的，劳动关系成立：（一）用人单位和劳动者符合法律、法规规定的主体资格；（二）用人单位依法制定的各项劳动规章制度适用于劳动者，劳动者受用人单位的劳动管理，从事用人单位安排的有报酬的劳动；（三）劳动者提供的劳动是用人单位业务的组成部分。"本案中尽管郭秀红是在中聚房产的加盟店里工作，但是作为中聚房产的加盟店，其经营的是中聚房产的房产经纪业务。这就决定了中聚房产的加盟店对外必须以中聚房产的名义开展房产经纪业务。郭秀红作为在中聚房产加盟店工作的房产经纪人员，其虽然在形式上不受中聚房产的直接管理，但其在开展房产经纪业务时则必须遵守中聚房产的相关业务规则和制度。而从郭秀红完成房产经纪工作的业务流程以及中聚房产曾为郭秀红颁发优秀经纪人荣誉证书的事实来看，郭秀红所提供的劳动显然已经构成中聚房产的业务组成部分，而且其在房产经纪工作中的行为实际仍然受到中聚房产相关业务规则和制度的约束，在双方符合用人单位及劳动者法定主体资格的情况下，双方之间应当认定为存在事实劳动关系。中聚房产虽提供工资发放明细、领款单、活期账户明细、加盟合同书等证据欲以证明其与公司莲池店业主赵某之间系加盟合同关系，郭秀红应系赵某个人的雇员，但这些证据仅可证实郭秀红未直接从中聚房产领取工资，既无法证实郭秀红系由赵某单方雇佣、管理并发放工资，亦不能推翻郭秀红向中聚房产提供劳动的事实。因此对于中聚房产关于其与郭秀红之间不存在劳动关系的主张，一、二审法院不予支持。

编写人：山东省淄博市中级人民法院　荣明潇　胡晓梅

11

劳动关系与劳务关系的辨析

——袁海华诉湖北禹龙水利水电工程有限公司劳动争议案

【案件基本信息】

1. 裁判书字号

湖北省宜昌市中级人民法院（2014）宜中民三终字第00163民事判决书

2. 案由：劳动争议纠纷

3. 当事人

原告（上诉人）：袁海华

被告（被上诉人）：湖北禹龙水利水电工程有限公司（以下简称禹龙公司）

【基本案情】

袁学植生前系秭归县杨林桥镇三渡河村村民，原告袁海华系袁学植之子。被告禹龙公司承接了秭归县归州镇周家湾村上马场（小地名）小农水重点县项目四标段工程。2013年3月18日，经袁学植姐夫向家存介绍，袁学植来到被告禹龙公司的工地上参与修建蓄水池，从事沙土、碎石搬运工作，同向家存一样，与工地上的负责人龚万军口头上约定做“小工”，管吃管住，工资100元/天。2013年4月11日上午，袁学植在用撮箕倾倒碎石时，不慎连同撮箕一起摔下约两米深的坝下，工地做饭的师傅屈定雄将其送往归州镇中心卫生院住院治疗。期间几次住院出院，直至2013年5月28日入住宜昌市中心人民医院三峡大学第一临床医学院并进行抢救无效死亡，死亡记录“于2013年6月1日晚上20点30分出现神志模糊，血压下降，家属放弃治疗于21点40分死亡出院”。2013年7月1日，湖北同济法医学司法鉴定中心出具法医学鉴定意见书，认为袁学植符合因胸部损伤合并右侧脓、气胸及肺刺创、肺部感染和全身感染致多脏器功能衰竭而死亡。

袁海华认为父亲袁学植从事的劳动是被告营业范围内经营活动不可分割的组成

部分，且是由被告支付工资的有偿劳动，袁学植的劳动过程受被告管理，双方成立事实劳动关系。但是禹龙公司认为其与袁学植之间不存在劳动关系，袁学植是到工地上提供临时性劳务的农民工，其劳动报酬是按天计算，做一天算一天，与公司之间不存在行政上的隶属关系，不受公司劳动纪律和规章制度约束，因而不属于公司员工，双方只是一方提供劳务、另一方支付报酬的财产、经济关系，即劳务关系而非劳动关系。

【案件焦点】

袁学植与禹龙公司双方是劳动关系还是劳务关系。

【法院裁判要旨】

湖北省宜昌市秭归县人民法院经审理认为：认定是否存在劳动关系应看双方之间是否符合劳动关系的实质要件，当事人关系的性质是区分劳动关系与劳务关系的主要因素。劳动关系的当事人之间存在管理与被管理的隶属关系，劳动者除提供劳动外，还要接受用人单位的管理活动及安排，遵守其规章制度，劳动关系的当事人之间除了存在财产关系外，还存在特殊的身份关系。原告父亲袁学植在被告禹龙公司承建的工地上做工过程中不慎跌倒摔伤和未签订合同的事实可以确认。但根据原告方提交的证据材料及本院调取的材料，袁学植是作为“小工”进入被告公司的工地工作的，口头约定报酬为100元/天，按照农民对“小工”的普遍理解，就是临时工、零工，可以随时去留，工地只是记录工时，并无证据证实被告公司与原告之间建立了相对稳定、固定的管理与约束关系以及身份隶属关系，无法认定原告之父袁学植与被告禹龙公司之间存在劳动关系。

湖北省宜昌市秭归县人民法院依照《中华人民共和国劳动法》第二条之规定，做出如下判决：

驳回袁海华的诉讼请求。

袁海华持原审起诉已经提起上诉。湖北省宜昌市中级人民法院经审理认为：劳动合同是劳动者与用人单位确立劳动关系、明确双方权利和义务的协议。因此，劳动合同是判断当事人之间是否存在劳动关系的首要标志，在双方没有签订劳动合同的情况下，应结合劳动权利义务的实际履行情况及是否存在人身隶属及依附关系等来判断。原劳动和社会保障部《关于确立劳动关系有关事项的通知》中明确规定，

"用人单位招用劳动者未订立书面劳动合同，但同时具备下列情形的，劳动关系成立：(一) 用人单位和劳动者符合法律、法规规定的主体资格；(二) 用人单位依法制定的各项劳动规章制度适用于劳动者，劳动者受用人单位的劳动管理，从事用人单位安排的有报酬的劳动；(三) 劳动者提供的劳动是用人单位业务的组成部分。"根据本案查明的事实，禹龙公司在施工过程中，雇请袁学植从事劳务活动，双方口头约定了具体事项及报酬，袁学植为提供劳务方，双方并非劳动关系。其理由一是劳动关系基本特征之一是劳动者将其所有的劳动力与用人单位的生产资料相结合。本案中，禹龙公司只是利用袁学植完成施工过程中所必需的体力劳动。二是劳动关系具有显著的人身依附关系。劳动者和用人单位在签订劳动合同或达成劳动关系的协议过程中虽然是平等、自愿的，但是劳动关系一经成立，劳动者就要接受用人单位各项规章制度的约束，否则就可能受到用人单位不同形式的处罚。劳动关系的解除也要符合法定情形和法定程序。本案中袁学植不必知道禹龙公司的各项规章制度，更不可能接受该制度对其的人身约束。袁学植在完成约定的工作任务、禹龙公司支付约定的报酬之后，双方再无任何关系。三是劳动关系还应具备劳动保护、职业培训、作息时间、福利待遇等其他内容。而本案中，湖北禹龙公司与袁学植之间明显不涉及到上述内容。虽然本案的劳务关系与劳动关系存在某些共同点，如禹龙公司符合用工主体、袁学植在履行禹龙公司安排的任务、该任务是禹龙公司的业务组成部分、禹龙公司支付报酬等，但是因缺乏劳动关系成立所必备的本质要件，不符合原劳动和社会保障部《关于确认劳动关系有关事项的通知》第一条第(2) 项规定的情形。禹龙公司对袁学植在工作过程中提出的工作内容和作息时间的要求，是袁学植在提供劳务过程中应当做到的基本要求。综上，原审法院判决认定事实清楚，处理结果正确，上诉人袁海华主张其与禹龙公司之间建立了劳动关系的理由不能成立。

湖北省宜昌市中级人民法院依照《中华人民共和国民事诉讼法》第一百七十条第一款第 (一) 项之规定，判决驳回上诉，维持原判。

【法官后语】

劳动关系则是指劳动力的所有者（劳动者）与劳动力使用者（用人单位）之间，为实现劳动过程而发生的一方有偿提供劳动力由另一方用于其同生产资料相结合的社

会关系。[1] 劳务关系是指两个或两个以上的平等主体之间根据口头或书面约定，由劳动者向用工者提供一般性的或特定的劳动服务，用工者依约支付报酬的一种有偿服务的法律关系。[2] 劳动关系与劳务关系都是以一方当事人向另一方当事人提供劳务为特征，有一定的相似性，但劳动关系与劳务关系仍然有明显的区别，主要如下：

第一，两者的主体地位不同。劳动关系具有经济关系和人身依附关系双重属性，在劳动关系中劳动者不仅要提供劳动，还要接受用人单位的管理，服从其安排，遵守用人单位的规章制度；劳务关系只存在经济关系，劳动者提供劳动服务，接受劳动服务的一方支付相应的报酬，劳务关系的双方当事人不存在人身隶属关系。劳务关系双方地位平等，不具有隶属性。劳动关系双方地位则既具有平等性也具有隶属性。第二，两者的主体稳定性不同。劳动关系中双方之间建立的是比较稳定、紧密、维系时间相对较长的劳动服务关系；劳务关系中双方建立的是一种临时性的关系，维系时间相对较短，劳动者在完成了与用人方约定的劳动后，双方之间的关系就自然解除。第三，两者享有的劳动报酬及支付形式不同。劳动关系中支付劳动报酬的形式多以工资的方式定期支付，一般说来是按月支付给劳动者，有规律性，劳动者除了工资报酬外，还享有相应的保险和福利待遇等；劳务关系中常常是一次性即时清结或按阶段按批次支付劳动报酬，没有一定的规律，劳动者除了劳动报酬外不再享有其他福利待遇。

在本案中原告的父亲袁学植仅仅是在被告禹龙公司处做“小工”，做一天算一天的，工钱结算也没有规律，并不是按月支付，且袁学植并不需要严格遵守被告禹龙公司的规章制度，也没有严格的上下班时间。综上，原告父亲袁学植与被告禹龙公司属于劳务关系，而不是劳动关系，一、二审法院也都是这么认定的。

编写人：湖北省宜昌市秭归县人民法院　邓娇

---

① 王全兴：《劳动法》（第二版），法律出版社2004年版，第32页。

② 李长健：“论劳动关系的异化：兼论事实劳动关系与劳务关系的区别”，载《华中农业大学学报（哲学社会科学版）》2004年第4期，第68~71页。

12

劳务关系与劳动关系的区分认定

——钱树林诉天津市航兴建筑有限公司等劳务合同案

【案件基本信息】

1. 裁判书字号

天津市第二中级人民法院（2015）二中速民终字第0662号民事判决书

2. 案由：劳务合同纠纷

3. 当事人

原告（上诉人）：钱树林

被告（被上诉人）：天津市航兴建筑有限公司（以下简称航兴公司）、中交第一航务工程局有限公司（以下简称一航局）、中国路桥工程有限责任公司（以下简称路桥公司）

【基本案情】

2007年4月1日，赤道几内亚政府与路桥公司签署了《巴塔港扩改建项目的工程实施合同》，约定由路桥公司承建巴塔港扩改建项目工程。2009年1月19日，路桥公司与一航局签订《赤道几内亚巴塔港口扩改建工程项目施工合作协议》，约定路桥公司将该项目部分工程发包给一航局。2010年6月15日，一航局与航兴公司签订《建设工程施工劳务分包合同》，约定一航局将部分工程的劳务分包给航兴公司。其后，钱树林与航兴公司签订了《天津市航兴建筑有限公司境外员工劳务协议书》，协议期限约定为无固定期限，自2012年5月15日开始，至工程完工止。劳动岗位约定为甲方安排乙方从事工作，乙方应完成甲方合理分配的生产任务。劳动报酬约定为四种标准：工作时间满三个月，工资按每天50元计，且公司不负责出工往返机票和护照办理的费用；工作时间满六个月，工资按每天70元计，且公司不负责出工往返机票和护照办理的费用；工作时间满一年，工资按每天100元计，出国往返费用和护照办理费用由公司负责；工作时间满整个工程工期，工资按每天150元计，出国往返费用和护照办理费用由公司负责，且按出勤天数每天另加10元至50元奖金；另有社会保险、福利待遇、劳动纪律、劳动保护等条款。协议的解除、变更、终止约定为以完成一定的工作为期限的劳动协议，工作完成劳动协议终止。

2012年5月15日，钱树林前往赤道几内亚巴塔港口施工工地工作。2013年5月17日，钱树林从该工地回国。钱树林在该港口工作期间，依照航兴公司赤几考勤表的记录，出勤天数为326天，航兴公司共给付其工资劳动报酬人民币91500元，其中以向其国内银行卡转账方式给付人民币79900元，以在巴塔港工地预支劳动报酬方式给付人民币11600元。2013年12月16日，钱树林等18人以航兴公司、一航局、路桥公司为被申请人向宁河县劳动人事争议仲裁委员会提起劳动仲裁申请，请求解除劳动关系并由对方支付加班费、待岗期间的生活费、经济补偿金等，并由对方补缴社会保险。2014年9月28日，该仲裁委作出津宁劳人仲字（2014）第4号仲裁裁决书，裁决：驳回申请人的全部仲裁请求。钱树林不服该仲裁裁决书，以航兴公司、一航局及路桥公司为被告向天津市宁河县人民法院提起诉讼。

被告航兴公司认为其具备相关劳务分包资质，一航局与航兴公司签订的《建设工程施工劳务分包合同》合法有效。被告一航局与被告路桥公司均认为，原告与航兴公司签订的劳务协议合法有效，原告应向被告航兴公司主张权利，二被告均具备相应资质，要求其承担责任无事实与法律依据。

【案件焦点】

原告钱树林与被告航兴公司之间形成劳务关系还是劳动关系。

【法院裁判要旨】

天津市宁河县人民法院经审理认为：原告钱树林与被告航兴公司签订了《天津市航兴建筑有限公司境外员工劳务协议书》。第一，协议名称为劳务协议，双方在签订协议时对协议性质知晓且无异议；第二，该协议为无固定期限，系为完成特定工程而签订，工程完工后协议自然解除，而非航兴公司将钱树林招录为员工，双方签订无固定期限劳动合同，合同解除需依法定程序；第三，协议约定由航兴公司按照原告出工天数计算劳动报酬，采取在施工工地预付和不定期向原告国内银行卡汇款两种方式，不存在劳动关系中通常按工时计薪并按月支付的情形；第四，劳务协议内容体现出航兴公司对于钱树林等境外工作者在工作时间上管理的松散性和在法律关系上的平等性，双方之间并无隶属关系，只是由劳动者提供劳务，用人单位支付劳务报酬；第五，一航局与航兴公司签订的是劳务分包合同，而航兴公司与钱树林等人签订的也是劳务协议，可以认定该工程具有向境外输出劳务的性质。因此，原告钱树林与被告航兴公司之间形成的法律关系应认定为劳务关系，而非劳动关系。2013年5月16日，航兴公司安排钱树林回国，并于其后结算了劳动报酬，钱树林与航兴公司之间的劳务合同关系应视为自行终止。

天津市宁河县人民法院依据《最高人民法院关于审理劳动争议案件适用法律若干问题的解释（二）》第十一条，《中华人民共和国合同法》第六十条第一款，《最高人民法院关于民事诉讼证据的若干规定》第二条的规定，作出如下判决：

一、确认钱树林与天津市航兴建筑有限公司之间的劳务合同关系已于2013年5月17日终止。

二、驳回钱树林的诉讼请求。

钱树林持原审起诉意见提起上诉。天津市第二中级人民法院经审理认为：本案双方当事人争议的关键问题为上诉人与被上诉人航兴公司基于《天津市航兴建筑有限公司境外员工劳务协议书》所建立的关系应如何认定。双方当事人签订的协议书名称为“劳务协议书”，签订时双方并无异议，且签订后该协议亦已实际履行，故上诉人主张与被上诉人航兴公司之间系劳动关系而非劳务关系，还需进一步举证证明双方之间实际关系符合劳动关系成立的要件。现根据双方提供的证据及本案协议书履行情况来看，虽被上诉人航兴公司与上诉人之间存在一定的管理关系，但更偏重于对上诉人提供劳务的安排和督促，双方当事人系平等的民事主体，并不具有身份上的隶属和依附性。从协议内容来看，双方约定协议期限为无固定期限自签订合同至工程完工止，是以完成一定的工作内容为目的的协议。且劳动报酬计付是以劳动者在施工处工作期间为标准按日计算劳动报酬及相关费用，即劳动者有权在工程完工前终止协议履行，故上诉人提供的劳务具有临时性，并不符合劳动关系中双方都具有的保持长期、持续、稳定工作关系的情形。从双方劳动报酬支付情况看，工资支付方式为施工工地预付和不定期向上诉人国内银行卡汇款，与劳动关系中按月支付、按工时计薪方式亦不相符。综上，原审法院认定上诉人与被上诉人航兴公司之间形成劳务关系并无不妥。由此，上诉人主张的解除双方劳动关系、支付待岗期间生活费、经济补偿金、补缴社会保险等诉讼请求，缺乏依据，原审法院所作处理并无不当。

天津市第二中级人民法院依照《中华人民共和国民事诉讼法》第一百七十条第一款第（一）项之规定，作出判决如下：

驳回上诉，维持原判。

【法官后语】

本案审理的重点在于劳动关系与劳务关系的区分认定。法官在审理时必须综合案件事实重点考量以下因素进行判断：

第一，合同名称。虽然合同名称仅为表征，但是在一定程度上可彰显合同性质及内容，因此，不能忽略合同名称的重要作用。

第二，双方主体地位。劳动关系中双方处于不平等地位，存在明显的隶属关系，而在劳务关系中双方地位平等，并无明显的隶属关系。对此应结合主体性质、工作时间、工作内容、工作纪律等进行考量。

第三，合同期限。劳动关系的期限分为固定期限、无固定期限和以完成一定工作任务为期限，但在实践中多为固定期限；而劳务关系的期限则完全由双方当事人约定。

第四，劳动报酬的计算标准与支付方式。劳动关系中劳动报酬多为按工时计算并按月支付，还必须符合最低工资标准；而劳务关系中劳动报酬的计算标准与支付方式完全取决于双方当事人的约定。

第五，合同解除及终止的条件与法律后果。劳动关系中劳动合同解除与终止的条件除当事人协商一致外，均有法律的明文规定，用人单位在特定情形下还必须向劳动者支付经济补偿金与赔偿金；而劳务关系中合同解除与终止的条件与法律后果完全由双方当事人约定，并无法律的强制性约束。

本案中，合同名称为劳务协议书，已在一定程度上彰显其劳务合同的性质；合同双方主体系平等的民事主体，并不具有身份上的隶属和依附性；合同期限为无固定期限，自签订合同至工程完工止，是以完成一定的工作内容为目的；劳动报酬以实际工作时间计算，并实行预付与不定期汇款相结合的支付方式。原审法院与二审法院均结合以上因素进行判断，确认双方之间存在劳务关系而非劳动关系。

编写人：天津市宁河县人民法院　马伟杰

天津市高级人民法院　张涛

13

劳动关系与承包关系的区别

——莫玉生诉广西中闽钢材现货交易市场管理有限公司确认劳动关系案

【案件基本信息】

1. 裁判书字号

广西壮族自治区南宁市中级人民法院（2014）南市民四终字第333号民事判决书

2. 案由：确认劳动关系纠纷

3. 当事人

原告（被上诉人）：广西中闽钢材现货交易市场管理有限公司（以下简称中闽公司）

被告（上诉人）：莫玉生

【基本案情】

莫玉生在中闽公司的饭堂工作期间独自负责采购食材和烹饪，中闽公司按照食堂就餐员工的人次按照早餐2元/人·餐，中餐和晚餐均为4元/人·餐的标准以有单位负责人签字的《费用报销表》与莫玉生结算。2013年后除上述标准外，中闽公司还按就餐天数予以支付补助款17元/天给莫玉生。根据《费用报销表》，中闽公司尚欠莫玉生5224元没有报销。中闽公司为莫玉生投保了商业保险。莫玉生提供了一份中闽公司与其的《协议》，《协议》内容为："经莫玉生承包广西中闽钢材现货交易市场管理有限公司的食堂一周后，无法经营。综合各方面因素考虑经公司领导研究决定：每月30日发放2000元工资给莫玉生；2012年6月7日莫玉生交的3000元保证金，终止工作时凭收据退还。本协议与莫玉生协商一致，壹式贰份，双方各执一份，签字生效。"莫玉生在中闽公司食堂工作期间食堂用具均为中闽公司提供，中闽公司2012年11月29日《关于食堂管理补充规定》中写明“……以上补充规定，由覃某锋、莫玉生两位员工监督、记名和及时上报公司领导……”。2013年8月22日，莫玉生以中闽公司和某公司为被申请人向南宁市劳动仲裁委申请仲裁，请求裁令确认劳动关系并支付相应二倍工资差额、拖欠工资、违法解除劳动合同经济补偿金等费用。南宁市劳动仲裁委裁决确认双方存在劳动关系并支持了莫玉生相应的补发工资、二倍工资差额等请求。中闽公司不服上述仲裁裁决向一审法院起诉。中闽公司主张莫玉生与中闽公司是饭堂承包关系，中闽公司按照吃饭人次向莫玉生结账，莫云生不受中闽公司劳动管理。莫玉生主张，双方一开始确实是承包关系，但是一个星期后因为无法经营，协商变更为劳动关系并签订《协议》，中闽公司按人次向莫玉生结算的是买菜钱。

【案件焦点】

双方是承包关系还是劳动关系。

【法院裁判要旨】

广西壮族自治区南宁市良庆区人民法院经审理认为：中闽公司依照用餐人次向莫玉生支付费用，莫玉生自负盈亏，双方构成承包关系非劳动关系，故判决驳回莫玉生的诉讼请求。

莫玉生持其原审答辩意见提起上诉。广西壮族自治区南宁市中级人民法院经审理认为：1. 双方签订的《协议》中明确表述中闽公司“每月30日发放2000元工资给莫玉生”，可以应当认定莫玉生从事中闽公司安排的有报酬的工作；莫玉生的工作内容为食堂采购、供餐，该工作为中闽公司后勤业务的组成部分；中闽公司在《关于食堂管理补充规定》中，明确要求莫玉生对于开餐时间、职工用餐规范等事宜“监督、记名和及时上报公司领导”，该要求足以表明莫玉生受用中闽公司的劳动管理；中闽公司为莫玉生购买了团体人身保险并交纳了保费，亦是双方构成劳动关系的佐证。综合以上各点分析，双方符合原劳动和社会保障部《关于确立劳动关系有关事项的通知》第一条规定的情形，构成劳动关系。2. 双方不构成承包关系。（1）中闽公司明确要求莫玉生对于开餐时间、职工用餐规范等事宜“监督、记名和及时上报公司领导”，说明双方属于上下级而非平等地位，表明莫玉生受用中闽公司的劳动管理；（2）莫玉生工作使用的食堂用具均由中闽公司提供；（3）日常在菜场进行食材采购，采购人很难全部获取采购收据或发票，而工作餐标准相对固定，单位依照定额向采购人支付食材采购款，防止采购人超额采购、中饱私囊与日常经验相符。即本案经营风险实际由中闽公司承担。综上，本案双方不符合承包关系的特点。

南宁市中级人民法院判决双方存在劳动关系，中闽公司需要向莫玉生支付未签订劳动合同二倍工资差额、补发工资、退还保证金、支付食材购买款项。

【法官后语】

对于劳动关系与承包关系的认定一直是法院审理劳动案件中的难点问题之一。本案中劳动者与用人单位就工作的性质及工资支付相关内容达成了一致的协议，但是仅从该协议的表述上还不足以认定双方具体是劳动关系还是承包关系，因为双方约定的“工资”2000元/月加上按照就餐人次支付的款项，有可能是定额承包费+计件承包费的承包费支付方式，也有可能就是劳动报酬。二审法院依照原劳动部《关于确立劳动关系有关事项的通知》第一条规定的劳动关系构成要件进行逐一分析。尤其是在用人单位是否向劳动者支付工资、劳动者是否受用人单位的劳动管理两个方面，认定双方《协议》中表述为莫玉生可以领取的是“工资”、中闽公司要求莫玉生对职工用餐情况进行管理及汇报，认定双方构成劳动关系。在此基础上，二审法院还专门从双方关系是否具有从属性、是否提供劳动工具、经营利益归属、经营风险的承担方式三个方面论证了本案不构成承包关系的理由，尤其是对于中闽公司按照用餐人次向莫玉生支付的是购买食材的费用而非承包费这一问题进行了重点分析，即立足于本案的证据材料，又结合社会生活经验认定单位按照就餐人次支付购买食材费用具有合理性，该分析过程清晰、明确，有理有据，使当事人一目了然。

编写人：广西壮族自治区南宁市中级人民法院　魏超

14

承揽关系与劳动关系如何区分

——新疆华洋实业（集团）物业发展有限公司诉魏秀玲确认劳动关系案

【案件基本信息】

1. 裁判书字号

新疆维吾尔自治区昌吉回族自治州（2015）昌中民一终字第356号民事判决书

2. 案由：确认劳动关系纠纷

3. 当事人

原告（上诉人）：新疆华洋实业（集团）物业发展有限公司

被告（被上诉人）：魏秀玲

【基本案情】

被告魏秀玲之夫梁正才在原告新疆华洋实业（集团）物业发展有限公司管理的昌吉市水岸林居小区从事绿化工作，原告为其指定工作区域和工作时间，并按月发放工资2100元。2014年4月30日15时25分许，梁正才在昌吉市中山路与南公园西路交叉路口发生交通事故死亡。2014年5月4日，原告出具证明一份，载明“兹有梁正才身份证号：620321××××2419，于2013年6月8日至2013年11月10日入职我公司从事季节性绿化工作，2014年4月17日入职继续从事季节性绿化工。本公司在此期间按月发放劳动报酬，每月2100元整”。后被告魏秀玲向昌吉回族自治州劳动人事争议仲裁委员会申请仲裁，请求确认梁正才与新疆华洋实业（集团）物业发展有限公司之间存在劳动关系。2014年12月15日，该仲裁委员会作出昌州劳人仲案字（2014）70号仲裁裁决书，裁决梁正才与新疆华洋实业（集团）物业发展有限公司之间存在劳动关系。新疆华洋实业（集团）物业发展有限公司不服该仲裁裁决，认为梁正才与原告之间未签订过任何劳动合同，双方是按月承包、按月付酬的绿化工程承包关系，证明系出于同情为便于被告获得交通事故赔偿款而出具，不能证实双方是劳动关系，遂诉至法院。

【案件焦点】

本案被告魏秀玲的丈夫梁正才与原告新疆华洋实业（集团）物业发展有限公司是承揽关系还是劳动关系。

【法院裁判要旨】

新疆维吾尔自治区昌吉回族自治州昌吉市人民法院经审理后认为：用人单位自用工之日起即与劳动者建立劳动关系，双方应当签订书面劳动合同，明确双方的权利和义务，但是否签订了书面劳动合同并不是判断劳动关系存在与否的唯一依据。本案原告对梁正才在新疆华洋实业（集团）物业发展有限公司从事绿化浇水工作的事实并无异议，但以双方系按月承包、按月付酬的承包关系为由主张双方不存在劳动关系。本案原告新疆华洋实业（集团）物业发展有限公司具备用工主体资格，梁正才符合劳动者主体资格，梁正才从事原告安排的劳动，原告按月支付劳动报酬，且梁正才提供的绿化浇水劳动属于原告新疆华洋实业（集团）物业发展有限公司的业务组成部分，双方虽未签订书面劳动合同，但符合劳动关系成立的构成要件，双方已形成事实上的劳动关系，对此，原告也于2014年5月4日以出具证明的形式予以追认。现原告主张双方系承包关系，但未提供充分的证据予以证实，其主张不能成立。故，对原告要求确认其与梁正才之间不存在劳动关系的请求，本院不予支持。

昌吉回族自治州昌吉市人民法院依据《中华人民共和国民事诉讼法》第六十四条第一款，《中华人民共和国劳动合同法》第七条之规定，作出如下判决：

原告新疆华洋实业（集团）物业发展有限公司与梁正才之间存在劳动关系。

新疆华洋实业（集团）物业发展有限公司不服，持原审起诉意见提起上诉。新疆维吾尔自治区昌吉回族自治州中级人民法院经审理认为：按照《中华人民共和国劳动合同法》的规定，用人单位自用工之日起即与劳动者建立劳动关系。本案被上诉人魏秀玲的丈夫梁正才从事的绿化浇水工作属于上诉人的业务组成部分，上诉人按月向梁正才支付劳动报酬，双方虽未签订书面劳动合同，但已形成事实上的劳动关系。故上诉人新疆华洋实业（集团）物业发展有限公司的上诉请求没有法律依据，本院不予支持。

昌吉回族自治州中级人民法院依照《中华人民共和国民事诉讼法》第一百七十条第一款第（一）项之规定，作出如下判决：

驳回上诉，维持原判。

【法官后语】

劳动关系是指用人单位招用劳动者为其成员，劳动者在用人单位的管理下提供有报酬的劳动而产生的权利义务关系。根据《劳动合同法》第七条的规定，用人单位自用工之日起即与劳动者建立劳动关系，这说明建立劳动关系的实质性标准是劳动者实际提供劳动，用人单位实际用工，而书面的劳动合同并不是判断双方是否建立劳动关系的实质性标准。原告新疆华洋实业（集团）物业发展有限公司所指承包关系，实质上是承揽合同关系，即是承揽人按照定作人的要求完成工作，交付工作成果，定作人给付报酬的经济关系。两者的共同之处都表现为一方提供劳动，另一方接受并支付报酬。但两者有实质性的区别，可从以下方面进行辨别：

一、标的不同。劳动关系中，标的是“劳动力”，表现为体力劳动或者脑力劳动，劳动力的直接载体是劳动者，强调的是劳动过程且与劳动者不可分割，劳动者不能将其工作任务交于他人完成。而承揽关系中，标的是“工作成果”，表现为以一定“物”的形式存在和感知的具体成果，可与劳动者相对分离，承揽人可以将其承揽的主要工作交由第三人完成的。

二、双方关系不同。劳动关系中的双方不仅存在经济关系，还存在人身关系，即人身、组织隶属关系，劳动者除提供劳动之外，还要接受用人单位的管理，服从其安排，遵守其规章制度等。而承揽关系中的双方主体之间仅仅存在经济关系，不存在任何隶属关系，各自独立、法律主体地位平等。

三、主体资格不同。在劳动关系中，根据法律规定，用人单位必须具备用工主体资格，具体表现为一定的“组织”，以单位形式存在；劳动者符合劳动者条件，必须为自然人。而在承揽关系中，在无法律特别规定的情况下，定作人与承揽人中的一方或者双方均可以是单位或者自然人。

四、劳动者以谁的名义提供劳动不同。劳动关系中，用人单位允许或要求劳动者以用人单位员工的名义工作，劳动者对内被视为用人单位的一员，对外代表用人单位或者用人单位的工作人员。而承揽关系中，承揽人以自己的名义、自己的设备、技术和劳力，完成工作，交付工作成果，定作人及承揽人均不认为承揽人是定作人的员工。

五、劳动报酬支付方式不同。劳动关系中，用人单位按月向劳动者支付劳动报酬，其依据来源于法定，即《劳动法》第五十条“工资应当以货币形式按月支付给劳动者本人”之规定。而承揽关系中，定作人向承揽人支付报酬，其依据来源于双方约定，即《合同法》第二百六十三条“定作人应当按照约定的期限支付报酬。对支付报酬的期限没有约定或者约定不明确，依照本法第六十一条的规定仍不能确定的，定作人应当在承揽人交付工作成果时支付；工作成果部分交付的，定作人应当相应支付”之规定，一般表现为根据工作成果交付时间确定付款时间。

六、解除权不同。劳动关系中，在双方均无过错的情况下，劳动者有权提前三十日通知解除劳动合同，无须赔偿用人单位损失。在承揽关系中，定作人有权随时解除承揽合同，造成承揽人损失的，应当赔偿损失。

七、工作瑕疵责任承担不同。在劳动关系中，因劳动者履职的利益属于用人单位，故工作瑕疵和失职后果对外均应由用人单位承担。而承揽关系中，承揽人对工作成果负完全责任，承揽人需交付符合质量要求的工作成果，否则应承担违约责任。

从以上方面分析，本案双方的关系应认定为劳动关系。另外，新疆华洋实业（集团）物业发展有限公司作为物业公司，对小区进行绿化管理是其主要业务内容，单纯就此业务来说，公司注重的是绿化后的工作成果，因此，物业公司可进行劳动外包。但从平衡各方权益的角度来看，应将承包对象限定在具备用工主体资格的单位范围之内。因为如果允许物业公司将自己的主要业务如绿化、保洁、安保等工作分别对外承包给自然人，由接受承包的自然人完成物业公司对小区居民应承担的义务，无疑会助长物业公司规避用人单位责任，不利于劳动者权益的保护。

编写人：新疆维吾尔自治区昌吉回族自治州昌吉市人民法院　闫丽霞

二、劳动合同

15

劳动者被依法追究刑事责任时用人单位单方表示解除合同是否导致劳动合同必然解除

——商慧君诉平顶山市市郊农村信用合作联社劳动争议案

【案件基本信息】

1. 裁判书字号

河南省平顶山市中级人民法院（2014）平民劳终字第108号民事判决书

2. 案由：劳动争议纠纷

3. 当事人

原告（被上诉人）：商慧君

被告（上诉人）：平顶山市市郊农村信用合作联社（以下简称市郊联社）

【基本案情】

1998年，商慧君调入市郊联社工作，但双方未签订劳动合同。2009年1月19日，商慧君因涉嫌犯诈骗罪被公安机关刑事拘留，后检察机关提起公诉。该案经第二次发回重审和商惠君提起上诉后，2012年11月8日，二审法院经审理裁定驳回商慧君上诉，维持原判。

商慧君被刑事拘留后，市郊联社自2009年2月起停止向其发放工资，但未将解除劳动合同关系的意思表示告知商慧君，也未注销商慧君的养老、医疗、住房公积金账户且未中断为其缴纳养老保险、医疗保险和住房公积金。2012年8月，市郊联社为商慧君补发了2009年2月至2012年6月的工资及福利共计86264.39元。后商慧君与市郊联社协商要求恢复工作但未果。2013年9月，商慧君向劳动人事争议仲裁委员会申请劳动仲裁，要求市郊联社恢复工作岗位并补发工资100000元，但劳动人事争议仲裁委员会作出了逾期未受理决定通知书。后商慧君提起诉讼，请求依法判令市郊联社恢复其工作岗位并补发2011年2月起至起诉时止的应发工资共计140000元。但市郊联社认为，自商慧君被采取强制措施后，市郊联社便以停止向其发放工资的形式单方解除了双方之间的劳动合同关系，虽然由于商慧君被采取强制措施而未将解除劳动合同一事向其告知，但自商慧君被采取强制措施之后双方之间已经不存在劳动关系，支付给商慧君的86264.39元也不是工资，而是以工资标准发放的补助。

【案件焦点】

商慧君涉嫌刑事犯罪被依法追究刑事责任后，双方之间的劳动合同关系是否必然解除。

【法院裁判要旨】

河南省平顶山市湛河区人民法院经审理认为：劳动者的合法权益依法应当受法律保护。《中华人民共和国劳动合同法》第三十九条规定：“劳动者有下列情形之一的，用人单位可以解除劳动合同：（一）在试用期间被证明不符合录用条件的；（二）严重违反用人单位的规章制度的；（三）严重失职，营私舞弊，给用人单位造成重大损害的；（四）劳动者同时与其他用人单位建立劳动关系，对完成本单位的工作任务造成严重影响，或者经用人单位提出，拒不改正的；（五）因本法第二十六条第一款第一项规定的情形致使劳动合同无效的；（六）被依法追究刑事责任的。”该法第五十条第一款规定：“用人单位应当在解除或者终止劳动合同时出具解除或者终止劳动合同的证明，并在十五日内为劳动者办理档案和社会保险关系转移手续。”被告市郊联社并未提供与原告终止劳动合同的证明并继续为原告缴纳社会保险金，应视为原、被告之间仍然存在劳动关系，但被告未为原告安排工作岗位，故被告应恢复原告工作。《最高人民法院关于民事诉讼证据的若干规定》第七十五条规定：“有证据证明一方当事人持有证据无正当理由拒不提供，如果对方当事人主张该证据的内容不利于证据持有人，可以推定该主张成立。”因被告未提供2010

年5月之后给原告发放工资明细，故被告应按照河南省金融业在岗职工年平均工资的标准为补发原告2011年2月至2013年12月的工资，即44210元/年÷12月×11月=40526元，55160元/年÷12月×24月=110320元，以上共计150846元。因被告发放2009年2月之后的工资及福利共计86264.39元包含2010年5月至2012年6月部分，故此2011年2月至2012年6月已发放部分应从上述补发工资中扣除，故被告应补发原告工资150846－（38911.54÷26月×17月）=125404元。原告主张过高部分本院不予支持。综上，依照《中华人民共和国劳动合同法》第三十九条、第五十条第一款，《中华人民共和国民事诉讼法》第六十四条第一款，《最高人民法院关于民事诉讼证据的若干规定》第七十五条之规定，判决如下：

一、被告平顶山市市郊农村信用合作联社于本判决生效之日起三十日内恢复原告商惠君工作。

二、被告平顶山市市郊农村信用合作联社于本判决生效之日起十五日内补发原告商惠君工资125404元。

三、驳回原告商惠君的其他诉讼请求。

被告不服，提起上诉。河南省平顶山市中级人民法院经审理认为：根据《中华人民共和国劳动合同法》第三十九条第一款第六项的规定，劳动者被依法追究刑事责任的，用人单位可以解除劳动合同。可见，依据该规定，用人单位可以与劳动者解除劳动关系，但不是必须与劳动者解除劳动关系。如果用人单位依据该规定解除与劳动者的劳动关系，还应当根据《中华人民共和国劳动合同法》第三十条、第四十三条、第五十条的规定，事先将理由通知工会，并在解除或者终止劳动合同时出具解除或者终止劳动合同的证明，在十五日内为劳动者办理档案和社会保险关系转移手续。本案中，一方面市郊联社未提供其按照上述法律规定的程序与商惠君劳动关系的证据，不能证明其已经依法解除了与商惠君的劳动关系；另一方面市郊联社为商惠君补发了2009年2月后的工资和福利，且一直为商惠君缴纳养老、医疗和住房公积金至今。可见双方之间仍然保持着劳动关系，故市郊联社应恢复商惠君工作，并补发其相应的工资。

平顶山市中级人民法院依照《中华人民共和国劳动合同法》第三十条、第三十九条、第四十三条、第五十条，《中华人民共和国民事诉讼法》第一百七十之规定，作出如下判决：

市郊联社于本判决生效之日起三十日内恢复商惠君工作，并于本判决生效之日起十五日内向商惠君补发工资100323.2元。

【法官后语】

根据《劳动合同法》第三十九条第（六）项的规定，劳动者被依法追究刑事责任的，用人单位可以解除劳动合同。该法第五十条第一款同时规定："用人单位应当在解除或者终止劳动合同时出具解除或者终止劳动合同的证明，并在十五日内为劳动者办理档案和社会保险关系转移手续。"本案争议的关键是，市郊联社作为用人单位，在商惠君涉嫌刑事犯罪被依法采取强制措施后，意图解除与商惠君之间的劳动合同，但却未将解除合同的意思表示通知商惠君，也未同时按照该法第五十条的规定向商惠君出具解除或终止劳动合同的证明和办理社会保险关系转移手续，在商惠君依法被采取强制措施后，仍然为其缴纳社会保险，同时又为其补发了2009年2月至2012年6月的工资及福利。因此，可以认定，因市郊联社未按法律规定解除与商惠君之间的劳动合同，双方之间的劳动合同关系仍然是存在的，商惠君的诉讼请求合理合法，法院最终判决支持商惠君的诉讼请求是正确的。

同时从另一方面理解，根据《劳动合同法》第三十九条的规定，用人单位在劳动者有该条规定的情形时"可以解除"劳动合同，"可以解除"意味着也可以不解除，而非"必须解除"，也不是"当然解除"。因此，本案提醒用人单位，切勿想当然认为只要具备可以解除劳动合同的情形时便可以单方无条件解除劳动合同，而要系统、全面和准确理解我国《劳动合同法》关于解除劳动合同的相关规定，对法律规定解除合同是否需要通知或告知劳动者、如何通知或告知劳动者、需要履行怎样的程序等问题进行全面理解并按法律规定执行，否则仅有解除合同的意图并不必然导致解除合同的结果。

编写人：河南省平顶山市湛河区人民法院　马锐红

16

劳动合同期满后劳动关系是否自行终止

——李钦诉化州市印刷厂确认劳动关系案

【案件基本信息】

1. 裁判书字号

广东省茂名市中级人民法院（2014）茂中法民一终字第214号民事判决书

2. 案由：确认劳动关系纠纷

3. 当事人

原告（上诉人）：李钦

被告（上诉人）：化州市印刷厂

【基本案情】

化州市印刷厂是一间全民所有制企业，2000年后已经全面停产，仅留下十名职工作为留守人员。李钦与化州市印刷厂于1998年12月签订从1998年12月起到2001年12月止为期三年的书面劳动合同，从1998年12月到1999年2月，化州市印刷厂支付了李钦的全部工资。双方签订的劳动合同期满后，化州市印刷厂没有为李钦办理终止劳动合同的书面手续，也没有与其续订书面劳动合同。在2013年8月份前，化州市印刷厂没有为李钦交过任何社保费，在李钦多次要求的情况下，化州市印刷厂在2013年8月一次性为李钦补缴了从1998年1月至2013年8月的社保费共计人民币61890.17元，全部由化州市印刷厂支付。

李钦与化州市印刷厂就自1999年3月开始李钦是否一直在正常上班发生了严重分歧。李钦认为自己一直在正常上班，厂方拖欠了十多年的工资尚未支付。同时向法院提供化州市印刷厂于2007年10月26日开具并加盖公章的证明一份，证明内容为："我厂李钦因母亲被摩托车撞伤，因而从2007年9月7日至9月24日李钦到医院照顾她，护理期间李钦不上班企业停发李钦同志的一切工资待遇，特此证明。”李钦据此认为，其一直在厂里正常上班，请求确认李钦与化州市印刷厂至今存在劳动关系及补签无固定期限劳动合同；化州市印刷厂支付李钦自1999年3月至2013年11月期间的工资或生活费。对此，化州市印刷厂予以否认，认为李钦从1999年3月开始，就没有回厂上过班，其出具这份证明的目的只是帮助李钦申请其母亲的护理费，不能证明李钦是正常上班。同时提供《印刷厂应付工资账目》，证明化州市印刷厂从2007年8月至当年10月份，支付给留守人员的工资账目中，没有李钦的姓名及其工资支付情况记录，证明李钦不是化州市印刷厂的留守人员，李钦没有在厂里正常上班。双方的劳动合同早已在2001年12月10日期满时自行终止，双方劳动关系也自行终止。

【案件焦点】

劳动合同期满后，若没有办理终止劳动合同的书面手续，也没有与其续订书面劳动合同，双方的劳动关系是自劳动合同期满后自行终止还是至今存在劳动关系。

【法院裁判要旨】

广东省化州市人民法院经审理认为：化州市印刷厂与李钦签订的劳动合同期满后，双方既不办理终止劳动合同手续，也不续签劳动合同，因此视为双方同意以原条件继续履行合同，随之形成无固定期限劳动合同关系，又根据化州市印刷厂为李钦补缴社会保险费的行为，进一步佐证双方一直存在劳动关系，双方到目前还存在劳动关系。对李钦要求化州市印刷厂支付工资或生活费的请求，从举证责任来判断，化州市印刷厂的证据更充分，其主张也应被采信：李钦不是留守人员，其自1999年3月开始就不再为厂里提供劳动。根据按劳分配原则，李钦请求支付工资或生活费的请求不能支持。

化州市人民法院依照《中华人民共和国劳动合同法》第七条、第十条、第十四条第（一）项，《中华人民共和国劳动法》第七十二条，《最高人民法院关于审理劳动争议案件适用法律若干问题的解释》第一条及《劳动和社会保障部关于确立劳动关系有关事项的通知》第二条第（一）项的规定，作出如下判决：

一、李钦与化州市印刷厂从1998年12月至今存在劳动关系；

二、化州市印刷厂与李钦补签无固定期限劳动合同；

三、驳回李钦的其他诉讼请求。

一审判决宣判后，原、被告均提起上诉，广东省茂名市中级人民法院经审理认为：一审判决认定李钦与化州市印刷厂至今存在劳动关系正确，本院予以确认，但根据我国《中华人民共和国劳动合同法》第十四条的规定，双方并未符合签订无固定期限劳动合同的法定条件，双方无需补签无固定期限合同，一审判决判令双方补签无固定期限劳动合同不当，本院依法予以纠正；虽然李钦与化州市印刷厂自1998年12月起一直存在劳动关系，但化州市印刷厂既未与李钦解除劳动关系，又未安排李钦工作，应按照《广东省工资支付条例》第三十五条的规定发放生活费给李钦。李钦请求化州市印刷厂支付1999年3月至2013年11月期间的生活费的请求有法律依据。综上所述，原审判决查明事实清楚，但适用法律部分不当，本院依法予以纠正。

茂名市中级人民法院依照《中华人民共和国劳动法》第七十二条，《中华人民共和国劳动合同法》第十四条，《广东省工资支付条例》第三十五条，《中华人民共和国民事诉讼法》第一百七十条第一款第（二）项之规定，判决如下：

一、维持广东省化州市人民法院（2014）茂化法民一初字第12号民事判决第一项；

二、撤销广东省化州市人民法院（2014）茂化法民一初字第12号民事判决第二、三项；

三、化州市印刷厂在本判决发生法律效力之日起十五日内支付1999年3月至2013年11月期间的生活费共70584元给上诉人李钦；

四、驳回李钦的其他诉讼请求。

如果未按本判决指定的期间履行给付金钱义务，应当依照《中华人民共和国民事诉讼法》第二百五十三条之规定，加倍支付迟延履行期间的债务利息。

【法官后语】

根据我国《劳动法》第二十三条及《劳动合同法》第四十四条第一项的规定，劳动合同期满属于劳动合同终止的法定事由，但是这并不意味着劳动合同期满双方的劳动关系就自然终止。这取决于劳动合同期满后，劳动者是否继续为用人单位提供劳动，也取决于劳动合同期满后，用人单位是否为劳动者出具劳动合同终止的相关凭证（或手续）。若劳动合同期满后，劳动者继续提供劳动的，则双方形成新的事实关系。若劳动合同期满，用人单位没有及时为劳动者出具相关的终止手续，办理档案与社保的转移关系，那么对劳动者造成损害的应当承担赔偿责任。

本案对用人单位来说具有一定的警示意义，劳动合同到期未及时续签或办理终止手续不仅给用人单位日常劳动关系管理留下隐患，也是众多劳动争议发生的一大诱因。随着劳动者维权意识的不断增强，用人单位更应尊重劳动者的合法权益，在进行劳动合同管理的过程中，要严格防范事实劳动关系带来的法律风险。对于已建立了劳动关系的员工，要及时签订书面劳动合同，并切实做好合同管理工作；对于合同期满未续签的员工，用人单位应积极履行签订和补签合同书面告知义务，在劳动者拒绝续签的情况下，应及时做好相关证据固定，并书面通知劳动者终止劳动关系；对于合同期满后，用人单位终止劳动关系的，需按照《劳动合同法》第五十条第一款的规定，用人单位应当在解除或者终止劳动合同时出具解除或者终止劳动合同的证明，并在十五日内为劳动者办理档案和社会保险关系转移手续。

编写人：广东省化州市人民法院　陈土娟

17

书面劳动合同形式的认定

——灵性实业（上海）有限公司诉方石劳动合同案

【案件基本信息】

1. 裁判书字号

上海市第二中级人民法院（2014）沪二中民三（民）终字第419号民事判决书

2. 案由：劳动合同纠纷

3. 当事人

原告（被上诉人）：灵性实业（上海）有限公司（以下简称灵性公司）

被告（上诉人）：方石

【基本案情】

2012年9月13日，被告至原告公司担任市场运营总监，负责公司市场运营与销售，被告在原告处工作至2013年5月22日。被告主张其入职时双方约定每月工资为32000元，但被告在原告处工作期间，原告发放的工资数额与当初双方约定的32000元存有差额，且原告未与被告签订劳动合同。被告在离职后，于2013年5月23日向上海市浦东新区劳动人事争议仲裁委员会申请仲裁，要求原告支付：1.2012年9月13日至2013年5月21日未签订劳动合同双倍工资差额256000元；2.2012年9月13日至2013年5月21日工资差额48000元；3.2013年1月至5月年终奖23300元。仲裁委做出裁决：1. 原告支付被告2012年10月13日至2013年5月21日未签订劳动合同双倍工资差额233739.13元；2. 原告支付被告2012年9月13日至2013年5月21日工资差额9739.13元；3. 被告要求原告支付2013年1月至5月年终奖23300元的请求，不予支持；4. 被告要求原告支付2012年9月13日至2012年10月12日未签订劳动合同双倍工资差额的请求，不予支持。原告对此不服，向上海市虹口区人民法院提起诉讼，称2013年1月，原告公司人事经理离职后，原告发现被告劳动合同遗失，亦多次要求与被告补签劳动合同，但一直未果，直至被告离职。故要求不支付被告：1.2012年10月13日至2013年5月21日期间未签订劳动合同双倍工资人民币（以下币种均为人民币）233739.13元；2.2012年9月13日至2013年5月21日工资差额9739.13元。审理中，原告表示放弃第二项诉请，同意支付被告2012年9月13日至2013年5月21日工资差额9739.13元。

原告向法庭提交了劳动合同汇总表、公司其余员工劳动合同复印件、公司人事之间QQ聊天记录、招工备案名册及备案表等证据，并申请证人姚X、崔XX到庭作证，以此证明公司曾与被告签订过劳动合同。

被告提供了《员工录用通知书》，证明自己的工资数额，原告对该证据予以认可，并认为这份《员工录用通知书》上已详细记载了被告的工作岗位、工资数额等，可认为已实现了书面劳动合同的功能。

【案件焦点】

原告公司向被告出具的《员工录用通知书》是否可以实现劳动合同的基本功能从而免除原告因未签订劳动合同而需承担的法律责任。

【法院裁判要旨】

上海市虹口区人民法院经审理认为：《劳动合同法》规定建立劳动关系，应订立书面劳动合同，是因为书面形式更有据可查，使双方约定的各项权利义务能全面履行，更有利的保护劳动者的合法权益。本案中，原告虽无法提供被告的劳动合同，但根据被告提供的《员工录用通知书》，明确了被告的工作岗位、合同期限、工资标准及双方的基本权利义务，已具备了劳动合同的基本要件，亦基本实现劳动合同之功能。故被告要求原告支付2012年9月13日至2013年5月21日未签订劳动合同双倍工资的请求，理由不能成立，法院不予支持。原告同意按仲裁裁决支付被告2012年9月13日至2013年5月21日工资差额9739.13元，与法不悖，本院予以照准。关于仲裁裁决的其他事项，灵性公司、方石均未提出异议，应予维持。综上，依照《中华人民共和国劳动法》第七十八条，《中华人民共和国劳动合同法》第三十条第一款之规定，判决如下：

一、自本判决生效之日起十日内，灵性实业（上海）有限公司支付方石2012年9月13日至2013年5月21日工资差额9739.13元；

二、方石要求灵性实业（上海）有限公司支付2012年9月13日至2013年5月21日期间未签订劳动合同双倍工资256000元的诉讼请求，不予支持；

三、方石要求灵性实业（上海）有限公司支付2013年1月至5月年终奖23300元的诉讼请求，不予支持。

上诉人方石不服原审法院判决，上诉称，原审法院将一份无明确主体、未协商确定、无签名盖章的打印件认定为双方的劳动合同，于法无据。灵性公司不与方石签订劳动合同，其目的在于规避方石提出的无试用期的要求，也有逃避按规定为方石足额缴纳社会保险费的故意。因此双方确未签订劳动合同，灵性公司应当支付未签劳动合同的双倍工资。原审判决错误，请求撤销原审判决第二项，改判灵性公司支付方石未签订劳动合同的双倍工资256000元。

被上诉人灵性公司辩称，方石提供的《员工录用通知书》是公司人事部发给方石的，《员工录用通知书》载明了方石的工作岗位、薪资报酬、合同期限及按国家规定享受福利待遇等内容，具备劳动合同的基本条款，双方也按约定实际履行。此外，灵性公司提供的证据足以证明双方曾签订劳动合同。综上，灵性公司无需支付方石未签订劳动合同的双倍工资。原审判决正确，请求驳回方石的上诉请求。

上海市第二中级人民法院经审理查明，原审法院认定事实无误，予以确认。

上海市第二中级人民法院经审理认为：结合《劳动合同法》对未签订劳动合同予以双倍工资惩罚的立法目的，未签订劳动合同双倍工资差额的性质并非劳动者的劳动所得而是对用人单位违反法律规定的一种惩戒，其目的在于提高书面劳动合同的签订率，明晰劳动关系中的权利义务，而非劳动者可以从中谋取超出劳动报酬的额外利益。本案中，虽然灵性公司不能提供双方签订的书面劳动合同，但方石持有并提供的《员工录用通知书》已基本实现了书面劳动合同的基本功能，《员工录用通知书》上载明了方石的工作岗位、合同期限、工资待遇等，既明确了双方的劳动关系又固定了双方的权利义务，该录用通知书具备了书面劳动合同的要件。故对于方石要求灵性公司支付未签订劳动合同的双倍工资的请求，本院难以支持。此外，双方当事人对原审判决第一、三项，均无异议，本院予以维持。综上，依照《中华人民共和国民事诉讼法》第一百七十条第一款第（一）项之规定，判决如下：

驳回上诉，维持原判。

【法官后语】

劳动合同是具有一般民事合同的特点和属性，其成立和生效也应遵守一般民事合同的原则、具备相应的法定要件。

本案中，原告向被告所发出的《员工录用通知书》中载明了被告的工作岗位、合同期限、工资标准，及双方的基本权利义务，内容明确具体且是向特定的相对人所发出的，符合了要约所必须具备的法定要件。因此，本案中的《员工录用通知书》应当被认定为原告向被告方石所发生的要约。本案被告方石在收到该《员工录用通知书》之后，并没有对其中的相关内容提出异议，并且如期至该公司入职上班，应视为其对原告的要约做出了承诺。因此，在灵性公司与方石之间的劳动合同即告成立。

本案原告是具有用人资质的企业，而被告也具有劳动者资格，双方主体适格。本案所涉的《员工录用通知书》是原告与被告的真实意思表示，其所做出的表示行为真实地反映了双方内在的真实意思。《员工录用通知书》中所载明的内容，并无免除用人单位法定责任、排除劳动者权利，更未违反法律、行政法规的强制性规定。故原告与被告所缔结的劳动合同是双方真实的意思表示，内容合法，具备劳动合同的法律效力。

《劳动合同法》规定了判令未在法定期限内与劳动者签订书面劳动合同的用人单位向劳动者支付双倍工资的裁判方法，以督促用人单位及时履行签订书面劳动合同的法定义务。《劳动合同法》之所以强调劳动合同的书面形式，主要在于口头劳动合同的内容难以固定，劳动权利义务关系不易明确，容易产生争议而损害劳动者的合法权益，从而影响劳动关系的和谐稳定。

本案在审理过程中，在用人单位无法提供与被告签订的合同文本的前提下，承办法官综合考量本案案情，并结合书面劳动合同的目的和功能，突破对“书面劳动合同”的传统理解，不拘泥于传统的书面合同文本，认为本案原告向被告所发出的《员工录用通知书》中载明了被告的工作岗位、合同期限、工资标准，及双方的基本权利义务等内容，已具备了书面劳动合同的功能，因此对于劳动者要求用人单位支付因未签订劳动合同的双倍工资的主张不予支持。

编写人：上海市虹口区人民法院　周虹君　陈晔

18

缺少法定必备条款的电子邮件是否属于书面劳动合同

——利欧集团股份有限公司诉徐振良劳动合同案

【案件基本信息】

1. 裁判书字号

浙江省台州市中级人民法院（2014）浙台民终字第812号民事判决书

2. 案由：劳动合同纠纷

3. 当事人

原告（被上诉人）：利欧集团股份有限公司（以下简称利欧集团公司）

被告（上诉人）：徐振良

【基本案情】

2012年4月24日至25日，原告利欧集团公司与被告徐振良通过电子邮件沟通，双方确定了被告税后的工资不低于35000元/月等相关事项。2012年5月14日，被告徐振良入职到原告利欧集团公司工作，并填写了人员登记表的正面。被告在职工作期间，原告支付给被告每个月的工资为35000元并缴纳了社会保险。2012年11月13日，原告向被告发送一份电子邮件，要求解除双方之间的劳动关系。2012年12月9日，被告向原告出具函件一份也要求解除双方之间的劳动关系。2013年1月6日，被告向秦皇岛市劳动人事争议调解仲裁委员提出仲裁申请，要求与原告解除劳动关系并支付经济补偿金35000元、双倍工资199135元、加班工资43443元。秦皇岛市劳动人事争议调解仲裁委员会于2013年8月20日作出秦劳仲案字［2013］第68号裁决书，裁决：一、原、被告于2012年12月9日解除劳动关系；二、原告自收到本裁决书之日起十五日内支付给被告2012年6月15日至2012年12月9日未签订书面劳动合同二倍工资之另一倍200545.98元；三、对被告其他仲裁请求不予支持。原告利欧集团公司不服该裁决提起诉讼，主张无需支付给被告双倍工资200545.98元。被告徐振良亦不服该裁决提起诉讼，主张原告应支付被告经济补偿金35000元、双倍工资200545.98元、加班工资43443元和拖欠的工资15116元。

【案件焦点】

原、被告之间形成的不完全具备法定必备条款的电子邮件是否属于书面劳动合同。

【法院裁判要旨】

浙江省温岭市人民法院经审理认为：根据《中华人民共和国合同法》第十一条的规定，书面形式是指合同书、信件和数据电文（包括电子邮件）等可以有形地表现所载内容的形式。被告徐振良在入职前与原告利欧集团公司通过电子邮件沟通，确认了入职后的工资及其它待遇；被告入职工作后，原告也基本按电子邮件确认的内容支付给了被告工资，并为被告办理了相关社会保险，应认为原、被告之间相互确认相关劳动关系内容的电子邮件即为书面劳动合同。故对被告主张因未签订书面劳动合同而应支付双倍工资200545.98元的诉讼请求，不予支持。原告于2012年

11月13日向被告提出要求解除劳动合同关系，被告于2012年12月9日向原告出具函件一份也要求解除双方之间的劳动关系，故温岭市人民法院曾判决认为双方对解除劳动关系的意思表示一致，双方的劳动关系自2012年12月9日起解除。用人单位向劳动者提出解除劳动合同并与劳动者协商一致解除劳动合同的应向劳动者支付经济补偿。原告辩称被告于10月份私自返回秦皇岛市违反公司纪律，故被告要求原告支付经济补偿无法律依据，但未能提供相应证据予以佐证，因此，本院对原告的辩称不予采信。劳动者月工资高于用人单位所在直辖市、设区的市级人民政府公布的本地区上年度职工月平均工资三倍的，向其支付经济补偿的标准按职工月平均工资三倍的数额支付。现被告的月工资高于原告所在的台州市2011年度职工月平均工资的三倍，故原告应支付给被告经济补偿的月工资标准为2011年度台州市职工月平均工资的三倍，即10549.75元/月（42199元/12月×3）。现被告徐振良在原告处的工作年限为6个月25天，故原告应向被告支付1个月工资的经济补偿，即10549.75元。因此，对被告要求原告支付经济补偿合理部分的诉讼请求，本院予以支持。被告要求原告支付加班工资43443元，但未能举证证明存在加班的事实，依法应承担举证不能的不利后果。

浙江省温岭市人民法院依照《中华人民共和国合同法》第十一条，《中华人民共和国劳动合同法》第四十六条第（二）项、第四十七条、第八十二条第一款，《最高人民法院关于审理劳动争议案件适用法律若干问题的解释》第六条，《最高人民法院关于审理劳动争议案件适用法律若干问题的解释（二）》第十一条和《最高人民法院关于民事诉讼证据的若干规定》第二条之规定，判决：

一、原告利欧集团股份有限公司在本判决生效后十日内支付给被告徐振良经济补偿10549.75元。

二、驳回被告徐振良的其他诉讼请求。

被告徐振良持原审答辩意见提起上诉。浙江省台州市中级人民法院经审理认为：本案系劳动合同纠纷，基本事实清楚，现双方当事人争议的主要焦点是能否依据上诉人与被上诉人之间相互往来的电子邮件认定双方已签订书面劳动合同。根据本案现有的证据，上诉人徐振良在入职被上诉人利欧集团公司前曾通过电子邮件与被上诉人公司方的代表就其工作相关的工资、待遇以及其他相关事项进行沟通并作了确认。本院认为，与劳动者签订书面劳动合同系用人单位的法定义务，根据《合同法》第十一条的相关规定，书面合同的形式应为能客观反映一定内容的有形载体，而非仅限于纸质合同。本案双方当事人之间的往来电子邮件能真实反映当事人之间建立劳动关系的意思表示，且其内容为双方对劳动合同的主要条款所作的约定，原审据此认定双方已签订了书面劳动合同于法有据。上诉人上诉理由不能成立，本院不予支持。

据此，浙江省台州市中级人民法院依照《中华人民共和国民事诉讼法》第一百七十条第一款第（一）项之规定，判决：

驳回上诉，维持原判。

【法官后语】

随着计算机和网络技术的快速发展和广泛运用，自动化、网络化、无纸化办公已延伸到人员招聘、劳动合同的签订、解除等各个劳动人事管理的领域。电子邮件因其使用上的便捷、迅速、低能耗，已经成为企业在现实社会活动中沟通的重要形式之一。

我国《劳动合同法》第十条第一款规定："建立劳动关系，应当订立书面劳动合同。"书面劳动合同是劳动者与用人单位之间明确权利义务的书面协议。我国《合同法》第十一条明确规定，书面形式是指合同书、信件和数据电文（包括电子邮件）等可以有形地表现所载内容的形式；《电子签名法》第四条规定："能够有形地表现所载内容，并可以随时调取查用的数据电文，视为符合法律、法规要求的书面形式。"电子邮件在必要的技术保障下不仅能够起到与传统的纸质合同相同的外在形式作用，包括：阅读、复制、保存等，而且从签订书面合同是为了固定双方之间权利义务的目的来看，电子邮件亦具备这一内在实质作用。因此，能够固定用人单位与劳动者之间权利义务的电子邮件可以作为书面劳动合同。

实践中，由于劳动者和用人单位对如何签订劳动合同缺少必要的知识和经验，可能会随意签订一份劳动合同。劳动合同内容的不规范、不完整会影响劳动关系的和谐、稳定。因此，《劳动合同法》第十七条第一款对劳动合同的必备条款作了具体的规范。无疑，在具备全部该些条款的劳动合同是非常规范的，但在不完全具备该些条款的劳动合同是否无效，从而导致签订的书面劳动合同不成立呢？

有观点认为：《劳动合同法》第十七条使用的是"应当"二字，立法上属于强制性规定，缺少必备条款的劳动合同违法了法律的强制性规定，必然无效，从而导致签订书面劳动合同不成立。笔者对上述观点持不同意见。从法律规范内容上看，可以分为授权性规范和义务性规范。一般来说义务性规范也是强制性规范。但随着强制性规范对合同效力的影响，理论界和实务界对传统法学理论中的强制性规范进一步区分为效力性强制性规范和管理性强制性规范。效力性强制性规范着重强调对违反行为的法律行为价值的评价，以否认其法律效力为目的；管理性强制性规范着重强调对违反行为的事实轻微的评价，以禁止其行为为目的。后者的作用在于对违反者加以制裁，以遏止其行为，但不否认其行为私法上的效力。《劳动合同法》第十一条规定："用人单位未在用工的同时订立书面劳动合同，与劳动者约定的劳动报酬不明确的，新招用的劳动者的劳动报酬按照集体合同规定的标准执行；没有集体合同或者集体合同未规定的，实行同工同酬"；第八十一条规定："用人单位提供的劳动合同文本未载明本法规定的劳动合同必备条款或者用人单位未将劳动合同文本交付劳动者的，由劳动行政部门责令改正；给劳动者造成损害的，应当承担赔偿责任"。显然，劳动合同在缺少必备条款时，劳动者的权利同样能够获得保障。因此，笔者认为，综合《劳动合同法》的内在体系，第十七条规定的必备条款应属于管理性强制性规定，而非效力性强制规定。

在劳动合同法定必备条款的各项内容中，劳动报酬和工作内容属于整个劳动合同的核心内容，对于双方劳动关系的确立具有决定性的作用。可以说完成工作内容是用人单位雇佣劳动者最重要的目的，获得劳动报酬是劳动者付出劳动力最基本的诉求。因此，具备工作内容和劳动报酬这两项主要条款的劳动合同应当成立。

因此，本案中徐振良与利欧集团公司之间的往来电子邮件能明确双方建立劳动关系的一致意见，并且对双方劳动关系的主要内容作了约定，故认定双方之间订立了书面劳动合同。

编写人：浙江省温岭市人民法院　江学才

19

劳动合同中约定管辖条款的效力认定

——陈占全诉武汉艾德蒙科技股份有限公司劳动争议案

【案件基本信息】

1. 裁判书字号

北京市第三中级人民法院（2014）三中民终字第10006号民事裁定书

2. 案由：劳动争议纠纷

3. 当事人

原告（被上诉人）：陈占全

被告（上诉人）：武汉艾德蒙科技股份有限公司（以下简称艾德蒙公司）

【基本案情】

陈占全于2011年5月1日入职艾德蒙公司，担任司机，工作地点位于北京市朝阳区酒仙桥路10号，双方签订有期限为2011年5月1日至2014年4月30日的劳动合同（甲方为艾德蒙公司，乙方为陈占全），合同第十二条约定："1. 甲乙双方因履行本合同或因执行甲方制度而发生劳动争议时，适用劳动争议程序。2. 劳动争议的程序为，争议发生时，可由甲乙双方通过协商解决。如协商未果，由甲方所在地劳动争议仲裁委员会申请仲裁。仲裁未果，不服仲裁裁决的一方，可在收到仲裁裁决书即日起十五天内，向甲方所在地人民法院起诉。"上述劳动合同第十二条系格式条款。

陈占全主张其最后工作至2012年6月21日，后艾德蒙公司以业务调整、经营形势恶劣为由解除其劳动关系。艾德蒙公司主张2012年5月19日其因经营原因取消北京联络点的司机岗位，但陈占全不愿去武汉工作，双方未能就劳动合同的变更达成一致意见，故其通知陈占全解除了劳动合同。

2012年9月19日，陈占全向北京市朝阳区劳动人事争议仲裁委员会（以下简称朝阳仲裁委）申请仲裁，要求艾德蒙公司支付其违法解除劳动关系的赔偿金103950元。2013年3月8日，朝阳仲裁委作出京朝劳仲字［2012］第11847号裁决书，裁决：1. 艾德蒙公司支付陈占全违法解除劳动合同的赔偿金20790元；2. 驳回陈占全的其他仲裁请求。陈占全对仲裁裁决不服，起诉至本院，艾德蒙公司未起诉。

后本院向艾德蒙公司送达起诉书及开庭传票，艾德蒙公司在答辩期内向本院提出管辖异议，并主张依据其与陈占全签订的劳动合同，双方之间的劳动争议纠纷应由其所在地的劳动争议仲裁委员会管辖，不服仲裁裁决的，进而由其所在地的人民法院管辖，故朝阳仲裁委对其与陈占全之间的劳动争议纠纷没有管辖权，本院对此案亦无管辖权，故申请：要求本院将此案移送有管辖权的人民法院，或报请上级人民法院指定管辖。

【案件焦点】

劳动合同是否能适用约定管辖。

【法院裁判要旨】

北京市朝阳区人民法院经审理认为：双方劳动合同的履行地为北京市朝阳区，而劳动争议案件由用人单位所在地或者劳动合同履行地的基层人民法管辖，双方劳动合同中所约定管辖的条款排除了劳动者的诉讼权利，该条款应属无效，故本院对该案依法具有管辖权；且艾德蒙公司未明确提出其所认为的有管辖权的法院。

北京市朝阳区人民法院依照《最高人民法院关于审理劳动争议案件适用法律若干问题的解释》第八条之规定，作出如下裁定：

驳回被告武汉艾德蒙科技股份有限公司对本案管辖权提出的异议。

艾德蒙公司持原审答辩意见提起上诉。北京市第三中级人民法院经审理认为：陈占全系以艾德蒙公司违法解除与其的劳动合同为由提起的诉讼，并请求判令艾德蒙公司支付陈占全违法解除劳动合同赔偿金等。虽然陈占全与艾德蒙公司签订的《劳动合同书》对于劳动争议的管辖进行了约定，但陈占全称《劳动合同书》系艾德蒙公司提供的格式合同，故本案不适用协议管辖的约定。本案应当依据《最高人民法院关于审理劳动争议案件适用法律若干问题的解释》第八条第一款“劳动争议案件由用人单位所在地或者劳动合同履行地的基层人民法管辖”之规定确定管辖法院。综合本案现有证据，可以认定北京市朝阳区是劳动合同履行地，故北京市朝阳区人民法院依法对本案有管辖权。艾德蒙公司的上诉请求，本院不予支持。综上，一审法院裁定结果正确，应予维持。

北京市第三中级人民法院依照《中华人民共和国民事诉讼法》第一百七十条第一款第（一）项、第一百七十一条、第一百七十五条之规定，裁定如下：

驳回上诉，维持原裁定。

【法官后语】

本案主要涉及在劳动争议纠纷中，双方是否可以就案件管辖法院进行约定，劳动合同中如果出现约定管辖的条款，其效力应如何认定。《民事诉讼法》第三十四条规定："合同或者其他财产权益纠纷的当事人可以书面协议选择被告住所地、合同履行地、合同签订地、原告住所地、标的物所在地等与争议有实际联系的地点的人民法院管辖，但不得违反本法对级别管辖和专属管辖的规定。"可见，合同纠纷或其他财产权益纠纷可以适用约定管辖，那么劳动合同具备一般合同的表象性特征，是否也能适用约定管辖。

首先，劳动合同具有特殊性，其与普通民事合同存在本质性区别：1. 普通民事合同体现的是合同双方当事人真实意思的表示，双方签订合同时可以自由表达自己的意愿，形成合意再签订合同，而劳动合同通常是格式合同，实践中大多数用人单位不会与劳动者就合同条款进行协商，不允许劳动者就已形成的条款进行变更；2. 普通民事合同的双方当事人具有平等的民事主体地位，签订合同后仅需接受合同条款的约束，双方当事人之间没有隶属关系，而劳动关系具有人身依附性，双方当事人主体地位存在实质意义的不平等，劳动者需接受用人单位的管理，遵守用人单位的规章制度，通常处于相对弱势的缔约地位。因此，若允许用人单位在劳动合同中使用约定管辖的条款，并确认该条款的法律效力，通常会排除劳动者的诉讼权利。

其次，《民事诉讼法》第三十四条的立法精神一方面是为了方便当事人的诉讼，允许当事人自行约定管辖地，另一方面也是方便法院对案件的审理，有利于案件事实的查明。但劳动合同具有人合性特点，并非普通的财产权益纠纷，仅从合同性质上分析其是否能适用该条尚存疑问，而且由于劳动合同的特殊性，约定的管辖地可能与争议的联系并不紧密，不方便案件事实的查明，也可能会对劳动者的诉讼带来较大困难。另外《劳动争议调解仲裁法》第二十一条第二款规定，“劳动争议由劳动合同履行地或者用人单位所在地的劳动争议仲裁委员会管辖。双方当事人分别向劳动合同履行地和用人单位所在地的劳动争议仲裁委员会申请仲裁的，由劳动合同履行地的劳动争议仲裁委员会管辖。”本条确定了仲裁管辖由劳动合同履行地和用人单位所在地仲裁委员会管辖的原则，且劳动合同履行地的仲裁委员会具有优先管辖权，所以劳动合同中约定管辖的条款违反了法律关于劳动争议仲裁管辖的强制性规定，因而无效。虽然我国立法机关对于劳动争议纠纷的诉讼管辖没有制定法律进行明确规定，但参考仲裁管辖的立法精神，诉讼管辖也不应允许约定管辖。对此，《最高人民法院关于审理劳动争议案件适用法律若干问题的解释》第八条，该条第一款规定：“劳动争议案件由用人单位所在地或者劳动合同履行地的基层人民法院管辖。”该条款确立了劳动争议诉讼管辖由用人单位所在地或者劳动合同履行地法院管辖的原则，约定管辖的条款亦违背了该解释的精神。

那么，如果劳动合同约定由用人单位所在地法院管辖的，该约定是否具有法律效力？劳动者通常处于不平等的缔约地位，因为劳动合同由用人单位提供，条款内容也是事先拟定的，劳动者通常无法对合同条款进行协商修改，当用人单位所在地与劳动合同履行地不一致时，即使合同约定由用人单位所在地法院管辖的，也并非劳动者真实意愿的体现，在有关劳动合同法律法规对劳动者进行倾斜性保护的前提下，约定管辖违背了方便劳动者进行诉讼的立法精神。因此，劳动争议纠纷的诉讼管辖应严格遵守法定管辖的相关规定，不应认定劳动合同中约定管辖条款的效力。

编写人：北京市朝阳区人民法院　白星晖

20

劳动合同中出现争议条款，可根据《合同法》第一百二十五条第一款的规定来确定其真实意思

——井多昆诉安徽泉来投资开发有限公司福利待遇案

【案件基本信息】

1. 裁判书字号

安徽省滁州市中级人民法院（2014）滁民一终字第00052号民事判决书

2. 案由：福利待遇纠纷

3. 当事人

原告（上诉人）：井多昆

被告（被上诉人）：安徽泉来投资开发有限公司（下简称安徽泉来公司）

【基本案情】

2012年4月1日，井多昆与安徽泉来公司签订了一份劳动合同。安徽泉来公司聘用井多昆为公司总经理，年薪30万元（不含税），合同期限五年，自2012年4月20日至2017年4月19日，其中试用期自2012年4月20日至2013年4月19日。当日，双方就相关福利作出约定，1. 安徽泉来公司除支付劳动合同约定的薪资待遇外，另行在滁州市相关位置购置一套住房，提供给井多昆免费使用，面积120平方米的，相关费用全部由公司承担；2. 约定的五年聘用期的第一年为试用期，试用期内如因任何原因终止劳动合同的，井多昆无条件腾空住房、退还公司；试用期满，经公司董事会考评合格，同意井多昆转正录用的，公司将该房免费赠送井多昆并将产权过户给井多昆等等。2013年1月8日，安徽泉来公司在未对井多昆进行董事会考评的情况下，以其不能胜任所聘职务为由，与其终止劳动聘用合同及补偿协议。井多昆向滁州市劳动争议仲裁委员会申请劳动仲裁，该委员会作

出了（2013）滁劳人仲裁字第 12 号仲裁裁决书。井多昆不服该裁决，先后向本院提起诉讼。

【案件焦点】

1. 如何理解双方劳动合同中有关房屋条款的含义；2. 安徽泉来公司是否应向井多昆交付约定房产，并办理产权过户手续。

【法院裁判要旨】

安徽省滁州市琅琊区人民法院经审理认为：经确认，双方争议的房产为滁州市丰乐大道丰乐世家×号楼三单元 3××室。安徽泉来公司是否应交付该房产并办理过户手续，关键便是如何理解《福利约定》中的第二条，即“约定的五年聘用期的第一年为试用期，试用期内如因任何原因终止劳动合同的，井多昆无条件腾空住房、退还公司；试用期满，经公司董事会考评合格，同意井多昆转正录用的，公司将该房免费赠送井多昆并将产权过户给井多昆。”首先，虽然双方约定的试用期超过法律规定，但结合该约定的前后文，安徽泉来公司的本意是第一年为试用期，在第一年时间内，因任何原因终止劳动合同，井多昆无条件退房；井多昆在签订该约定的时候，对此也是认可的。其次，在履行劳动合同过程中，安徽泉来公司将该房产借给井多昆使用后，双方之间已形成借用房屋关系，至安徽泉来公司单方面要求解除劳动合同之时，双方约定的工作未满一年的解除条件已经成就，井多昆应当返还该房屋。同时，本案涉及房产金额较大，而井多昆实际工作时间不满一年，本着合法、公平的原则，安徽泉来公司不需向井多昆交付该房产。

滁州市琅琊区人民法院依照《中华人民共和国劳动合同法》第三条、第十七条、第十九条第一款、第二十七条、第二十九条之规定，作出如下判决：

驳回原告井多昆的诉讼请求。

井多昆持原审起诉意见提起上诉。安徽省滁州市中级人民法院经审理认为：安徽泉来公司与井多昆在 2012 年签订的福利约定第二条明确约定五年聘用期，第一年为试用期，试用期内如因任何原因终止劳动合同的，井多昆无条件腾空住房、退还公司；试用期满，经公司董事会考评合格，同意井多昆转正录用的，公司将该房免费赠送井多昆并将产权过户给井多昆。双方关于试用期为一年的约定违反法律规定，系无效约定。但是安徽泉来公司赠与房屋条件的真实意思是井多昆工作满一年，井多昆在签订该合同时，对此是明知且认可的。安徽泉来公司解除与井多昆的劳动合同时，井多昆实际工作未满一年，故其要求泉来公司交付诉争房产并办理过户手续无事实和法律依据。

安徽省滁州市中级人民法院依照《中华人民共和国民事诉讼法》第一百七十条第一款第（一）项之规定，作出如下判决：

驳回上诉，维持原判。

【法官后语】

本案处理的重点在于对《福利约定》中有关试用期满，公司免费赠送房屋条款的理解。《劳动合同法》对此虽并无明确规定，我们认为可以参照《合同法》的相关规定。《合同法》第一百二十五条第一款规定："当事人对合同条款的理解有争议的，应当按照合同所使用的词句、合同的有关条款、合同的目的、交易习惯以及诚实信用原则，确定该条款的真实意思。"据此，合同法上关于合同解释的方法从学理上来讲有文义解释、体系解释、目的解释、习惯解释、诚信解释五类。

根据《福利约定》的约定"五年聘用期的第一年为试用期，试用期内如因任何原因终止劳动合同的，井多昆无条件腾空住房、退还公司；试用期满，经公司董事会考评合格，同意井多昆转正录用的，公司将该房免费赠送井多昆并将产权过户给井多昆。"如何理解该条款，井多昆认为因双方在福利约定中规定的试用期超过法律规定的期限，因此安徽泉来公司应当严格遵守劳动合同法规定的法定试用期。由于直至该公司解除与井多昆劳动关系时，公司董事会仍未对其工作进行考评。因此应当视为该董事会放弃考评的权利，该公司同意井多昆转正录用。试用期已满，安徽泉来公司应按照约定将该房产免费赠送给井多昆并为其办理过户手续。安徽泉来公司则认为，结合《福利约定》的前后文，安徽泉来公司的本意是第一年为试用期，在第一年时间内，因任何原因终止劳动合同，井多昆无条件退房；井多昆对此也是予以认可。双方之间的劳动关系终止后，约定的工作未满一年的解除条件已经成就，井多昆应当返还该房屋。

确定该争议条款的真实含义，我们认为应从文义解释、体系解释、诚信原则解释三个方面考虑。

1. 文义解释及体系解释方面。双方约定的试用期满，公司赠送井多昆房产。结合劳动合同的上下文来理解，虽然字面指的是“试用期”，但其真实意思是“一年期满”。该条文的意思是试用期一年期满后，井多昆符合条件转正录用的，公司赠其房产。

2. 诚信解释原则。双方在签订该劳动合同时，井多昆并未对该条款提出异议，也是认可一年期满后得到该房产的约定的。后因该条款的约定违反法律规定，便根据文字表面上意思来主张权利，违反了诚实信用原则。

一、二审法院在审理本案时，审理思路一致，驳回了井多昆的诉讼请求。

编写人：安徽省滁州市琅琊区人民法院　方成军

21

用人单位提供不出双方书面劳动合同并不必然就可以认定双方没有签订劳动合同

——胡帆诉绩溪农华生物科技有限公司劳动争议案

【案件基本信息】

1. 裁判书字号：

安徽省绩溪县人民法院（2014）绩民一初字第00442号民事判决书

2. 案由：劳动争议纠纷

3. 当事人

原告：胡帆

被告：绩溪农华生物科技有限公司（以下简称农华公司）

【基本案情】

胡帆2013年5月2日到农华公司上班，职务为总经理助理，月薪5000元，试用期为3个月。2013年8月17日，胡帆与农华公司员工胡雪芳、程鹏共同参与清理农华公司员工人事档案工作。2014 年 3 月 29 日，农华公司以胡帆泄露公司机密为由提出解除劳动关系且未发放胡帆 2014 年 3 月份工资。胡帆不服，于 2014 年 4 月 11 日向绩溪县劳动人事争议仲裁委员会申请仲裁，同年 7 月 25 日，该仲裁委员会作出裁决：1. 农华公司自仲裁裁决生效之日起十日内支付胡帆经济补偿金 7168.80 元；2. 农华公司自仲裁裁决书生效之日起十日内支付胡帆 2014 年 3 月份工资 5000 元；3. 农华公司自仲裁裁决生效之日起十日内为胡帆补缴 2013 年 5 ~ 7 月的养老保险；4. 驳回胡帆的其他仲裁请求。胡帆不服该裁决，于 2014 年 8 月 1 日提起诉讼。

【案件焦点】

胡帆与农华公司之间是否订立了劳动合同。

【法院裁判要旨】

安徽省绩溪县人民法院经审理认为：职工与用人单位建立的劳动关系应依法得到保护，用人单位应保障职工相应的权利。在本案中，双方争议的焦点有四个。

关于焦点一，在本案中，被告于双方仲裁时提供了一份书面劳动合同，认为双方已经签订了劳动合同，后经鉴定，确认合同的乙方签字确非原告本人笔迹。对此，双方均无异议。但被告不能提供双方书面劳动合同与双方是否签订过劳动合同并不等同。被告提供不出双方书面劳动合同并不必然就可认定双方没有签订过劳动合同。双方是否签订过劳动合同应根据双方举证、质证情况及庭审中各方陈述并结合日常生活经验综合判断。在本案中，原告在被告处的职务为总经理助理。2013 年 8 月 17 日，其与被告方工作人员胡雪芳及程鹏按公司要求共同参与被告公司人事档案清查工作。从显示清查结果的“2013 年人员会议签到表”内容上看，原告本人处的信息显示了其亲笔书写的档案袋的编号、并注明了合同的起止日期，原告对清理的结果是明知的，而且也没有任何证据显示胡帆对清理的结果表示了异议，其本人也对被告与其他职工劳动合同的一些瑕疵作了签字确认。结合被告提供的其他证据（即被告方提交的第 3、4 份证据及证人证言），根据日常生活经验判断，原、被告双方是签订过劳动合同的，至于合同现在何处及劳动合同是否有瑕疵本案不予涉及。故原告要求被告支付未签订劳动合同双倍工资 110000 元的诉请本院不予支持。

关于焦点二，被告绩溪农华生物科技有限公司以原告胡帆泄露公司机密为由辞退原告，虽然其提供了两份公安询问笔录，但并没有最后调查结果，也没有任何证据证明是本案原告胡帆泄露了公司机密，故不能认定原告胡帆违反了公司规章制度或触犯法律。被告解除与原告的劳动合同系违法解除。因被告属违法解除合同，应按经济补偿标准的二倍向原告支付赔偿金，具体金额为14337.60元（7168.80×2）。

关于焦点三，原、被告双方均认可每月发放5000元，但对于2014年年终所发放的25000元，原告认为是补发的月工资，而被告方认为是年终奖金，双方均没有充足证据证明自己的主张，依据原人力资源和社会保障部《工资支付暂行规定》第七条之规定，月工资是按月发放的，至少每月支付一次。故本院认定原告每月的工资为5000元。因此原告要求补足2014年1月、2月份工资的请求本院不予支持。原告要求补足2014年3月份全额工资10000元的诉请，经审查，被告只需支付原告2014年3月份工资5000元。

关于焦点四，《最高人民法院关于审理劳动争议案件适用法律若干问题的解释（三）》第十条规定：劳动者主张加班费的，应当就加班事实的存在承担举证责任。但劳动者有证据证明用人单位掌握加班事实存在的证据，用人单位不提供的由用人单位承担不利后果。原告胡帆在本案中并没有提交充分的证据来证明其加班的事实，同时，其也没有证据证明被告掌握有其加班事实存在的证据。故本院对其要求被告支付2013年5月2日至2014年3月29日每周六加班工资共计20000元的诉请不予支持。

另，原告的第7项诉请即“被告未给付原告3月份工资，按《违反和解除劳动合同的经济补偿办法》第三条之规定，应额外支付经济补偿2500元。”和第8项诉请即“被告未及时支付解约经济补偿金，按《违反和解除劳动合同的经济补偿办法》第十条之规定，应额外支付原告10000元经济补偿。”本院认为双方对原告月薪是多少及是否应给付经济补偿金均存在争议，由此而导致被告未给付，被告方并不存在主观故意，故原告该两项诉请本院不予支持。再则，《中华人民共和国劳动合同法实施条例》第二十五条规定“用人单位违反劳动合同法的规定解除或终止劳动合同，依照劳动合同法第八十七条的规定支付了赔偿金的，不再支付经济补偿金。赔偿金的计算年限自用工之日起计算。”故原告的第1、第9项诉请，本院亦不予支持。

综上，依据《中华人民共和国劳动合同法》第四十七条、第八十七条，《中华人民共和国劳动合同法实施条例》第二十五条、《最高人民法院关于审理劳动争议案件适用法律若干问题的解释》第六条，《最高人民法院关于审理劳动争议案件适用法律若干问题的解释（三）》第九条，《最高人民法院关于民事诉讼证据的若干规定》第二条，参照原人力资源和社会保障部《工资支付暂行规定》第七条之规定，判决如下；

一、被告绩溪农华生物科技有限公司于本判决生效之日起十日内支付原告胡帆经济赔偿金 14337.60 元；

二、被告绩溪农华生物科技有限公司于本判决生效之日起十日内支付原告胡帆 2014 年 3 月份的工资 5000 元；

三、驳回原告胡帆的其他诉讼请求。

【法官后语】

这几年来，职工以在用工单位上班但双方未签订书面劳动合同为由，在双方解除劳动关系时，要求给付双倍工资的诉讼屡见不鲜。按《劳动合同法》第八十二条第一款之规定，如双方确未订立书面劳动合同的，用工单位应支付双倍工资。按《最高人民法院关于审理劳动争议案件适用法律若干问题的解释》第十三条之规定，“因用人单位作出的开除、除名、辞退、解除劳动合同、减少劳动报酬、计算劳动者工作年限等决定而发生的劳动争议，用人单位负举证责任”。本案中，胡帆要求农华公司支付未签订书面劳动合同双倍工资，农华公司有义务向法庭举证证明其已与胡帆签订了书面劳动合同，如举证不能，应承担不利的后果。农华公司在仲裁时提供了一份劳动合同但经鉴定，胡帆的签字并非其本人笔迹，双方对此无异议，但是否就此可认定双方未订立过劳动合同呢？在本案中，胡帆本人在公司的岗位是总经理助理，其曾负责带人清查公司人事档案（包括其本人人事档案），并对公司劳动合同的瑕疵及清理结果进行了签字确认，清理结果显示其本人人事档案并没有任何瑕疵，并标注了其与农华公司劳动合同的起止日期，其后胡帆本人也未向公司提出任何异议，结合日常生活经验，根据民事诉讼证据高度盖然性理论，应认定胡帆与农华公司双方是签订有劳动合同的。故用人单位提供不出双方书面劳动合同并不必然就可认定双方没有签订过劳动合同。双方是否签订过劳动合同应根据双方举证、质证及庭审中各方陈述并结合日常生活经验综合判断。

根据2011年《全国民事审判工作会议纪要》精神，人民法院审理劳动争议案件时要坚持依法保障劳动者合法权益和用人单位的生存发展并重原则。在审判实践中，既要注重对劳动者合法权益的保护，也要切实保障用人单位的各项合法权益，努力寻找双方利益的共同点，在促进就业、企业生存、社会稳定、经济发展等多项利益之间实现多赢和平衡。单纯的保护劳动者合法权益并非是劳动合同立法终极目的，构建和发展和谐稳定的劳动关系才是劳动合同法的最终价值取向。同时，笔者建议，用人单位应实行劳动合同备案制度，即用人单位与劳动者签订劳动合同后及时将劳动合同送至当地劳动部门备案，以便用人单位日后能通过法律途径维护自身合法权益。

编写人：安徽省绩溪县人民法院　许家永

22

以未办社保为由不上班视为劳动合同单方解除

——陈吉华诉重庆聚藏矿业有限公司劳动合同案

【案件基本信息】

1. 裁判书字号

重庆市第五中级人民法院（2014）渝五中法民终字第02750号民事判决书

2. 案由：劳动合同纠纷

3. 当事人

原告（上诉人）：陈吉华

被告（被上诉人）：重庆聚藏矿业有限公司（以下简称聚藏矿业公司）

【基本案情】

聚藏矿业公司于2011年9月6日依法注册登记，陈吉华在聚藏矿业公司工作，双方未签订书面劳动合同。2013年7月起聚藏矿业公司进行技改，其给付陈吉华工资减少，低于重庆市最低工资标准。2013年10月24日，陈吉华提出单位未为其购买养老保险，且工资待遇低，表示不解决工资、社保问题不上班，随即离开单位，再未上班。2013 年 10 月 29 日，聚藏矿业公司依据其规章制度和劳动纪律规定，以无故旷工并“给公司造成 3000 元以上损失”为由，给予陈吉华开除决定。对此，陈吉华于 2013 年 11 月 18 日申请重庆市万盛经济技术开发区劳动人事争议仲裁委员会仲裁，要求撤销聚藏矿业公司作出的开除决定。2013 年 12 月 30 日，该委作出仲裁裁决：驳回申请人陈吉华全部仲裁请求。陈吉华遂提起本案诉讼。

另查明，陈吉华在聚藏矿业公司工作期间，聚藏矿业公司未依法为其办理社会保险手续。

【案件焦点】

1. 陈吉华以聚藏矿业公司未为其购买社会保险等原因为由不再到公司上班，是否属于劳动者单方面解除劳动合同；2. 用人单位除名决定的性质。

【法院裁判要旨】

重庆市綦江区人民法院经审理认为：原告在被告单位上班，被告未与原告签订劳动合同，但原、被告之间已形成了事实上的劳动关系，原、被告之间的劳动关系本院予以确认。原告在被告单位工作期间，被告未为原告购买社会保险，原告有权解除劳动关系，原告一直未行使其权利。被告单位因工作技改，人员重新组合，原告不服，要求被告为其缴纳社会保险和解决好工资待遇后才上班为由旷工。因原告的旷工行为给被告造成一定经济损失，被告依据单位的规章制度第六条、劳动纪律管理制度第十四条规定，作出对原告的开除决定。被告的行为符合劳动合同法的法定情形，故原告要求撤销被告对其作出的开除处理决定，理由不充分，本院不予支持。

重庆市綦江区人民法院依照《中华人民共和国劳动合同法》第三十九条第（二）项之规定，作出如下判决：

驳回原告陈吉华要求撤销被告重庆聚藏矿业有限公司对其作出的开除决定的诉讼请求。

陈吉华不服，提起上诉。重庆市第五中级人民法院经审理认为：一、关于劳动者的行为性质。用人单位存在未依法履行相应社保义务、一定期间劳动报酬低于最低工资标准的双重违法行为，严重违背了社会法保障劳动者权益的基本理念，现实的危害到劳动者生存利益。旨在规制类似情形，《中华人民共和国劳动合同法》第三十八条其两款规定完善劳动者单方解除劳动合同的制度，并放宽解除权行使的形式、程序标准，允许非要式解除和即时解除。可见，前述用人单位违法范畴，社会法侧重于对劳动者生存权益的救济效率，而并不苛责劳动者在劳动合同解除时意思表示的外观形式和表达规范。本案中，劳动者在离开单位前明确表示系工资、社保问题单位严重违法，最后催告单位予以解决，关于其表达的含义到底是“解决好，我才上班”还是“不解决，我解除劳动合同”双方虽各执一词、亦无法查实。然而，法律行为的解释不应纠缠于口语化的表达细节，而应综合考虑其真实意思表示的前提和目的，从而契合诚实信用的原则和价值。考虑到劳动者自身法律、文化水平制约及口语环境的表达特点，结合其催告单位解决工资社保问题未果后即离开单位的实际行为，可以推定其关于“不上班”的真实意思表示实质就是解除劳动合同。二、关于除名决定的诉讼评判。除名决定的本质为用人单位解除劳动合同。基于前述分析，除名决定作出前，劳动关系即由劳动者解除，用人单位解除权已无行使的前提和基础。因此，诉争的除名决定并不影响当事人之间的法律关系，而形成权的法理构造在于指向确定的法律行为或法律关系，故对上诉人关于撤销除名决定的诉请，本院予以驳回。综上，一审事实认定和法律适用均存在偏差，涉及裁判文书的争点效力，本院依法予以纠正。但劳动者上诉理由亦不能成立，其上诉请求本院不予支持，对一审判决主文，本院予以维持。

重庆市第五中级人民法院依照《中华人民共和国民事诉讼法》第一百七十条第一款第（一）项之规定，作出如下判决：

驳回上诉，维持原判。

【法官后语】

本案处理的重点是如何理解劳动者单方面解除劳动合同权的行使。《劳动合同法》第三十八条规定了劳动者可以解除劳动合同的几种情形。但是，劳动者行使合同解除权时，究竟应该采用何种方式向用人单位表达劳动合同解除的意思表示，一、二审法院对此存在不同的认识。

一审法院认为劳动者单方面解除劳动合同时，应该采用明确的意思表示，不认可采用推定或默示的方式，否则意味着劳动合同未解除。但二审法院认为，劳动合同法侧重对劳动者生存权益的保障，因此，应放宽劳动者合同解除权的行使形式、程序标准。基于对劳动者生存权益的救济效率，不宜苛责劳动者在劳动合同解除时意思表示的外观形式和表达规范，尤其是考虑到劳动者自身法律、文化水平制约及口语环境的表达特点，应结合劳动者催告用人单位履行法定义务、不上班等实际行为，推定为单方面解除劳动合同的意思表示。

值得注意的是，本案中陈吉华自行离开单位的行为推定为其已经解除劳动关系。用人单位后续的除名决定已经没有行使的前提和基础。该除名决定并不能影响当事人之间的法律关系，不构成适用经济补偿金制度的法律障碍，劳动者可以对经济补偿金请求另案主张。

编写人：重庆市綦江区人民法院　徐贤飞

23

夸大工作履历是否必然导致劳动合同归于无效

——北京某科技公司诉张某、位某劳动争议案

【案件基本信息】

1. 裁判书字号

北京市海淀区人民法院（2014）海民初字第13574号民事判决书

2. 案由：劳动争议纠纷

3. 当事人

原告：北京某科技公司

被告：张某、位某

【基本案情】

张某光于2013年11月6日死亡。张某为张某光之父，位某为张某光之母。各方当事人均确认，2011年7月15日至2013年11月6日期间张某光在北京某科技公司从事销售电子产品工作。北京某科技公司对张某光进行考勤，并按月向其支付工资。张某光在职期间双方间未签订书面劳动合同，且均主张未签订的原因在于对方。

北京某科技公司主张因张某光在应聘时存在夸大工作经历的欺诈行为，故请求法院确认双方间不存在劳动关系，具体系指张某光在应聘时陈述其在电子元器件销售的工作经历为2009年10月至2011年7月，但其实际在北京某电子公司从事销售电子产品的期间仅为2010年4月至8月，如张某光在面试时如实告知其仅有4个月的销售经验，其公司肯定不会优先录用张某光。为证明上述主张，北京某科技公司提举证据如下：1. 员工入职登记表。载明2009年10月8日至今张某光工作单位为北京绿源同欣，职务为业务。2. 林某证言，林某出庭作证，表示其系北京某电子公司的总经理，张某光仅于2010年4月至8月期间在其公司任职。张某、位某对员工入职登记表的真实性予以认可，对林某证言的真实性不予认可，表示张某光不存在欺诈情况，且北京某科技公司在招录时亦未明确规定对从业经历时间的要求，故张某光与北京某科技公司之间的劳动关系应真实有效。

张某、位某以要求确认张某光与北京某科技公司自2011年7月15日至2013年11月6日期间存在劳动关系为由向北京市海淀区劳动人事争议仲裁委员会提出申请，该委裁决支持张某、位某的申请请求。北京某科技公司不服该裁决，于法定期限内向海淀区人民法院提起诉讼。

【案件焦点】

夸大工作履历是否构成欺诈而导致双方间劳动关系归于无效。

【法院裁判要旨】

北京市海淀区人民法院经审理认为：张某光于2013年11月6日死亡。张某、位某作为张某光的父母，于案件中就张某光确认劳动关系事宜主张相关权利，符合法律规定。张某光于2011年7月15日至2013年11月6日期间在北京某科技公司从事电子产品的销售工作，上述工作为北京某科技公司的业务组成部分；北京某科技公司对张某光实施考勤管理、按月向张某光支付工资报酬，同时双方均具备建立劳动关系的主体资格，故虽张某光与北京某科技公司之间未订立书面劳动合同，但已具备了形成事实劳动关系的要素。

针对北京某科技公司主张因张某光存在夸大工作经历构成欺诈，故导致双方间不存在劳动关系的抗辩理由，法院认为，首先，工作经历是用人单位在招聘时，考察和判断应聘人员工作能力的间接因素之一，用人单位对劳动者提供的该项信息应负有基本的注意和审查义务。现北京某科技公司在张某光入职前怠于履行上述义务，而在张某光入职其公司后度过试用期，并工作逾两年后，以其虚构工作经历存在欺诈为由主张双方间不存在劳动关系，显然有失公允亦缺乏依据。再者，北京某科技公司主张如张某光如实陈述工作经历，其公司必定不会优先录用张某光，但并未举证证明其公司在招聘张某光所在岗位时，对该岗位的任职经历有明确的要求且如不满足将一概不予录用，应承担举证不能的法律后果。故综上，法院对该科技公司的该项抗辩理由不予采纳。

北京市海淀区人民法院依照《中华人民共和国劳动法》第七十九条之规定，作出如下判决：

确认张某光与北京某科技公司自2011年7月15日至2013年11月6日期间存在劳动关系。

宣判后，双方均未上诉，判决已发生法律效力。

【法官后语】

近年来的司法实践中，因对方欺诈而主张劳动合同无效的新型劳动争议纠纷逐渐进入审判视界，通常系用人单位提起诉讼程序，以劳动者在应聘过程中未履行如实陈述义务为由，主张双方间劳动合同无效或不存在事实劳动关系，并进而以此为基础抗辩无需履行用人单位的法定义务。

《劳动合同法》第二十六条规定："下列劳动合同无效或者部分无效：（一）以欺诈、胁迫的手段或者乘人之危，使对方在违背真实意思的情况下订立或者变更劳动合同的；……"可见，劳动者在应聘过程中基于诚实信用原则而应履行的如实陈述义务确不能免除，但劳动关系是在劳动者提供劳动，实现劳动价值的过程中与用人单位形成的继续性的、唯一的、相对稳定的社会关系，故在认定双方劳动合同是否无效、劳动关系是否存在的问题上应当多从各方面、多要素进行权衡，区分情况、谨慎处理。笔者认为主要应依据不同案件的特定事实情况自以下方面进行综合考量：

第一，劳动者是否虚构或隐瞒与岗位要求"直接相关"的信息，相应地，用人单位是否明示招聘岗位的特定要求并履行相应审查义务。如果用人单位基于特殊岗位的特定需求，且明确列举出招聘岗位的具体要求，而劳动者的自身条件尚未匹配特定的、重点的岗位需求，却以虚构教育经历、甚至造假资质证书等手段以符合应聘要求，导致用人单位在不知情的情况下与其签订劳动合同，而后即发现劳动者陈述与实际情况不符，则通常可主张劳动者构成欺诈；而如果劳动者仅在某些与招聘要求并无直接相关的细枝末节上进行了适度的简历“美化”，而这一部分并未列入用人单位的岗位需求条件亦未加以审查，或与劳动者入职后从事的工作并无直接关联，则用人单位以此为由主张劳动合同无效的请求通常缺乏依据。

第二，劳动者入职后与用人单位实际履行劳动合同的情况。如果劳动者已在用人单位工作了较长年限，且多年被赋予优秀员工称号或年终奖奖励等，而用人单位在裁员的过程中以劳动者简历造假为由主张双方劳动合同无效，并拒绝支付相应的解除劳动合同补偿金，那么这种行为通常缺乏法律依据，即双方长期以来形成的事实劳动关系，已给了用人单位充分了解劳动者资质及能力的机会，用人单位亦相应地对劳动者提供的劳动作出了积极评价，在此情况下再行主张劳动合同基于欺诈而无效，未免有改头换面之嫌，亦缺乏基本的合理性。另结合欺诈的法律概念、劳动合同法上述相关条文的立法精神等，笔者认为司法层面上将趋向于具体问题具体分析，合理分配举证责任，从合法性、合理性角度对特定的案件事实作以充分考量，以平衡和保护用人单位及劳动者双方的合法权益不受侵害。

编写人：北京市海淀区人民法院　王琰

24

劳务派遣法律关系中用人单位发生变更而用工单位未发生变化新的用人单位是否要与劳动者重新签订劳动合同

——刘晶晶诉北京慧峰劳务信息咨询有限公司、北京凯捷风公交客运有限责任公司劳动争议案

【案件基本信息】

1. 裁判书字号

北京市房山区人民法院（2014）民初字第4319号民事判决书

2. 案由：劳动争议纠纷

3. 当事人

原告：刘晶晶

被告：北京慧峰劳务信息咨询有限公司（以下简称慧峰公司）、北京凯捷风公交客运有限责任公司（以下简称凯捷风公司）

【基本案情】

2011 年 9 月 1 日，北京市展鹏社区服务中心（以下简称展鹏中心）与凯捷风公司签订 2011 年 9 月 1 日起至 2016 年 8 月 31 日止的劳务派遣协议，双方约定凯捷风公司的司机、票员等岗位由展鹏中心提供劳务服务。2012 年 1 月 1 日，展鹏中心（甲方）与刘晶晶（乙方）签订劳动合同，合同期限自 2012 年 1 月 1 日起至 2014 年 12 月 31 日终止，该合同约定甲方派遣乙方至凯捷风公司从事售票员工作，同时该合同第十一条约定，甲方未能安排乙方工作或者被用工单位退回期间，按照北京市最低工资标准支付乙方报酬。2012 年 11 月 1 日，展鹏中心、凯捷风公司和慧峰公司签订劳务输出协议变更书，确认因机关、事业单位不得进行经营性业务的有关文件精神，北京市房山区人力资源和社会保障局决定，展鹏中心不再从事劳务派遣业务，故将展鹏中心的劳务派遣业务交由慧峰公司经营，将劳务派遣协议中的派遣单位由展鹏中心变更为慧峰公司。2012 年 11 月之后，即由慧峰公司为刘晶晶发放工资并缴纳社会保险。但慧峰公司未重新与刘晶晶签订劳动合同。2013 年 10 月 10 日，刘晶晶向北京市房山区劳动人事争议仲裁委员会申请仲裁，要求慧峰公司支付其 2012 年 12 月至 2013 年 7 月未签劳动合同双倍工资 16 000 元等。2014 年 1 月 26 日，北京市房山区劳动人事争议仲裁委员会裁决驳回刘晶晶的申请请求。刘晶晶不服该裁决，诉至本院。

【案件焦点】

变更前的用人单位与劳动者签订了书面劳动合同，而变更后的用人单位未与劳动者重新签订劳动合同，劳动者可否要求新的用人单位支付未签劳动合同双倍工资差额。

【法院裁判要旨】

北京市房山区人民法院经审理认为：2012年1月至2012年10月，刘晶晶与展鹏中心签订了劳动合同，被展鹏中心派遣至凯捷风公司工作，刘晶晶也实际提供了劳动，刘晶晶与展鹏中心存在劳动关系。2012年11月1日，展鹏中心、凯捷风公司和慧峰公司协商确认派遣单位（用人单位）由展鹏中心变更为慧峰公司，之后，刘晶晶的工资由慧峰公司发放，其社会保险也由慧峰公司缴纳，故2012年11月1日后，刘晶晶与慧峰公司存在劳动关系。刘晶晶与慧峰公司建立新的劳动关系后，慧峰公司应自用工之日起一个月内与劳动者签订劳动合同，现慧峰公司在法律规定的期限内未与刘晶晶签订书面劳动合同，故对刘晶晶要求慧峰公司支付其2012年12月1日至2013年7月23日未签劳动合同双倍工资差额的诉讼请求，其合理部分，法院予以支持。房山区人民法院依据《中华人民共和国劳动合同法》第十条、第八十二条第一款之规定，作出判决：

被告北京慧峰劳务信息咨询有限公司于本判决生效后十日内支付原告刘晶晶未签劳动合同双倍工资差额10804.89元。

【法官后语】

本案为劳务派遣法律关系，涉及四方当事人，即凯捷风公司（用工单位）、展鹏中心（变更前的用人单位）、慧峰公司（变更后的用人单位）和刘晶晶（劳动者）。根据《劳动合同法》第八十二条第一款之规定，用人单位自用工之日起超过一个月不满一年未与劳动者订立书面劳动合同的，应当向劳动者每月支付二倍的工资。从该条可以看出，签订劳动合同的主体和未签劳动合同二倍工资的赔偿责任主体均为用人单位，在用人单位未与劳动者签订书面劳动合同的情况下，根据法律规定，劳动者可以要求用人单位支付双倍工资。本案的特殊之处在于用工单位没有发生变化，只是用人单位即劳务派遣单位发生了变化，在变更前的劳务派遣单位已与劳动者签订劳动合同的情况下，变更后的劳务派遣单位是否需要重新与劳动者签订劳动合同。

关于这个问题，首先，根据《劳动合同法》第五十八条的规定，劳务派遣单位为用人单位，应当履行用人单位对劳动者的义务；劳务派遣单位应当与被派遣劳动者订立二年以上的固定期限劳动合同。该条明确规定了劳务派遣单位应与劳动者签订书面劳动合同，在劳务派遣单位（用人单位）发生变化的情况下，即使用工单位未发生变化，新的劳务派遣单位当然要与劳动者签订新的劳动合同。

其次，劳务派遣单位是对劳动者行使权利、履行义务的主要主体，包括招录劳动者、向劳动者支付劳动报酬、为劳动者缴纳社会保险、对劳动者进行管理、解除或终止劳动关系时对劳动者予以补偿（法律规定应支付解除或终止劳动关系的情形）等义务。因而劳务派遣单位的变更会对劳动者的权利义务发生重大影响，如新的劳务派遣单位的工资制度、福利待遇、管理模式、规章制度以及新的劳务派遣单位的资本实力等都会影响到劳动者实质性的权利，而且劳务派遣法律关系的特点即是劳务派遣单位相对稳定，而接受以劳动派遣形式用工的单位发生变更的可能性则相对较大，劳务派遣单位的变更也有可能影响到劳动者未来工作岗位的变更，以上诸因素势必也会影响到劳动者对是否与新的劳务派遣单位建立劳动关系、对劳动合同的相应条款是否要重新考虑磋商做出新的选择，因而劳务派遣单位的变更有必要通知劳动者，新的劳务派遣单位也有必要就劳动合同的条款与劳动者进行重新磋商，新的劳务派遣单位与劳动者签订书面劳动合同是非常必要的。因此，在新的劳务派遣单位慧峰公司未与劳动者签订书面劳动合同的情况下，法院判决支持了刘晶晶要求慧峰公司支付其未签劳动合同双倍工资差额的诉讼请求。

编写人：北京市房山区人民法院　孟瑞

25

未续签劳动合同双倍工资差额问题

——北京九鼎易物科贸有限责任公司诉李楠劳动争议案

【案件基本信息】

1. 裁判书字号

北京市朝阳区人民法院（2014）朝民初字第04331号民事判决书

2. 案由：劳动争议

3. 当事人

原告（上诉人）：北京九鼎易物科贸有限责任公司

被告（上诉人）：李楠

【基本案情】

李楠于2012年5月24日入职北京九鼎易物科贸有限责任公司，当天双方签订期限为2012年5月24日至2013年5月23日的劳动合同书。

庭审中，北京九鼎易物科贸有限责任公司称劳动合同到期前，向李楠发出同意续订合同通知书，李楠提出加薪等要求，其公司也满足李楠的部分要求，但双方未能达成一致。劳动合同期满后，公司人事及相关领导分别与李楠协商续订事宜，最终未达成一致，因此为了避免纠纷，其公司在2013年6月25日向李楠发出劳动关系通知书和劳动合同终止协议书，因此不续订劳动合同原因是李楠导致的，其公司同意按照经济补偿金的标准支付，不同意支付赔偿金，并且未续订劳动合同双倍工资差额也应当有一个月的宽限期。

2013年8月2日，李楠向北京市朝阳区劳动人事争议仲裁委员会申请仲裁，要求北京九鼎易物科贸有限责任公司支付2013年5月24日至2013年6月25日期间未签订劳动合同双倍工资差额16925.3元等。2013年12月10日，北京市朝阳区劳动人事争议仲裁委员会作出京朝劳仲字［2013］第10011号裁决书，裁决北京九鼎易物科贸有限责任公司支付李楠2013年5月24日至6月25日未签订劳动合同双倍工资差额15678.16元等。北京九鼎易物科贸有限责任公司不服仲裁裁决，起诉至法院。

【案件焦点】

劳动合同到期后续签劳动合同，是否仍享有一个月的宽限期。

【法院裁判要旨】

北京市朝阳区人民法院经审理认为：《中华人民共和国劳动合同法》第十条第二款规定："已建立劳动关系，未同时订立书面劳动合同的，应当自用工之日起一个月内订立书面劳动合同。"同时，《北京市劳动合同规定》第四十条规定："劳动合同期限届满前，用人单位应当提前30日将终止或者续订劳动合同意向以书面形式通知劳动者，经协商办理终止或者续订劳动合同手续。"本案中，李楠于2012年

5月24日入职北京九鼎易物科贸有限责任公司，双方自该日起即已建立劳动关系，该日即为用工之日。双方一年劳动合同期满后未及时续签劳动合同，显然不属于《中华人民共和国劳动合同法》第十条规定的自用工之日起一个月内，由此可以推论出未及时续签劳动合同在双倍工资的支付上，不享有一个月的宽限期；按照《北京市劳动合同规定》第四十条的规定，北京九鼎易物科贸有限责任公司有义务在双方劳动合同期满前提前30天通知是否续签，并进行协商，该30天可以视为对是否续签以及协商如何续签劳动合同的一个宽限期。综上，在劳动合同期满后，劳动者仍在用人单位工作，用人单位未及时与劳动者续签劳动合同的，不享有一个月的宽限期，支付未签订劳动合同双倍工资的起算点为自劳动合同期满的次日，截止点为双方补订书面劳动合同的前一日。故，本院对于北京九鼎易物科贸有限责任公司提出的劳动合同期满后仍享有一个月宽限期的抗辩，不予采纳。仲裁裁决的未续签劳动合同双倍工资差额数额15678.16元，不高于法律规定，本院予以确认。

北京市朝阳区人民法院依照《中华人民共和国劳动合同法》第十条之规定，作出如下判决：

北京九鼎易物科贸有限责任公司于本判决生效后七日内支付李楠2013年5月24日至2013年6月25日期间未续签劳动合同双倍工资差额15678.16元。

李楠和北京九鼎易物科贸有限责任公司均持原审起诉意见提起上诉，后北京市第三中级人民法院于2014年7月15日裁定准许双方撤回上诉，一审民事判决发生法律效力。

【法官后语】

《劳动合同法》规定自用工之日起超过1个月不满1年未与劳动者订立书面劳动合同的，用人单位应当向劳动者每月支付二倍的工资，但未就劳动合同到期后续签劳动合同是否仍享有一个月的宽限期进行明确规定，导致在相关类型案件的裁判中，存在较大争议，影响了裁判的统一。

一种意见认为：应当享有一个月的宽限期。认为劳动合同期满后续签劳动合同除在时间上、次数上与首次签订劳动合同有所不同外，在本质上并无不同，因此没有必要设定新的法律规则来区别首次订立与再次订立劳动合同的不同之处。一种意见认为，不享有一个月的宽限期。本案就采纳了第二种意见。理由在于：第一，根据《劳动合同法》的规定，“未订立书面劳动合同惩罚性规则”前提是用人单位自用工之日起未与劳动者订立书面劳动合同，宽限期及双倍工资罚则的适用均从用工之日起计算。原劳动合同期满时，双方的用工关系已经历经了一个合同期限，距用工之日远超过了一个月。第二，一个月的宽限期，主要针对首次用工、第一次签订劳动合同而设置的，原劳动合同期满时，双方已历经一个期限，完全有时间在原合同期满前决定是否继续双方的劳动关系，从而有足够的时间在原合同期满时续签劳动合同。第三，就像劳动者在试用期满后应当提前30天书面通知用人单位解除劳动关系一样，用人单位在劳动合同期满前，也应当提前期间向劳动者表明是否续签劳动合同的意向，以劳动者一个足够的准备时间。比如在《北京市劳动合同规定》第四十条就规定，劳动合同期限届满前，用人单位应当提前30日将终止或者续订劳动合同意向以书面形式通知劳动者，经协商办理终止或者续订劳动合同手续。可以说，这30天可视为对是否续签以及协商如何续签劳动合同的一个期限。

编写人：北京市朝阳区人民法院　肖华林

26

公司负责签订劳动合同的管理人员未签订劳动合同，应否支持二倍工资的问题

——梁友新诉珠海同益制药有限公司劳动合同案

【案件基本信息】

1. 裁判书字号

广东省珠海市中级人民法院（2014）珠中法民一终字第357号民事判决书

2. 案由：劳动合同纠纷案

3. 当事人

原告（上诉人）：梁友新

被告（被上诉人）：珠海同益制药有限公司（以下简称同益公司）

【基本案情】

梁友新于2009年10月9日入同益公司担任人事行政部经理职务，并负责保管公司的公章。2010年1月9日，梁友新与同益公司签订劳动合同，合同期限至2013年1月9日。合同期满后，同益公司没有和梁友新续签劳动合同。

【案件焦点】

公司负责签订劳动合同的管理人员未签订劳动合同，应否支持二倍工资的问题。

【法院裁判要旨】

广东省珠海市斗门区人民法院经审理认为：由于梁友新任职人事行政部经理职务，其工作职责包括“做好员工的招聘、录用、转正、定级、调配以及办理相关人员引进、录用、签约、任免手续”等内容，而且梁友新保管着公司的公章，梁友新也未提供充分证据证明同益公司不同意与其续签劳动合同，故梁友新主张未续签的责任在于同益公司，理据不足，对梁友新主张的未签订劳动合同的双倍工资不予支持。原告不服，提起上诉。

广东省珠海市中级人民法院经审理认为：梁友新在同益公司任人事行政经理，虽然如其所述，其本人不能代表同益公司与自己签订劳动合同，但根据其工作职责，其清楚本人的劳动合同到期的时间，在期满前其应当启动续签劳动合同这一程序，提请同益公司是否同意续签，但梁友新并没有提交证据证明其启动了这一程序而同益公司拒绝续签。因此，梁友新对双方未能续签劳动合同存在重大过错，原审法院不支持其未签订劳动合同的双倍工资差额并无不当，法院予以维持。

【法官后语】

本案其中一个争议焦点在于同益公司是否应当向梁友新支付未签订劳动合同二倍工资问题。对此，《中华人民共和国劳动合同法》第十条、第八十二条有明确的规定，用人单位应与劳动者签订劳动合同，自用工之日起超过一个月不满一年未与劳动者订立书面劳动合同的，应当向劳动者每月支付二倍工资。自上述法律实施以来，珠海法院系统一直是按照上述法律规定判决，但是在实践中，发现公司负责签订劳动合同管理人员，自己故意不签订劳动合同，而在双方解除劳动关系后要求高额的未签订劳动合同的二倍工资差额，似乎对用人单位极不公平。对此，实践中有以下两种意见：

第一种意见：对于公司负责签订劳动合同的管理人员未签订劳动合同，应支持二倍工资，理由如下：

1.《劳动合同法》第十条规定，用人单位应当与劳动者签订劳动合同。第八十二条规定："用人单位自用工之日起超过一个月不满一年未与劳动者订立书面劳动合同的，应当向劳动者每月支付二倍的工资。"从上述法律规定来看，该法没有区分公司的负责签订劳动合同和管理人员和其他劳动者，在法无明文规定的情况下，不管任何原因，用人单位都应签订劳动合同，对于未签订的，均应支付二倍工资。

2. 对于故意不签劳动合同的劳动者，根据《劳动合同法实施条例》第六条规定："……劳动者不与用人单位订立书面劳动合同的，用人单位应当书面通知劳动者终止劳动关系，并依照劳动合同法第四十七条的规定支付经济补偿。"用人单位是可以终止劳动关系的，即有救济的途径，而且容易控制。但是如果用人单位故意不与劳动者签订劳动合同，劳动者只能通过监察大队、仲裁等来救济，难度大一些。

3. 对于负责与其他员工签订劳动合同的管理人员的合同，公司完全可以安排其他人负责签订或者由公司法定代表人亲自负责签订，怎么签订劳动合同，这属于公司管理问题。而且劳动合同中的约定涉及双方的一系列权利义务，需要公司法定代表人与劳动者协商，负责签订劳动合同的管理人员自己也不可能也不应当跟自己签订劳动合同。

4. 在实践过程中，导致增加案件审理的难度，法官要对该劳动者是否负责签订劳动合同这个事实进行审查，由于每个劳动者的职责是什么，一般都很少有证据固定，这个事实往往是很难查清。

第二种意见：对于公司负责签订劳动合同的管理人员未签订劳动合同，不应支持二倍工资，理由如下：

1. 人事岗位人员熟谙劳动法律、法规，并承担所在单位与所聘员工订立劳动合同的职责，亦深悉未订立劳动合同的法律后果，司法实践中，人事员工恶意拖延订立劳动合同或者离职后带走单位保存的合同文本并追索二倍工资的情况屡屡出现，说明这类人员在订立劳动合同上有规避法律的便利。故根据诚实信用和公平的原则，一方面基于人事岗位人员的职责，其负有主动履行与所在单位订立劳动合同的义务；另一方面在司法实践中，该类人员负有为何没能与所在单位订立劳动合同的举证责任。①

2. 二倍工资是法律直接规定的惩罚性赔偿金，符合侵权行为之债的特征，根据侵权一般适用的过错原则，应考虑劳动者对于未签订劳动合同是否存在过错。

笔者意见：由于《劳动合同法》规定非常明确，没有排除公司的负责签订劳动合同的管理人员未签订劳动合同，不应支持二倍工资，所以在实践过程中，如果突破该条的规定，应严格把握。本人认为如果支持需要具备以下条件：1. 有充分证据证实劳动者是公司负责签订劳动合同的管理人员。2. 劳动者不是第一次签订劳动合同，而是续签劳动合同。因为劳动者刚入职用人单位，必须是先签订了劳动合同，双方之间成立了劳动关系，劳动者才可能履行自己相关的职责。3. 有证据证实劳动者在期满前没有启动续签劳动合同这一程序，即提请公司是否同意续签。4. 如果劳动者本身是负责保管公司公章的人员，其完全可以自己签订劳动合同，在这种情况下，公司无须支付其未签订劳动合同的二倍工资。

编写人：广东省珠海市中级人民法院　李灵

27

用人单位规章制度能否约束劳动者在非工作时间和非工作场所的行为

——李守胜诉名幸电子（广州南沙）有限公司劳动争议案

【案件基本信息】

1. 裁判书字号

广东省广州市南沙区人民法院（2014）穗南法民一初字第115号民事判决书

① 王兵、王忠、张江洲："劳动争议二倍工资案件适用法律问题研究"，载《人民司法》2013年第11期。

2. 案由：劳动合同纠纷

3. 当事人

原告：李守胜

被告：名幸电子（广州南沙）有限公司

【基本案情】

原告于2002年3月12日入职被告处，离职前担任采购部副课长。双方于2012年3月12日签订无固定期限劳动合同。2013年5月18日晚，原告在南沙区水牛头广场殴打其妻子和案外人程某，致使两人受伤。广州市公安局南沙区分局于次日对原告的违法行为处以行政拘留7日（从2013年5月19日至26日）及罚款300元的行政处罚。原告委托其同事于2013年5月20日以“家中有急事处理”为由向被告提交请假单申请有薪假，请假时间从2013年5月20日8：30至24日17：30。其主管负责人在请假单上批注：“请假理由不充分，不批准”。原告5月20日至24日因被行政拘留未上班。5月27日，原告向被告说明请假原因，同月31日，原告主管通知其请假没有得到批准，认定原告5月20日至24日为旷工。同年6月6日，被告向原告发出《解除劳动合同通知》，以原告打架斗殴、被公安机关行政拘留以及5月20日至24日旷工5天的行为严重违反公司规章制度为由，根据《中华人民共和国劳动合同法》第三十九条第二项的规定和《员工手册》第36条36.2.4款(4)、(16)、(32)规定，决定于2013年6月6日解除与原告的劳动合同。原告的最后工作日期为2013年6月5日。

原告向广州市南沙区劳动人事争议仲裁委员会申请仲裁，要求被告支付违法解除劳动合同赔偿金、2013年6月6日至2014年1月8日期间的工资损失、2013年未休年休假工资和2013年年终奖。该委员会于2014年2月28日作出穗南劳仲案字［2014］63号仲裁裁决书，裁决驳回原告的全部仲裁请求。

另，被告制定的《员工手册》第36条“处分”中36.2.4点规定：“有下列行为之一的属严重违反公司规章制度，给予解除劳动合同：……（4）年度内旷工累计超过2天……（16）打架斗殴、酗酒、赌博影响极坏的……（32）触犯国家法律法规，被司法机关处以罚金，拘留，劳教及其他刑事处罚的”。另外《员工手册》第29条“奖金”29.1条规定：“对于公司在册的正式员工，根据公司的经营方针及经营状况，在考核个人的工作成绩和对公司所做的贡献，决定奖金的发放与否和奖金制度，具体规定参照《奖金制度》”。被告制定的《奖金制度》第 3 条“奖金支付的时间” 3.1 点规定奖金考核期分别为 1 月 1 日至 6 月 30 日和 7 月 1 日至 12 月 31 日；第 4 条“奖金领取的资格” 4.1.（4）点规定：“考核期内离职的员工不发放奖金”。原告确认《员工手册》和《奖金制度》的真实性，并确认《员工手册》已经得到被告工会确认且已经签收该《员工手册》。

【案件焦点】

1. 用人单位规章制度能否约束劳动者在非工作时间和非工作场所的行为；2. 被告依据规章制度解除原告劳动合同是否合法。

【法院裁判要旨】

广东省广州市南沙区人民法院经审理认为：原、被告已签订无固定期限劳动合同，双方的劳动合同关系依法成立并受法律保护，均应当根据我国法律法规以及双方约定享有权利、履行义务。

本案中原告在非工作场所及非工作时间与他人打架斗殴，属于违反《中华人民共和国治安管理处罚法》的应受处罚行为，虽然一般情况下不会影响被告基于双方劳动关系产生的预期利益。但是《中华人民共和国劳动法》和《中华人民共和国劳动合同法》均规定了用人单位有依法建立和完善劳动规章制度的权利和义务，被告有权结合自身企业文化和生产经营特点在不违反法律、法规及政策规定的情况下制定规章制度。该制度内容既是用人单位开展用工管理的准则，也是劳动者进行自我约束的行为规范。有关内容的制定属于用人单位的用工管理自主权范畴，在不违反法律法规的强制性规定或者不存在显著不合理情形的前提之下，即使其内容并不直接与工作相关，也属于用人单位对于所雇请劳动者行为的合理要求，劳动者应予遵守。而被告制定的《员工手册》已依法定程序制定并向原告进行了告知，其中规定的打架斗殴和被司法机关拘留的行为均属于扰乱社会公共秩序的行为，理应作出否定评价，被告将上述内容规定为严重违反规章制度的行为并不违法或者存在明显不合理情形，因此可以作为处理双方劳动争议的依据。《中华人民共和国劳动法》第二十五条第二项和《中华人民共和国劳动合同法》第三十九条第二项均规定劳动者严重违反规章制度的可予以解除劳动合同，而原告主张被告应仅限于劳动者受到刑事处罚的情形才可解除劳动合同并无合理依据，不予采信。因此，被告依据《员工手册》规定以原告打架斗殴以及被司法机关拘留属严重违反规章制度为由解除劳动合同关系合理合法。此外，无论原告在被拘留前是否有向被告请假及是否获得批准，均不影响被告依据《员工手册》第36条36.2.4.（16）、（32）项规定作出解除劳动合同的处罚决定。原告主张被告违法解除劳动合同于法无据，对于其要求被告支付赔偿金以及被解除劳动合同之后工资损失的诉讼请求，不予支持。

关于2013年上半年奖金问题，奖金系被告根据劳动者表现并结合自身效益情况而采取的激励措施，被告有权根据其规章制度以及自身经营特点决定奖金的分配方式。根据被告《奖金制度》规定，奖金的发放对象应为考核期内在册的劳动者，而原告已在2013年6月被解除劳动合同，不符合上述条件，因此其要求被告支付该奖金的诉讼请求缺乏事实和法律依据，不予支持。

广州市南沙区人民法院依照《中华人民共和国劳动法》第四条、第二十五条第二项，《中华人民共和国劳动合同法》第三十九条第二项作出如下判决：

判决驳回原告李守胜的全部诉讼请求。

【法官后语】

劳动规章制度调整劳动关系之极重要的法律意义就在于使得用人单位行使指示权依照具备一定程度刚性与透明性的文本进行。因此，用人单位中的劳动规章制度越完善，给付内容就越少依赖企业管理者的个人决定来确定，而越多依照劳动规章制度确立的秩序自动确定。我国立法时没有限制企业劳动规章的内容范围的立法意图，相反还授权企业可以根据自身需要扩充。

本案中，被告制定的《员工手册》已依法定程序制定并向原告进行了告知，其中规定的打架斗殴和被司法机关拘留的行为均属于扰乱社会公共秩序的行为，理应作出否定评价。被告将上述内容规定为严重违反规章制度的行为并不违法或者存在明显不合理情形，因此可以作为处理双方劳动争议的依据。虽然“八小时”外的行为不必然影响用人单位基于双方劳动关系产生的预期利益，但是用人单位将法律法规对人的否定评价规定在规章制度中，并不违反法律规定。

在劳动者和企业实际地位并不平等的情况下，对企业规章制度除进行程序合法性审查外，还应秉持审慎的态度对规章制度的内容合理性进行审查。然而，由于用人单位所属行业、企业类型、规模大小各不用相同，各自的管理模式和管理需求也差异极大，法律不可能有针对性地对所有用人单位的劳动规章制度设定合理性标准。实践中，若过分依赖法官的随机判断，将导致对劳动规章制度合理性判断标准的不明确甚至混乱，也令用人单位在制定、变更劳动规章制度时因缺乏参考而无所适从。所以，现阶段，法院对用人单位规章制度内容合理性的审查，应限定在一个相对固定的范畴内，不宜无限扩张。

编写人：广东省广州市南沙区人民法院　孙皓　蔡颖

28

实施涉密人员管理能否与劳动法相冲突

——陈范王诉江苏南通申通机械有限公司劳动争议案

【案件基本信息】

1. 裁判书字号

江苏省南通市港闸区人民法院（2014）港唐民初字第00592号民事判决书

2. 案由：劳动争议纠纷

3. 当事人

原告：陈范王

被告：江苏南通申通机械有限公司（以下简称申通公司）

【基本案情】

2012年12月28日，陈范王与申通公司签订《劳动合同书》，约定：劳动合同期限自2011年11月1日起至2013年10月31日止，陈范王在销售岗位工作，月税前应发工资为不低于南通市当年度公布的最低工资标准。同日，双方签订《保密与竞业限制协议书》，约定陈范王任职期间对知悉的申通公司商业秘密负有保密义务，在任职期间及离职两年以内应履行竞业限制义务，申通公司就陈范王离职后履行的竞业限制义务，以其离职前十二个月月平均工资的三分之一为标准按月向陈范王支付竞业限制补偿金。陈范王在《涉密人员保密承诺书》上签名确认，其中第七项为“离岗时，自愿接受脱密期管理”。根据申通公司STBMZD【2012】003号《涉密人员管理制度》规定：涉密人员是指公司在经营、生产过程中产生或者经常接触、知悉国家秘密事项及公司商业、技术秘密事项的员工。一等涉密人员脱密期限为两年，二等涉密人员脱密期限为一年，一等涉密人员脱密二年后方可办理关系转移手续，二等涉密人员脱密一年后方可办理关系转移手续。脱密人员须遵循“先脱密，后辞职”的原则，在岗脱密期间内必须接受保密办的管理，在脱密期间不再享受保密费。脱密人员在岗、调岗脱密期限未满不得辞职，对于确有特殊原因，本人坚持申请辞职的非核心涉密人员，在缴纳保密保证金后，经公司批准，在其人事档案注明涉密身份和脱密期限，方可办理辞职手续。2013年10月11日，申通公司书面通知陈范王续签劳动合同，陈范王未予同意，于11月1日起不再至公司上班。申通公司停止为陈范王缴纳社会保险及住房公积金，书面通知其办理脱密手续和离职手续，双方完成部分工作交接及离职审批手续。

【案件焦点】

原被告之间的劳动合同是否终止，被告是否应为原告办理社会保险关系转移手续。

【法院裁判要旨】

江苏省南通市港闸区人民法院经审理认为：劳动合同期满的，劳动合同终止。用人单位应当在终止劳动合同时出具解除或者终止劳动合同的证明，并在十五日内为劳动者办理档案和社会保险关系转移手续。本案中原告陈范王与被告申通公司的劳动合同于2013年10月31日到期，双方未续签劳动合同，劳动合同即行终止，申通公司应当为陈范王办理档案和社会保险关系的转移手续，故对申通公司认为与陈范王劳动关系仍未解除的抗辩不予采信。关于申通公司提出涉密人员离职应履行脱密期管理规定，脱密期未满不应办理关系转移手续的主张，法院认为于法无据，理由有三：

一、依据《劳动合同书》约定：乙方（陈范王）掌握甲方（申通公司）商业秘密的，双方应当另行签订保守商业秘密协议；乙方工作岗位涉及国家军事秘密的，双方应另行签订保密承诺书。故原、被告先后签订的《保密与竞业限制协议书》《保密承诺书》及《涉密人员管理制度》，与履行劳动合同密切相关，应视为劳动合同组成部分。根据上述劳动合同及《涉密人员管理制度》中对涉密人员的定义，可以认定陈范王在被告单位兼具涉及商业秘密和国家秘密的人员身份，《涉密人员管理制度》的管理范围亦涵盖了上述两类人员。针对陈范王涉及商业秘密的身份，根据《劳动部〈关于企业职工流动若干问题的通知〉》第二条规定，用人单位与掌握商业秘密的职工在劳动合同中约定保守商业秘密有关事项时，可以约定在劳动合同终止前或该职工提出解除劳动合同后的一定时间内（不超过六个月），调整其工作岗位，变更劳动合同中相关内容。《江苏省劳动合同条例》第二十七条亦规定："用人单位与劳动者可以在劳动合同中约定保守用人单位的商业秘密和与知识产权相关的保密事项。对负有保密义务的劳动者，用人单位可以与其在劳动合同或者保密协议中，就劳动者要求解除劳动合同的提前通知期以及提前通知期内的岗位调整、劳动报酬作出约定。提前通知期不得超过六个月。"依据上述规定，为保护商业秘密，用人单位与劳动者可以约定在劳动关系终止前或劳动者提出解除劳动合同后一段期限内，将其调离涉密岗位，以便其逐步脱离涉密事宜，但该约定应符合在劳动合同存续期间内和期限不得超过六个月的法定条件。本案中被告申通公司《涉密人员管理制度》中规定脱密期限至少为一年，并要求劳动者在劳动合同终止后仍对其实行在岗管理，违反了上述法律、法规中对于提前通知期间的规定。

二、针对陈范王涉及国家秘密的身份，《中华人民共和国保守国家秘密法》第三十九条规定，涉密人员离岗离职实行脱密期管理。涉密人员在脱密期内，应当按照规定履行保密义务，不得违反规定就业，不得以任何方式泄露国家秘密。《中华人民共和国保守国家秘密法实施条例》第三十条规定，涉密人员的分类管理、任（聘）用审查、脱密期管理、权益保障等具体办法，由国家保密行政管理部门会同国务院有关主管部门制定。依据上述规定，被告申通公司作为涉及国家秘密的企业，负有实行保密工作机制、监督管理涉密人员的职责，对涉密人员实行脱密期管理确于法有据。但现行法律、法规并未明确脱密期管理的具体办法，被告单位自行制定脱密期管理规定亦应遵守劳动法律、法规，不得损害涉密人员合法劳动权益。被告《涉密人员管理制度》中规定涉密人员脱密后方可办理关系转移手续，在原告陈范王劳动合同期满的情况下，被告单位根据该规定要求其实行两年在岗脱密期管理，方可办理关系转移手续，明显违反了《中华人民共和国劳动合同法》中"劳动合同期满的，劳动合同终止。用人单位应当在终止劳动合同时出具解除或者终止劳动合同的证明，并在十五日内为劳动者办理档案和社会保险关系转移手续”的法律规定，侵犯了劳动者合法的离职和择业权利。

三、关于被告申通公司提出原告应遵守脱密期管理规定缴纳保密保证金的抗辩，本院认为，该公司《涉密人员管理制度》中明确，适用保密保证金的人员为“本人坚持申请辞职的非核心涉密人员”。而原告陈范王系劳动合同期满、劳动关系终止后离职，并非在劳动关系存续期间主动申请辞职，并且被告申通公司确认陈范王系一等涉密人员，未能举证证明其系非核心涉密人员，故原告陈范王不符合适用保密保证金的条件，被告申通公司要求其缴纳保密保证金，缺乏劳动合同依据，对该项抗辩本院不予采信。

据此，依照《中华人民共和国劳动法》第二十六条、第四十四条、第五十条第一款，《中华人民共和国保守国家秘密法》第三十八条、第三十九条，《中华人民共和国保守国家秘密法实施条例》第三十条，《最高人民法院关于民事诉讼证据的若干规定》第二条、第八条、第七十六条、第七十四条，《住房公积金管理条例》第十五条第二款、第三十四条，《劳动部〈关于企业职工流动若干问题的通知〉》第二条，《江苏省劳动合同条例》第二十二条、第二十七条、第二十八条第二款之规定，判决：

被告江苏南通申通机械有限公司于本判决生效之日起十日内为原告陈范王办理社会保险关系转移手续。

【法官后语】

本案涉及涉密人员管理制度的效力问题。被告申通公司作为涉及国家秘密的企业，负有实行保密工作机制、监督管理涉密人员的职责，对涉密人员实行脱密期管理确于法有据。原告陈范王自愿签订《保密承诺书》，承诺遵守脱密期规定，系其真实意思表示，也应当遵守承诺，履行保密义务。但在法律法规对脱密期管理缺乏明确规定的情况下，用人单位制定脱密期管理规定亦应遵守劳动法律、法规。《保守国家秘密法》第三十九条规定：“机关、单位应当建立健全涉密人员管理制度，明确涉密人员的权利、岗位责任和要求，对涉密人员履行职责情况开展经常性的监督检查。”根据对法律规定的理解，涉密人员在脱密期内接受脱密期管理，主要包括：与原单位签订保密承诺书，作出继续遵守保密义务、不泄露所知悉国家秘密的承诺；及时清退所持有和使用的国家秘密载体和涉密信息设备，并办理移交手续；未经审查批准，不得到境外驻华机构、组织或外资企业工作；不得为境外组织、人员或外资企业提供劳务、咨询或服务。保密法律、法规并未规定脱密管理期间内涉密人员不得离开原用人单位，因而劳动者可以选择继续签订劳动合同，也可在不违反法律规定的情况下终止劳动合同，当然在终止劳动合同后的脱密管理期间仍应履行保密义务。但被告单位依照《涉密人员管理制度》对原告实行脱密期管理时，约定"脱密期满后方可办理关系转移手续"，因侵犯了劳动者自由择业权利而不具有法律效力。在诸多涉密单位中，类似本案被告制定的《涉密人员管理制度》屡见不鲜，均设置脱密后方可解除劳动合同关系的条件，虽有劳动者自愿承诺，但上述规定与劳动合同法相冲悖，不具有法律约束力。究其原因，在于用人单位在制定制度时，未合理考量劳动合同期限和脱密期期限的关系，对劳动合同期限届满、劳动合同期限短于或等于脱密期限等情况未约定合法可行的脱密管理办法，对脱密期起算方式、劳动合同期内用人单位提醒注意义务、劳动者离职提前通知义务等应尽事宜未作明确约定。对此，过错在被告单位而不在劳动者。这样的涉密管理制度也因违法而无效。

编写人：江苏省南通市港闸区人民法院　钱徐宁

29

个人承包经营违法招用劳动者造成损害的，发包组织与个人承包经营者承担连带赔偿责任

——熊招亮诉江阴市林亿达毛料有限公司、汤广林劳动合同案

【案件基本信息】

1. 裁判书字号

江苏省江阴市人民法院（2014）澄民初字第1046号民事判决书

2. 案由：劳动合同纠纷

3. 当事人

原告：熊招亮

被告：江阴市林亿达毛料有限公司（以下简称林亿达公司）、汤广林

【基本案情】

林亿达公司与汤广林于2014年1月18日签订《合同协议书》及《补充协议》各一份，约定林亿达公司将其生产的碳化羊毛（净毛）的硬件包装打包工作承包给汤广林。

2014年5月19日，熊招亮到林亿达公司询问是否需要打包工，林亿达公司称已将打包业务承包给汤广林，熊招亮遂找到汤广林，双方就劳动报酬等进行协商后，汤广林以个人名义招录熊招亮为打包工，双方未签订书面协议。次日，熊招亮开始到汤广林处从事羊毛打包工作，劳动报酬、工作任务的分配及工作时间的安排均由汤广林负责。2014年8月5日熊招亮不再向汤广林提供劳动。2014年8月6日，汤广林为熊招亮出具书面凭证一份，载明："今欠熊招亮工资5月份到8月5日总工资（18490元）壹万捌仟肆佰玖拾元。"2014年8月12日，熊招亮以特快专递方式向林亿达公司寄送《被解除劳动关系通知函》，其中部分内容为："你公司违反劳动合同法有关规定，属于违法提出解除双方劳动关系。今特来函告知要求支付拖欠的工资18490元及高温津贴500元等。特此通知。"林亿达公司收到该函件。

2014年8月18日，熊招亮向江阴市劳动人事争议仲裁委员会申请仲裁，仲裁委以熊招亮未提供证明与林亿达公司、汤广林之间存在劳动关系的初步证据为由未予受理。熊招亮遂诉至法院，请求判令林亿达公司与汤广林对下列诉讼请求承担连带赔偿责任：1. 支付结欠的2014年5月20日至8月5日的计件工资18490元；2. 支付2014年6月19日至8月5日未签订劳动合同的双倍工资12109元；3. 支付2013年6月至8月高温津贴500元；4. 支付违法解除劳动关系赔偿金8265元。林亿达公司认为他公司已将羊毛打包业务承包给汤广林，汤广林对所需工人自行安排，他公司不予干涉，他公司不应对熊招亮的诉讼请求承担相应责任。汤广林对结欠熊招亮工资18490元的事实无异议，但对熊招亮的其他诉讼请求不予认可。

【案件焦点】

熊招亮与林亿达公司及汤广林之间构成何种关系，责任如何承担。

【法院裁判要旨】

江苏省江阴市人民法院经审理认为：个人承包经营违法招用劳动者，给劳动者造成损害的，发包的组织与个人承包经营者承担连带赔偿责任。本案中，汤广林承包了林亿达公司的羊毛打包业务，由于汤广林并不具备用工主体资格，其以个人名义招用熊招亮的行为系违法招用劳动者，其与熊招亮之间形成的劳动合同无效。由于熊招亮实际为汤广林提供了劳务，无效劳动合同给熊招亮造成的实际损害为工资报酬。因此，承包人汤广林应当承担给付熊招亮工资报酬的赔偿责任。同时，对于劳动合同的无效，林亿达公司亦存在过错，对工资报酬应与汤广林共同承担连带赔偿责任。汤广林对结欠熊招亮工资 18490 元无异议，此外，高温津贴系劳动者工资的组成部分，用人单位安排劳动者在室外（日最高气温达到 35℃以上）露天工作以及不能采取有效措施将工作场所温度降低到 33℃以下的（不含 33℃），应当向劳动者支付夏季高温津贴，具体标准为每人每月 200 元，支付时间为 4 个月（6、7、8、9 月）。熊招亮 2014 年 6 月至 8 月 5 日在打包车间工作，汤广林未支付熊招亮高温津贴，也未采取有效的降温措施。故对熊招亮主张支付其工资 18490 元及 2.5 个月高温津贴 500 元的诉讼请求，本院依法予以支持。

因熊招亮与林亿达公司之间并不具备建立劳动关系的合意，熊招亮系汤广林以个人名义招用，其报酬发放、工作任务安排及管理均由汤广林负责，故熊招亮与林亿达公司之间不构成劳动关系，对熊招亮主张未签订劳动合同的双倍工资及违法解除劳动合同赔偿金的诉讼请求，本院不予支持。

江阴市人民法院依照《中华人民共和国劳动合同法》第二十六条第一款第（三）项、第二十八条、第八十六条、九十四条以及《江苏省劳动合同条例》第二十三条的规定，作出如下判决：

一、汤广林支付熊招亮工资 18490 元、高温津贴 500 元，上述款项合计 18990 元，由汤广林于本判决发生法律效力之日起十日内给付熊招亮；

二、江阴市林亿达毛料有限公司对上述给付款项承担连带赔偿责任；

三、驳回熊招亮的其他诉讼请求。

双方当事人均未上诉，一审判决发生法律效力。

【法官后语】

近年来，一些用人单位为规避用工主体责任，将自己经营业务的一部分发包给不具备用工主体资格的个人，该个人承包经营者招用的劳动者在劳动过程中因受伤、追索劳动报酬等引发的劳动争议案件日益增多。我国《劳动合同法》第九十四条规定："个人承包经营违反本法规定招用劳动者，给劳动者造成损害的，发包的组织与个人承包经营者承担连带赔偿责任。"如何正确理解与适用该条规定，需厘清何谓个人承包经营违反本法规定招用劳动者，发包单位、个人承包经营者及劳动者之间形成何种关系？发包单位与个人承包经营者承担连带赔偿责任的范围？

首先，根据我国《劳动合同法》的规定，与劳动者建立劳动关系的必须是用人单位，即经过合法登记或者依法取得用人资格的社会组织或者经营体，但不包括自然人。个人承包经营者没有领取营业执照，不具备劳动用工资格与条件，其招用劳动者的行为即是违反《劳动合同法》的相关规定。

其次，不具备用工主体资格的承包人违法招用劳动者，其与劳动者之间系无效的劳动合同关系，对于该无效的劳动合同，由于劳动者已经实际提供了劳务，因此，承包人应当按照《劳动合同法》的规定承担用人单位所应承担的各种赔偿责任，但该赔偿责任应以劳动者的实际损失为限，如工资报酬、工伤保险赔偿、社会保险待遇赔偿等，因劳动者与发包企业之间也未形成劳动关系，因此对劳动者基于劳动关系主张的确认劳动关系、未签订劳动合同的二倍工资、违法解除劳动合同经济赔偿金等诉讼请求，不应得到支持。

最后，由于发包企业对劳动合同的无效亦存在过错，故应与个人承包经营者对劳动者的上述损害承担连带赔偿的责任。劳动者既可以将发包单位与个人承包经营者作为共同被告起诉，也可以将其中任何一方作为被告起诉。

编写人：江苏省江阴市人民法院　王晓丹

三、社会保险

30

非法用工中劳动者发生伤亡不被认定为“工伤”时，用工单位是否应给予赔偿

——谢敬荣、欧阳东琼诉刘瑞忠等劳动争议案

【案件基本信息】

1. 裁判书字号

广东省从化市人民法院（2014）穗从法民一重字第7号民事判决书

2. 案由：劳动争议纠纷

3. 当事人

原告：谢敬荣、欧阳东琼

被告：刘瑞忠、唐联容、刘启鸿、唐医文

【基本案情】

“过粥隐”饮食店于2013年4月8日开始营业，位于从化市城郊街东风村七社迎宾桥下，经营者为原告谢敬荣和欧阳东琼，“过粥隐”饮食店自开业后未办理工商营业执照。刘锦华于2013年4月8日入职“过粥隐”饮食店，双方未订立书面劳动合同，也未参加社会保险。2013年5月17日凌晨2点05分许，刘锦华驾驶无号牌二轮普通摩托车，沿从化市河滨北由南往北行驶时，行驶至荔福美食村对出路面，车辆失控碰撞公路边，造成车辆损坏，刘锦华当场死亡的交通事故。2013年6月8日，从化市公安局交通警察大队作出穗公交（从）认字（2013）第AA023号

《道路交通事故认定书》，认定刘锦华承担事故全部责任。根据中国广州分析测试中心司法鉴定所出具的穗司鉴字20130500800531号《检验报告书》，刘锦华在事故发生时血液酒精含量为169mg/100ml。事发前，刘锦华与朋友在酒吧喝酒玩耍至凌晨一点多钟。刘锦华死亡后，刘锦华家属即被告向从化市劳动仲裁委员会申请仲裁，从化市仲裁委员会仲裁裁决原告一次性支付丧葬补助费14367元、一次性赔偿金491300元给被告。原告不服，认为刘锦华的死亡不符合工伤认定的条件，不属于工伤，不能适用《非法用工单位伤亡一次性赔偿办法》相关规定进行赔偿，故向从化市人民法院提起诉讼，请求1. 确认原告无需承担刘锦华死亡一案的丧葬补助费、一次性赔偿金等赔偿责任；2. 本案诉讼费由被告承担。

被告刘瑞忠、唐联荣、刘启鸿、唐医文不同意原告的诉讼请求，认为原告存在无证经营和非法用工的事实，刘锦华的死亡属于为原告提供劳动中受到伤害事故，仲裁裁决应予支持。

【案件焦点】

非法用工中，劳动者的"工伤"如何认定，应适用何法律依据进行赔偿。

【法院裁判要旨】

广东省从化市人民法院经审理认为：两原告与刘锦华之间虽未签订书面劳动合同，但构成事实上的劳动关系。2010年修订的国务院《工伤保险条例》第六十六条以及2010年人力资源和社会保障部修订的《非法用工单位伤亡人员一次性赔偿办法》第二条对非法用工的相关赔偿进行了规定，根据上述规定，两原告承担赔偿责任两个要件是：两原告存在非法用工的事实；死者刘锦华所发生之交通事故属于工伤事故。本案两原告经营的"过粥隐"饮食店没有办理工商营业执照，招聘死者刘锦华用工，因此，两原告构成非法用工。死者刘锦华对所事故发生承担全部责任，不属于《工伤保险条例》第十四条第（六）项规定"受到非本人主要责任的交通事故伤害"的范围，其发生的事故不能认定为工伤，故被告主张适用《非法用工单位伤亡人员一次性赔偿办法》要求两原告承担赔偿责任，于法无据，本院不予支持。

鉴于两原告未履行用人单位为职工购买社会保险的法定义务，致使刘锦华的权利在受到意外损害时无法从社会保险部门得到相应的救济。因此，两原告仍应对刘锦华的死亡承担用人单位的法律责任与社会责任，可以参照《广东省企业职工假期待遇死亡抚恤待遇暂行规定》对本案进行处理，并按照该规定第十条规定计算丧葬补助费、供养直系亲属一次性救济金与一次性抚恤金，合共 79695 元，扣除两原告在前支付给刘锦华家属的慰问金 10000 元，两原告还需支付 69695 元。

又因两原告是合伙关系，前述欠款为合伙期间债务，根据《中华人民共和国民法通则》第三十五条规定，应按出资比例分担合伙债务，对外承担连带责任。故原告谢敬荣承担前述欠款的 40% 即 27878 元，原告欧阳东琼承担 60% 即 41817 元，两原告之间互负连带责任。

关于受偿主体资格，被告刘启鸿是刘锦华的哥哥仅为第二顺序继承人，被告唐医文是刘锦华的堂舅不享有继承权，因此被告刘启鸿、唐医文不是本案的适格受偿主体，被告刘瑞忠、唐联荣才具有合法的主体资格。

广东省从化市人民法院综上所述，《工伤保险条例》第十四条第（六）项、第六十六条，《中华人民共和国继承法》第十条，《中华人民共和国民法通则》第三十五条，参照《非法用工单位伤亡人员一次性赔偿办法》第二条和《广东省企业职工假期待遇死亡抚恤待遇暂行规定》第十条，以及依据《中华人民共和国民事诉讼法》第六十四条第一款以及《最高人民法院关于民事诉讼证据的若干规定》第二条之规定，判决如下：

一、驳回原告谢敬荣、欧阳东琼关于无需承担丧葬补助费、一次性赔偿金等赔偿责任的诉讼请求。

二、原告谢敬荣应在本判决发生法律效力之日起 10 日内支付丧葬补助费、一次性救济金与一次性抚恤金共计 69695 元的 40% 即 27878 元给被告刘瑞忠、唐联荣。

三、原告欧阳东琼应在本判决发生法律效力之日起 10 日内支付丧葬补助费、一次性救济金与一次性抚恤金共计 69695 元的 60% 即 41817 元给被告刘瑞忠、唐联荣。

四、原告谢敬荣、欧阳东琼对本判决第二、三项确定的债务承担连带责任。

如果未按本判决指定的期限履行给付金钱义务，应当依照《中华人民共和国民事诉讼法》第二百五十三条之规定，加倍支付迟延履行期间的债务利息。

本案受理费 10 元，由原告谢敬荣、欧阳东琼负担。

案件宣判后，双方当事人均未上诉，一审判决生效。

【法官后语】

非法用工单位伤亡人员赔偿是一种特殊的工伤保障途径。非法用工单位的职工或童工受到伤亡不能被认定为《工伤保险条例》中的工伤，不能申请工伤认定。但因实践中存在大量非法用工的情形，为对已付出实质劳动的劳动者提供恰当有效的救济路径，《工伤保险条例》在第六十六条为非法用工中的劳动者设定了不同于工伤保险待遇的特殊救济方案。人力资源和社会保障部根据上述精神，制定了《非法用工单位伤亡人员一次性赔偿办法》。适用《非法用工单位伤亡人员一次性赔偿办法》对伤亡人员进行赔偿时仍应符合《工伤保险条例》第三章工伤认定中第十四、十五、十六条的规定。因此，对非法用工中的伤亡事件应先遵循工伤程序处理。法院对非法用工中劳动者的工伤认定仍应依据《工伤保险条例》作出，与劳动保障行政部门的工伤认定依据一致。所以，非法用工中，只有符合《工伤保险条例》中工伤认定的条件后，才有可能适用《非法用工单位伤亡人员一次性赔偿办法》要求用工单位进行赔偿。本案死者刘锦华对事故发生承担全部责任，不属于“受到非本人主要责任的交通事故伤害”的范围，故死者刘锦华发生的事故不能认定为工伤，不能适用《非法用工单位伤亡人员一次性赔偿办法》的规定进行赔偿。

为劳动者购买社会保险是用人单位的法定义务，不存在可以免除此义务的特殊情形。当劳动者伤亡不能适用《工伤保险条例》和《非法用工单位伤亡人员一次性赔偿办法》进行救济时，应参照《社会保险法》相关规定对劳动者进行最基本的保障。为劳动者购买社会保险的强制性规定与机动车交通交通事故责任强制保险性质及设立精神基本一致，均为最大限保障受害人的基本权益。《最高人民法院关于审理劳动争议案件适用法律若干问题的解释（三）》第一条规定：“劳动者以用人单位未为其办理社会保险手续，且社会保险经办机构不能补办导致其无法享受社会保险待遇为由，要求用人单位赔偿损失而发生争议的，人民法院应予受理。”此规定虽无直接明确用人单位未为劳动者办理社会保险的赔偿责任，但为劳动者以此为由起诉提供了法律基础。我们认为当用人单位不履行为劳动者办理社会保险的作为义务，而劳动者受到伤害无法获得相应救济时，为更好地保护劳动者的合法权益，应结合社会保险设立的宗旨，参考交强险设置的法理精神，把对劳动者的救济责任转嫁到用人单位身上，责令用人单位在社会保险的范围内给予劳动者基本的保障和救济，此为用人单位不为劳动者参加社会保险的代价及惩罚。本案两原告经营的宵夜档未办理工商登记，更未为刘锦华购买社会保险，导致刘锦华受到意外损害时无法从社会保险部门得到相应的救济，无法从国家和社会获得物质帮助的权利。而亦因宵夜档未办理工商登记，相应责任应由其经营者、出资人即两原告承担，故两原告应对刘锦华的死亡承担用人单位的法律责任与社会责任。本案虽然不能认定刘锦华为工伤，但基于最大限度保护受害人的利益，可参照社会保险的相关规定为其遗属计付赔偿款项。因此，综合各方面考虑，在没有其他法律法规规定的情况下，本院适用地方法规《广东省企业职工假期待遇死亡抚恤待遇暂行规定》第十条第一款的标准计付本案的丧葬补助金、供养亲属抚恤金和因工死亡补助金。

编写人：广东省从化市人民法院　肖少珍　李小莹

31

个人独资企业转让后原工伤赔偿责任如何承担

——陆爱兰等诉陈绍雄等工伤保险待遇案

【案件基本信息】

1. 裁判书字号

广西壮族自治区贵港市中级人民法院（2014）贵民三终字第177号民事判决书

2. 案由：工伤保险待遇纠纷

3. 当事人

原告（上诉人）：陆爱兰、贵港市覃塘区华隆木材加工厂（以下简称华隆木材厂）

被告（被上诉人）：陈绍雄、曾锦平

【基本案情】

2011年5月9日，陈绍雄经人介绍到曾锦平投资经营的华隆木材厂从事刨板工作，同年5月11日，陈绍雄在工作时被机器绞伤左手，事后被送至贵港市覃塘区人民医院治疗。该厂未与陈绍雄签订劳动合同，也未为陈绍雄缴纳工伤保险费用。陈绍雄于2011年6月14日出院后未再回华隆木材厂工作。后经陈绍雄申请，贵港市覃塘区劳动人事争议仲裁委员会（以下简称“覃塘区劳动仲裁委”）作出覃劳仲字〔2012〕第11号裁决确认其与华隆木材厂从2011年5月9日起存在事实劳动关系。该裁决生效后，贵港市人力资源与社会保障局经陈绍雄申请，作出〔2012〕5－04号认定工伤决定书认定其于2011年5月11日受到的事故伤害为工伤。陈绍雄于2013年9月10日又向覃塘区劳动仲裁委申请仲裁，请求华隆木材厂、陆爱兰及曾锦平连带承担陈绍雄的各项工伤保险待遇赔偿共105218.3元。该仲裁委员会作出覃劳仲字〔2013〕第15号仲裁裁决：华隆木材厂向陈绍雄支付住院伙食补助费等费用共计106927.76元；扣除已支付的3100元，尚应支付103827.76元；华隆木材厂的财产不足以支付的，曾锦平和陆爱兰负连带责任。陆爱兰、华隆木材厂对裁决不服，认为曾锦平于2012年12月3日将其经营的华隆木材厂依法转让给陆爱兰，现在的华隆木材厂与陈绍雄不存在事实劳动关系，陆爱兰不应承担被告陈绍雄的工伤保险待遇的赔偿责任，陈绍雄的工伤保险待遇应由曾锦平承担赔偿责任。故请求判决原告不予赔偿被告陈绍雄工伤保险待遇103827.76元。

【案件焦点】

个人独资企业转让后现投资人是否应承担原工伤赔偿责任。

【法院裁判要旨】

广西壮族自治区贵港市覃塘区人民法院经审理认为：因为贵港市覃塘区劳动人事争议仲裁委员会与贵港市人力资源和社会保障局分别作出的覃劳仲字〔2013〕第15号仲裁裁决书和认定工伤决定书已发生法律效力，所以确认陈绍雄与华隆木材厂存在事实劳动关系。华隆木材厂原是曾锦平个人投资的个人独资企业，后原华隆木材厂并未解散，不属于新企业的产生，故华隆木材厂对外仍应承担民事责任。该企业作为用人单位没有为陈绍雄缴纳工伤保险，违反了《工伤保险条例》的规定，现陈绍雄在事故中所受伤害属工伤，因此华隆木材厂依法应当按照该条例规定的工伤保险待遇项目和标准支付赔偿的义务。曾锦平作为华隆木材厂的原投资人，其有责任清偿华隆木材厂在转让前所负的债务，其未清偿上述工伤保险待遇而转让，逃避债务，故其应对支付给陈绍雄的工伤保险待遇赔偿承担连带责任。而陆爱兰现作为华隆木材厂的投资人，在华隆木材厂的财产不足以支付上述工伤保险待遇赔偿时，根据个人独资企业法的规定，其负有以其个人的其他财产予以清偿的责任。

贵港市覃塘区人民法院依照《中华人民共和国劳动法》第七十三条第一款第（三）项,《中华人民共和国个人独资企业法》第二条、第三十一条,《工伤保险条例》第三十条第四款、第三十三条第一款、第三十七条，《广西壮族自治区实施〈工伤保险条例〉办法》第二十一条第一款第（三）项、第二十四条的规定，判决如下：

一、原告贵港市覃塘区华隆木材加工厂向被告陈绍雄支付工伤保险待遇赔偿金103827.76元；

二、原告贵港市覃塘区华隆木材加工厂的财产不足以支付上述赔偿金的，由被告曾锦平、原告陆爱兰对上述工伤保险待遇赔偿金承担连带清偿责任。

陆爱兰、华隆木材厂持原审起诉意见提起上诉。广西壮族自治区贵港市中级人民法院经审理认为：对于陈绍雄的工伤保险待遇应由谁承担赔偿责任问题。首先，根据《工伤保险条例》第六十二条第二款的规定，用人单位未依法参加工伤保险，职工发生工伤的，由用人单位按规定支付工伤保险待遇费用。因华隆木材厂未依法为陈绍雄缴纳工伤保险费，因此应依法承担陈绍雄按照《工伤保险条例》规定应享受的各项工伤保险待遇费用。又根据《工伤保险条例》第四十三条第一款“用人单位分立、合并、转让的，承继单位应当承担原用人单位的工伤保险责任”的规定，虽然陈绍雄发生工伤事故后，华隆木材厂由曾锦平转让给了陆爱兰经营，但华隆木材厂仍应承担对陈绍雄的工伤保险待遇的赔偿责任。因此，一审法院判决由华隆木材厂支付陈绍雄的工伤保险待遇赔偿金103827.76元是正确的。其次，华隆木材厂初始设立登记时是曾锦平经营的个体工商户，后变更为曾锦平投资经营的个人独资企业。根据法律规定，个人独资企业的投资人以其个人财产对企业债务承担无限责任，企业财产不足以清偿债务的，投资人应当以其个人的其他财产予以清偿。因此，在华隆木材厂的财产不足以支付陈绍雄的工伤保险待遇费用时，应由曾锦平以其个人财产承担清偿责任。再次，陈绍雄的工伤事故发生后，曾锦平经与陆爱兰协商，将华隆木材厂转让给陆爱兰经营，并变更登记为陆爱兰投资经营的个人独资企业。因为陈绍雄工伤事故发生在企业转让之前，陆爱兰既没有为陈绍雄缴纳工伤保险费的责任，也对陈绍雄的工伤没有过错，且陆爱兰也未与曾锦平约定由其承担陈绍雄的工伤赔偿责任，因此陆爱兰不应对陈绍雄的工伤保险待遇承担赔偿责任。一审判决陆爱兰与曾锦平对陈绍雄的工伤保险待遇赔偿金由华隆木材厂支付后的不足部分承担连带清偿责任没有法律依据，对此予以纠正。至于上诉人主张陈绍雄对工伤事故存在过错，亦应承担相应的过错责任，因无事实根据和法律依据，故不予采纳。

贵港市中级人民法院依照《中华人民共和国民事诉讼法》第一百四十四条、第一百七十条第一款第（二）项的规定，判决如下：

一、维持贵港市覃塘区人民法院（2014）覃民初字第475号民事判决第一项；

二、变更贵港市覃塘区人民法院（2014）覃民初字第475号民事判决第二项为：贵港市覃塘区华隆木材加工厂的财产不足以支付陈绍雄工伤保险待遇赔偿金的，由曾锦平承担清偿责任。

【法官后语】

本案的争议焦点是个人独资企业转让后受让人是否应承担转让前的工伤赔偿责任。

本案中，一、二审法院对于华隆木材厂作为用人企业应当按照《工伤保险条例》对陈绍雄承担工伤赔偿责任并无异议，也都认为应对陈绍雄承担的工伤赔偿责任属于该企业的债务。

对于华隆木材厂不足以赔偿的部分由谁来承担，一、二审法院审理思路出现分歧。其主要原因在于对《个人独资企业法》第三十一条规定的理解不同，“个人独资企业财产不足以清偿债务的，投资人应当以其个人的其他财产予以清偿。”一审法院认为曾锦平和陆爱兰都属于华隆木材厂的投资人，且曾锦平将该企业转让给陆爱兰存在恶意逃避债务的情形，故而作为该独资企业的投资人，陆爱兰和曾锦屏应当对陈绍雄承担连带赔偿责任。二审法院认为该规定中的“投资人”应当仅仅指原投资人，因为相比于其他形式存在的企业，个人独资企业和其投资人的相对独立性是最小的，其投资人可以对企业资产自由处分，并对企业事务自由处理，从该角度而言，个人独资企业在经营期间形成的债务实际上是投资人的个人债务，此债务并不随个人独资企业的转让而转移，所以个人独资企业转让前的债务应当由原投资人承担。虽然本案中存在原投资人恶意逃避债务的可能，让原投资人和现投资人连带承担债务有利于打击恶意逃避债务的行为，但是连带责任作为一种加重责任，应该有法律的明确规定。在没有法律明确规定的前提下，且现投资人陆爱兰在对陈绍雄负工伤没有过错的前提下，让现投资人承担连带赔偿责任是不恰当的。

综上所述，个人独资企业转让前的工伤赔偿责任应当先由企业承担，不足部分应当由转让前原投资人以其个人资产承担。

编写人：广西壮族自治区贵港市中级人民法院　徐巍玲

32

未办理社保，非因工死亡职工遗属能否享受相关待遇

——唐瑞权等诉华蓥市石林煤业有限公司劳动争议案

【案件基本信息】

1. 裁判书字号

四川省华蓥市人民法院（2014）华蓥民初字第2003号民事判决书

2. 案由：劳动争议纠纷

3. 当事人

原告：唐瑞权、陈明清、邓学琴、唐登静、唐叙林

被告：华蓥市石林煤业有限公司

【基本案情】

唐协国系原告唐瑞权、陈明清之子，原告邓学琴之夫，原告唐登静、唐叙林之父。2014年5月22日，唐协国因道路交通事故死亡，其死亡属非因工死亡。唐协国生前系被告华蓥市石林煤业有限公司的职工。2014年8月25日，五原告向华蓥市劳动人事争议仲裁委员会申请仲裁，就唐协国非因工死亡向被告主张相关待遇，该委作出不予受理通知。同时查明，唐协国在被告处上班期间，被告未为其办理企业职工基本养老保险。

【案件焦点】

被告未为唐协国办理社会保险登记，是否应支付其非因工死亡所产生的丧葬补助金及抚恤金。

【法院裁判要旨】

四川省华蓥市人民法院经审理认为：唐协国系被告华蓥市石林煤业有限公司的职工，其非因工死亡，遗属应依法享受遗属津贴。《中华人民共和国社会保险法》第十七条规定："参加基本养老保险的个人，因病或非因工死亡的，其遗属可以领取丧葬补助金和抚恤金；……所需资金从基本养老保险基金中支付。"被告华蓥市石林煤业有限公司本应自用工之日起三十日内为唐协国办理社会保险登记，但未按相关规定办理，致使五原告无法从基本养老保险基金中领取唐协国非因工死亡待遇。因此，本案中唐协国非因工死亡产生的丧葬补助金及抚恤金应由被告华蓥市石林煤业有限公司支付。

四川省华蓥市人民法院依照《中华人民共和国劳动法》第七十三条第二款作出如下判决：

一、被告华蓥市石林煤业有限公司在本判决生效后十日内支付原告唐瑞权、陈明清、邓学琴、唐叙林、唐登静因唐协国非因工死亡的丧葬补助金11991.25元、抚恤金13048元，合计25039.25元。

二、驳回原告唐瑞权、陈明清、邓学琴、唐叙林、唐登静的其他诉讼请求。

【法官后语】

劳动者为用人单位提供劳动，用人单位应按法律规定为劳动者应当享有的权利提供条件，理应按法律规定为劳动者办理各种社会保险。《社会保险法》第五十八条第一款规定："用人单位应当自用工之日起三十日内为其职工向社会保险经办机构申请办理社会保险登记……"该规定的目的在于为劳动者年老时提供稳定可靠的生活来源。同时，《社会保险法》第十七规定，参加基本养老保险的个人，非因工死亡，遗属可以从基本养老保险基金中领取丧葬补助金和抚恤金。该规定的目的一方面是为减轻职工家属因办丧事而增加经济负担。另一方面保障死亡职工遗属不因供养人死亡而断绝生活来源。

如用人单位已经为职工办理基本养老保险登记，职工非因工死亡相关待遇的支付主体为社会保险经办部门。如用人单位未为其职工办理基本养老保险登记，非因工死亡职工的遗属便无法从基本养老保险基金中领取职工非因工死亡相关待遇。该损失是因用人单位未履行法定义务造成的，理应由用人单位承担。因此，本案中法院判决被告华蓥市石林煤业有限公司向五原告支付唐协国非因工死亡所产生的丧葬补助费和抚恤金。

编写人：四川省华蓥市人民法院　王敏

33

何种情况下用人单位需要向劳动者支付工伤保险待遇

——杨怀星诉北京昌隆工贸有限责任公司劳动争议案

【案件基本信息】

1. 裁判书字号

北京市密云县人民法院（2014）密民初字第6110号民事判决书

2. 案由：劳动争议纠纷

3. 当事人

原告：杨怀星

被告：北京昌隆工贸有限责任公司（以下简称昌隆公司）

【基本案情】

原告杨怀星于2002年3月开始到被告昌隆公司工作，任操作工。2008年8月17日，杨怀星在工作中左手受伤。2008年11月11日，北京市密云县人力资源和社会保险局认定杨怀星（左手毁损伤、掌骨骨折）为工伤。2009年3月10日，经北京市密云县劳动能力鉴定委员会鉴定、确认：杨怀星目前已达到职工工伤与职业病致残等级标准八级。

2009年4月8日，北京市密云县社会保险基金已支付杨怀星一次性伤残补助金19930元。杨怀星受伤后，于2009年4月回昌隆公司继续工作。2014年1月16日，杨怀星达到法定退休年龄。

2014年8月1日，昌隆公司与杨怀星签订了2014年8月1日至2015年12月30日的用工协议。2014年9月30日，杨怀星向昌隆公司口头表示不再继续工作。

2014年9月30日后，杨怀星未再为昌隆公司提供劳动。昌隆公司为杨怀星缴纳了2008年8月至2013年12月的工伤保险，缴纳了2008年9月至2014年6月的医疗保险，2014年9月15日，因杨怀星已满60周岁，密云县社保中心对其保险作了数据清理，杨怀星不再享受工伤保险待遇。2014年10月11日，杨怀星向北京市密云县劳动人事争议仲裁委员会申请仲裁，要求昌隆公司支付：1. 一次性工伤医疗补助金52137元；2. 一次性伤残就业补助金52173元。北京市密云县劳动人事争议仲裁委员会以杨怀星的申请不属于仲裁委受理范围为由，决定不予受理。杨怀星对此不予受理持有异议，向密云法院提起诉讼。

原告杨怀星提供了北京市一至十级工伤职工待遇核准表和劳动能力鉴定、确认结论通知书作为证据，被告昌隆公司提供了用工协议等作为证据。

【案件焦点】

杨怀星是否符合要求工伤保险待遇的条件。

【法院裁判要旨】

北京市密云县人民法院经审理认为：《工伤保险条例》第三十七条规定，职工因工致残被鉴定为七级至十级伤残的，劳动、聘用合同期满终止，或者职工本人提出解除劳动、聘用合同的，由工伤保险基金支付一次性工伤医疗补助金，由用人单位支付一次性伤残就业补助金。

原告在被告单位工作期间，被告为原告缴纳了工伤保险。原告工伤鉴定后，继续在被告单位工作，2014年1月16日，原告达到法定退休年龄后，仍继续在被告单位工作至2014年9月。原告要求被告支付一次性工伤医疗补助金、一次性伤残就业补助金，不符合《工伤保险条例》第三十七条规定的劳动、聘用合同期满终止，或者职工本人提出解除劳动、聘用合同的情形。原告要求被告支付一次性工伤医疗补助金、一次性伤残就业补助金，本院不予支持。

北京市密云县人民法院依照《中华人民共和国民事诉讼法》第六十四条，《工伤保险条例》第三十七条之规定，作出如下判决：

驳回原告杨怀星的诉讼请求。

【法官后语】

《工伤保险条例》第三十七条第（二）项规定，劳动、聘用合同期满终止，或者职工本人提出解除劳动、聘用合同的，由工伤保险基金支付一次性工伤医疗补助金，由用人单位支付一次性伤残就业补助金。一次性工伤医疗补助金和一次性伤残就业补助金的具体标准由省、自治区、直辖市人民政府规定。本案中，杨怀星在2014年以前一直没有与昌隆公司签订劳动合同，仅是在达到法定退休年龄之后与昌隆公司签订了一份用工协议，在这期间杨怀星与昌隆公司属于劳务关系，既不属于《工伤保险条例》第三十七条所规定的劳动、聘用合同期满终止，也不是职工本人提出解除劳动、聘用合同的情形，昌隆公司不应支付杨怀星一次性工伤医疗补助金和一次性伤残就业补助金，因此法院最终驳回了杨怀星的诉讼请求。

依照现行法律规定，本案的判决没有任何问题。但是我们仔细分析一下，认为相关规定有待完善。《工伤保险条例》第三十七条的规定仅仅保护了已经签订劳动合同后受工伤的劳动者，对没有签订劳动合同，实际为用工单位工作多年后受工伤的劳动者而言，法律保护力度是远远不够的。本案中，杨怀星本人为昌隆公司工作多年，也确实是在工作中受伤，但是最终仅仅得到了一次性伤残补助金。对于一次性工伤医疗补助金和一次性伤残就业补助金的诉讼请求则于法无据。

在审判实践中，我们还遇到过这样一种情况，劳动者在用人单位上班并签订了劳动合同，但劳动合同约定的用工期间截止日超过劳动者法定退休年龄的日期，用人单位也没有为劳动者缴纳工伤、医疗保险。在劳动者达到法定退休年龄以前，他因工受伤了，后用人单位在其达到法定退休年龄之时以此为由与其解除劳动合同，这种情况用人单位到底该不该支付一次性工伤医疗补助金和一次性伤残就业补助金？经查，目前司法实践中对此判决各异，有的认为用人单位应该支付，有的认为用人单位不应支付。严格按照法条来处理，此种情况并不符合《工伤保险条例》第三十七条第（二）项的条件，但是用人单位不支付又不合理，最终才会出现裁判不一的情况。

上述两种情况均涉及一次性伤残就业补助金，从立法角度而言，设置一次性伤残就业补助金的主要目的是弥补受工伤者再就业时的不便和损失。对于达到法定退休年龄时已经享受养老保险待遇的工伤劳动者，理论上讲，他们已经没有再就业的必要性，用人单位没必要再支付一次性伤残就业补助金。对于达到法定退休年龄时无法享受养老保险待遇的工伤劳动者，理论上讲，他们有再就业的必要性，理应得到应有的补偿，应该由用人单位支付一次性伤残就业补助金。

为了保护受工伤劳动者的合法权益，我们建议《工伤保险条例》关于工伤保险待遇的部分还是应该进一步完善，为审判实践提供更详尽的法律支持。具体来讲，对于像本案中杨怀星这种没有与用人单位签订劳动合同的劳动者，受工伤后提出不再为用人单位工作的，应规定由工伤保险基金支付一次性工伤医疗补助金，由用人单位支付一次性伤残就业补助金，如果用人单位没有给劳动者缴纳工伤保险的，一次性工伤医疗补助金由用人单位支付。但是如果劳动者在提出不再为用人单位工作时，已经达到法定退休年龄并且开始享受养老保险金的，用人单位不必再支付一次性伤残就业补助金。

对于第二种情况，即劳动合同约定的用工期间截止日超过劳动者法定退休年龄的日期，在劳动者达到法定退休年龄以前因工受伤，后用人单位在其达到法定退休年龄之时以此为由与其解除劳动合同的，我们认为这与劳动、聘用合同期满终止情况类似。为防止用工单位规避责任，应该规定由工伤保险基金支付一次性工伤医疗补助金，用人单位没有为劳动者缴纳工伤保险的，应该由用人单位代为支付一次性工伤医疗补助金。同时，对于达到法定退休年龄时已经享受养老保险待遇的劳动者，用人单位不必再支付一次性伤残就业补助金；对于达到法定退休年龄时无法享受养老保险待遇的劳动者，应该由用人单位支付一次性伤残就业补助金。

编写人：北京市密云区人民法院　张洪硕

34

劳动行政部门已经作出工伤认定，民事审判是否具有对工伤认定所依据的劳动关系进行审查认定的司法权力

——黄文河诉洪彤工伤保险待遇案

【案件基本信息】

1. 裁判书字号

江苏省徐州市中级人民法院（2014）徐民终字第 04164 号民事判决书

2. 案由：工伤保险待遇纠纷

3. 当事人

原告（上诉人）：黄文河

被告（被上诉人）：洪彤

【基本案情】

被告洪彤系经营防盗门销售的个体工商户。被告洪彤在销售防盗门的同时为客户附带安装防盗门。原告以安装防盗门为业。原被告之间未签订书面的劳动合同或用工协议，被告亦未为原告办理工伤等相关社会保险。原告并不固定为被告一家防盗门经营者安装防盗门，被告经营的防盗门安装亦不固定仅由原告负责安装。庭审中，原告称被告没有安装防盗门活的时候不会喊原告，被告对原告没有固定的作息时间要求；一般装一个门就三十元、五十元，难装的加点钱，装门结束就付款；装门工具由原告自己配备。

2012年10月28日11时10分左右，原告按照被告指示到本市湖滨新村为购门客户安装防盗门，在安装过程中原告被自带的切割机割伤左手，经徐州仁慈医院诊断，被告左掌背开放性损伤累及肌腱、神经。经原告申请，徐州市人力资源和社会保障局作出徐人社工认字〔2012〕第2005号工伤认定决定书，认定原告受到的事故伤害为工伤。在工伤认定过程中，徐州市人力资源和社会保障局采取公告方式向被告送达工伤认定举证通知书和工伤认定决定书。庭审中，被告不认可工伤认定决定书关于工伤认定的结果，亦未在法定期间内对该工伤认定提起行政复议或行政诉讼。2013年8月20日，徐州市劳动能力鉴定委员会作出徐劳工鉴通〔2013〕第201307198号劳动能力鉴定结论通知书，该通知书载明：原告为十级伤残，无护理依赖。2013年10月28日，原告就本案诉请事项向徐州市云龙区劳动人事争议仲裁委员会申请仲裁，2012年10月29日，该仲裁委员会以申请人的申诉初步证据不足为由决定不予受理。

【案件焦点】

民事审判在劳动行政部门已经作出工伤认定的情况下，是否具有对工伤认定所依据的劳动关系进行审查认定的司法权力。

【法院裁判要旨】

江苏省徐州市云龙区人民法院经审理认为：中华人民共和国境内的劳动者事实上成为企业、个体经济组织的成员，并为其提供有偿劳动，劳动者与企业、个体经济组织之间即形成劳动关系。除法律、法规有特别规定外，劳动关系的存在是伤者享受工伤保险待遇的先决条件，在工伤保险待遇赔偿案件审理中，人民法院有权对于伤者和用人单位之间是否存在劳动关系进行审查认定。另外，劳动行政部门作出工伤认定决定书后，用人单位对于工伤认定决定书不服的，可以按照相关法律规定申请行政复议或向人民法院提起行政诉讼。用人单位对于工伤认定决定书不服但不申请行政复议或向人民法院提起行政诉讼的，并不影响人民法院在工伤保险待遇赔偿案件审理中对于原被告之间是否存在劳动关系进行审查认定。故本院应对原被告之间是否存在劳动关系进行审查认定。

被告辩称原被告系承揽关系，并不存在雇佣关系。本院认为，承揽关系是承揽人按照定作人的要求完成工作，交付工作成果，定作人给付报酬的过程中，在承揽人与定作人之间所形成的法律规定的权利义务关系。本案中，原告自认一般装一个门就30元、50元，难装的加点钱，装门结束就付款。结合原告陈述，应认定被告是按照原告完成工作成果情况核算并一次性支付报酬。

结合上述提供劳务的性质、劳务提供的方式、劳务报酬的支付方式等因素，原告虽主张在事发时系被告雇工，但无充分证据予以证实，被告亦予以否认，本院对于原告关于雇工的主张不予采信，应认定事故发生时原告与被告存在承揽关系。原告在事故发生时并非系被告雇工，原告无权向被告要求享受相关工伤保险待遇。故，对于原告关于工伤保险待遇赔偿的主张，本院不予支持。依照《中华人民共和国劳动法》第二条，《中华人民共和国合同法》第二百五十一条，《工伤保险条例》第二条，《最高人民法院关于审理人身损害赔偿案件适用法律若干问题的解释》第十条之规定，判决如下：

驳回原告黄文河的诉讼请求。

黄文河不服提起上诉。江苏省徐州市中级人民法院经审理认为：承揽关系是承揽人按照定作人的要求完成工作，交付工作成果，定作人给付报酬的过程中，在承揽人与定作人之间所形成的法律规定的权利义务关系。在本案中，从双方陈述可以认定，上诉人自备工具，以安装门的数量按件计酬，也可自行承接其他业务，其与被上诉人之间的关系实质在于为被上诉人提供劳务成果。上诉人对于被上诉人安装防盗门的安排有自主选择权，被上诉人对上诉人的考勤、作息不享有管理权。除此之外，被上诉人对上诉人没有进行其他考核管理，双方没有隶属关系，也没有管理与被管理、支配与被支配的权利和义务，上诉人与被上诉人之间系平等民事主体，彼此独立，形成的是按劳动成果支付劳动报酬的承揽合同关系，而不是劳动关系。

伤者享受工伤保险待遇要以劳动关系的存在为先决条件，在工伤保险待遇赔偿案件审理中，人民法院有权对于上诉人与被上诉人之间是否存在劳动关系进行审查认定。计件计酬、非全日制用工均可以成为劳动关系中的用工形式，但前提是双方存在紧密的、稳固的管理与被管理、支配与被支配的权利和义务，在本案中并不适用。故原审对于被上诉人是上诉人雇工的主张不予采信，从而认定事故发生时双方存在承揽关系，上诉人无权向被上诉人要求享受相关工伤保险待遇并据此驳回了黄文河诉讼请求，并无不当。

综上，上诉人黄文河的上诉请求不能成立，本院不予支持。原审判决认定事实清楚，适用法律正确，本院依法予以维持。依照《中华人民共和国民事诉讼法》第一百七十条第一款第（一）项之规定，判决如下：

驳回上诉，维持原判。

【法官后语】

一、民事审判具有对劳动关系作出认定的法定职权

《劳动争议调解仲裁法》第二条第（一）项规定，“因确认劳动关系发生的争议”适用该法；《劳部发［2005］12号文》第五条规定，劳动者与用人单位就是否存在劳动关系引发争议，应由劳动争议仲裁机构直接受理确认后作出裁定；《劳动争议调解仲裁法》第五十条规定，当事人对本法第四十七条规定以外的其他劳动争议案件的仲裁裁决不服的，可以向人民法院提起诉讼。故，最高人民法院关于印发修改后的《民事案件案由规定》的通知（法［2011］42号）明确第169条第一项将确认劳动关系列为民事审判的法定案由。

二、民事实质审查劳动关系对于纠纷解决有终局意义，更能实现工伤保险设立“高效便捷”的立法初衷

工伤认定是工伤保险法律制度的核心范畴，是工伤职工取得工伤保险待遇的前

提，也是工伤保险金办理机构支付工伤保险待遇的依据。因此，构建“以人为本，高效便捷”的工伤认定程序对保证工伤职工的权益就具有非常重要的意义。在实践中，一般由社会保险行政部门来行使工伤的最终认定权，法院不能直接改变社会保险行政部门的决定，而是由社会保险行政部门重新作出工伤认定，即“坚持工伤认定专有主义和前置主义原则”。[①] 但社会保险行政部门往往基于对证据和工伤认定标准的理解，作出与原有认定结论相同的结论，工伤认定因此就会陷入“认定－撤销－重新认定－撤销”的怪圈。在民事诉讼审判实务中，行政行为是具有行政管理职权的机关在其职权范围内作出的具有法律约束力的行为，根据现行行政诉讼法及有关行政法律、法规的规定，该行为非经行政诉讼程序和行政程序，不得被改变，因此，民事诉讼中不能对行政行为的合法性进行审查，否则就属于民事审判权对行政权的不当干预。

而对于劳动关系认定而言，就其实质是法律问题而不是事实问题，尤其当工伤职工或者其近亲属、工会和用人单位就劳动关系认定意见有异议时，工伤认定行为实质是一种裁决行为，其行为的裁决性决定了工伤认定是一种纠纷解决机制，则应当确立民事审判最终原则。另，在工伤保险待遇民事争议中认定劳动关系时虽有行政权的介入，但赋予劳动行政部门认定劳动关系的行政职权主要是着眼于简化工伤认定程序的需要，且法律法规未明确授权劳动行政部门进行劳动关系的确认，因此劳动关系的确认在本质上属于民事争议纠纷，则应主要适用民事诉讼程序。因此，人民法院在民事诉讼中应当避免对行政行为的合法性进行审查，而直接运用民事法律和其他事实根据对劳动关系作出实质审查认定，进而作出裁判。

编写人：江苏省徐州市云龙区人民法院　魏燕　刘宇

---

① 王显勇：“未参保单位职工职业伤害法律问题研究”，载《当代法学》2009年第4期。

35

退休劳动者如何主张医疗保险费问题研析

——徐桂珍诉惠州市下角市容环境卫生管理所劳动争议案

【案件基本信息】

1. 裁判书字号

广东省惠州市惠城区人民法院（2014）惠城法民一初字第818号民事判决书

2. 案由：劳动争议纠纷

3. 当事人

原告：徐桂珍

被告：惠州市下角市容环境卫生管理所

【基本案情】

原、被告确认，1995年6月1日，原告入职被告处，担任环卫工人。2012年12月31日，原告（乙方）与被告（甲方）签订一份《惠州市劳动合同》，约定：合同期从2013年1月1日起至法定终止条件出现时止；乙方的工作部门为惠州市环卫局，职务为环卫一线工人；正常工作时间工资额为950元。2013年9月23日，被告向原告出具《终止劳动合同证明书》，载明：终止理由为达到法定退休年龄。2013年11月至2014年2月，原告向惠州市社保基金管理局缴纳了医疗保险费用共计968.56元。

原告（申请人）向惠州市劳动人事争议仲裁委员会申请仲裁，要求被告（被申请人）支付2013年11月至2014年2月的医疗保险费968.56元。2014年4月15日，惠州市劳动人事争议仲裁委员会作出了惠市劳人仲案字［2014］0101号不予受理案件通知书。原告不服惠市劳人仲案字［2014］0101号不予受理案件通知书，诉至本院。

2014年7月3日，惠州市人力资源和社会保障局出具《关于“广东省惠州市惠城区人民法院调查函"的复函》，载明：一、参加职工医保的人员退休后的缴费问题。我市《惠州市社会基本医疗保险办法》（惠府［2010］74号第十二条第三项规定了本单位退休人员的缴费方式及标准：参加职工医保的人员退休后，其所在单位应选择下列缴费方式中的一种，为其缴纳职工医保费。1. 一次性缴纳：由单位选择一次性按全市上年度社评工资、以每年递增10%为基数，按7%的缴费比例（含补充医疗保险）缴纳10周年的职工医保费。2. 逐月缴纳：以退休人员本人缴费工资为基数（退休人员本人缴费工资低于全市上年度社平工资的，按全市上年度社平工资计算的，下同），由用人单位按7%的缴费比例（含补充医疗保险）逐月缴纳，直至缴满10周年。原《惠州市直城镇职工基本医疗保险实施细则》惠府［2001］74号第5条规定，退休职工是指符合国家的法定退休年龄并办理了退休手续，按月领取养老金或退休金的职工。二、法律依据：一是《中华人民共和国社会保险法》第二十七条规定"参加职工基本医疗保险的个人，达到法定退休年龄时累计缴费达到国家规定年限的，退休后不再缴纳基本医疗保险费，按照国家规定享受基本医疗保险待遇；未到达国家规定年限的，可以缴费至国家规定年限。"二是国家人力资源和社会保障部2011年6月29日发布的《实施〈中华人民共和国社会保险法〉若干规定》（［2013］第13号令）第七条第一款规定"社会保险法第二十七条规定的退休人员享受基本医疗保险待遇的缴费年限按照各地规定执行。"

【案件焦点】

为退休劳动者继续缴纳医疗保险费的义务应由劳动者、用人单位哪方承担。

【法院裁判要旨】

广东省惠州市惠城区人民法院经审理认为：本案中，原、被告双方对于以下事实均无异议，包括：原告于1995年6月入职被告处，2013年9月23日离职。双方争议的主要问题是：原告达到法定退休年龄后，继续缴纳医疗保险费的义务应由原、被告哪方承担。本院认为，根据《中华人民共和国社会保险法》第二十七条："参加职工基本医疗保险的个人，达到法定退休年龄时累计缴费达到国家规定年限的，退休后不再缴纳基本医疗保险费，按照国家规定享受基本医疗保险待遇；未到达国家规定年限的，可以缴费至国家规定年限的"、实施《中华人民共和国社会保险法》若干规定第七条第一款："社会保险法第二十七条规定的退休人员享受基本医疗保险待遇的缴费年限按照各地规定执行”及《惠州市社会基本医疗保险办法》第十二条第三款：“参加职工医保的人员退休后，其所在单位应选择下列缴费方式中的一种，为其缴纳职工医保费。1. 一次性缴纳：由单位选择一次性按全市上年度社评工资、以每年递增10%为基数，按7%的缴费比例（含补充医疗保险）缴纳10周年的职工医保费。2. 逐月缴纳：以退休人员本人缴费工资为基数（退休人员本人缴费工资低于全市上年度社平工资的，按全市上年度社平工资计算的，下同），由用人单位按7%的缴费比例（含补充医疗保险）逐月缴纳，直至缴满10周年”的规定，原告退休后，被告仍应为原告缴纳医疗保险费。本案中，因被告未及时缴交医疗保险费，导致了原告自行垫付的自2013年11月至2014年2月医疗保险费968.56元，现原告诉请被告支付2013年11月至2014年2月医疗保险费968.56元，有事实和法律依据，本院予以支持。依照《中华人民共和国社会保险法》第二十七条，《中华人民共和国民事诉讼法》第一百四十二条的规定，判决如下：

被告惠州市下角市容环境卫生管理所应在本判决发生法律效力之日起五日内向原告徐桂珍返还2013年11月至2014年2月医疗保险费968.56元。

【法官后语】

笔者认为，追本溯源，规定退休人员不需缴纳基本医疗保险费目的在于，一是由社会医疗保险的性质决定的，社会医疗保险要体现互助共济，健康人帮助生病的人，退休职工一般患病较多，是需要社会照顾的脆弱人群；二是考虑到退休人员在以前的工作期限间，已经为社会作出了贡献，退休后收入低，特别是现在已经退休的职工，没有足够的用于医疗支出的积累，医疗负担较重。

而在本案审理过程中，存在两种迥异的观点，第一种观点认为：已达到退休年龄的劳动者请求用人单位为其建立社会保险关系或缴纳社会保险费的，不应作为劳动争议处理，劳动人事仲裁机构或人民法院应告知劳动者向社会保险行政部门或社会保险费征收机构寻求解决办法。第二种观点认为：用人单位为劳动者建立了社会保险关系，劳动者垫付用人单位未依法缴纳的社会保险费用后，请求用人单位返还的，作为劳动争议处理。笔者认为，本案中原告主张用人单位返还其已经缴交的医疗保险费，符合第二种观点的论述情况，且根据《中华人民共和国社会保险法》第二十七条及《惠州市社会基本医疗保险办法》第十二条第三款的规定，原告退休后，被告仍应为原告缴纳医疗保险费。综上，原告垫付的医疗保险费应由被告予以返还。

编写人：广东省惠州市惠城区人民法院　杨璐

36

工伤劳动者享受的工伤保险待遇问题计算

——温州锐峰矿山建设有限公司、温州锐峰矿山建设有限公司一处驻山西紫金矿业有限公司项目部诉彭保庆劳动争议案

【案件基本信息】

1. 裁判书字号

山西省忻州市中级人民法院（2014）忻中民终字第540号民事判决书

2. 案由：劳动争议纠纷

3. 当事人

原告（被上诉人）：温州锐峰矿山建设有限公司、温州锐峰矿山建设有限公司一处驻山西紫金矿业有限公司项目部

被告（上诉人）：彭保庆

【基本案情】

第二原告温州锐峰矿山建设有限公司一处驻山西紫金矿业有限公司项目部是第一原告温州锐峰矿山建设有限公司临时设立的项目部。被告彭保庆于2012年2月5日与第二原告签订劳动合同并开始工作，担任出渣工，工作时间为2012年2月5日至2014年2月4日。带班人苏世儒按照工作成果，按班计件计算工资，由苏世儒分配工资并发放。2012年7月1日，第二原告以4200元的月工资基数为被告彭保庆等人办理工伤保险。2012年8月15日被告在工作时受伤，经诊断：腰3椎体骨折和胸12椎体骨折，背部皮肤擦伤。从2012年2月5日到出事时的2012年8月15日，彭保庆的月平均工资为2434.81元。2012年9月，忻州市人力资源和社会保

障局认定被告为工伤；2013 年 1 月忻州市劳动鉴定委员会鉴定被告为劳动能力捌级伤残。繁峙县工伤保险中心已将一次性伤残补助金和一次性工伤医疗补助金、医疗费按规定理赔，前两项费用共计 134400 元都已给被告。被告与二原告因劳动关系、社会保险、经济补偿发生争议，被告向忻州市劳动争议仲裁委员会申请仲裁，该委员会于 2013 年 10 月 18 日作出裁决，二原告不服关于第一原告支付被告停工留薪期工资 25200 元以及一次性伤残就业补助金 50400 元的裁决部分，于 2013 年 12 月 13 日向法院提起诉讼，请求依法判决原告不支付被告停工留薪期工资 25200 元，不支付被告一次性伤残就业补助金 50400 元。

【案件焦点】

1. 工伤劳动者依法应获取的工伤保险待遇应该由哪些主体支付，各主体分别应支付哪些项目；2. 各项保险待遇所支付的具体标准是多少。

【法院裁判要旨】

山西省忻州市繁峙县人民法院经审理认为：第二原告温州锐峰矿山建设有限公司一处驻山西紫金矿业有限公司项目部是第一原告温川锐峰矿山建设有限公司临时设立的项目部，第二原告虽与被告签订合同，但不能独立承担责任，应由第一原告承担责任。被告提供的证据《彭保庆的工作情况与工资报酬发放记录本》系被告本人记载，又没有其他证据相印证，本院不予确认。原告提供的《参加工伤保险人员情况表》显示所有参保人员的月工资基数均为 4200 元，并不是实际应发工资，应当依照被告的实际工资计算各项工伤赔偿。原告又提供的彭保庆工资情况表记载了被告每月的实际工资情况，每月平均工资为 2434.81 元，故工伤赔偿应按照被告工作实际月平均工资 2434.81 元计算。彭保庆 2012 年 8 月受伤，2013 年 1 月经鉴定构成劳动能力八级伤残，停工留薪期为 5 个月，一次性伤残补助金为 11 个月的本人工资，依据《山西省实施工伤保险条例试行办法》第二十二条第一、二、三款的规定，一次性工伤医疗补助金为 21 个月的本人工资，一次性伤残就业补助金为 12 个月的本人工资，被告彭保庆应得赔偿款为 2434.81 元/月 ×49 月 –119305.69 元，被告实际所得赔偿款已经远远超过了应得的赔偿款，第一原告不应再予支付被告停工留薪期工资 25200 元、一次性伤残就业补助金 50400 元。原告的诉讼请求合法合理，本院予以支持。根据《工伤保险条例》第三十三条第一款、第二款、第三十七条之规定，判决如下：

原告温州锐峰矿山建设有限公司不支付被告彭保庆停工留薪期工资25200元、一次性伤残就业补助金50400元。

原审被告彭保庆不服上述判决，向忻州市中级人民法院提起上诉。

山西省忻州市中级人民法院经审理认为：职工因工遭受事故伤害，构成伤残，除享受从工伤保险基金支付一次性伤残补助金、一次性工伤医疗补助金待遇外，用人单位还应当支付一次性伤残就业补助金以及停工留薪期工资。《工伤保险条例》第六十四条对于“本人工资”明确规定，即“本条例所称本人工资，是指工伤职工因工作遭受事故伤害或者患职业病前12个月平均月缴费工资”。因此，一次性伤残就业补助金计算的基础为缴费工资，而非实际工资，本案中彭保庆参保的月缴费工资基数为4200元，依照《山西省实施工伤保险条例试行办法》的规定，温州锐峰矿山建设有限公司应当支付彭保庆一次性伤残就业补助金为12个月的本人工资，即50400元。关于留薪期工资的问题应当参照彭保庆原工资福利待遇，被上诉人主张彭保庆实际工资为2434.81元所依据的工资情况明细表并未经过彭保庆确认，不足以证实彭保庆所领实际工资，而且双方在劳动合同中已经明确约定了彭保庆月薪4200元，因此依照《山西省工伤职工停工留薪期管理办法（试行）》的规定，彭保庆留薪期工资应为6个月工资，即25200元。综上，原审判决认定彭保庆工资为2434.81元缺乏依据，更混淆了工伤保险机构和用人单位的各自应当承担的赔偿义务，工伤保险机构依照规定的赔偿项目与用人单位无关，彭保庆并不构成不当得利。原审判决认定事实不清，适用法律错误，应予纠正。依照《中华人民共和国民事诉讼法》第一百七十条第一款第（二）、（三）项之规定，判决如下：

一、撤销繁峙县人民法院（2014）繁民初字第85号民事判决；

二、温州锐峰矿山建设有限公司支付彭保庆停工留薪期工资25200元、一次性伤残就业补助金50400元；

上述款项共计75600元，由温州锐峰矿山建设有限公司于本判决生效后十日内一次性付清。

【法官后语】

一、工伤保险概述

工伤保险，又称职业伤害赔偿保险，是指职工因工而致伤、病、残、死亡，依法获得经济赔偿和物质帮助的一种社会保险制度。它通过对工伤职工及其家庭提供医疗照顾、生活保障和经济赔偿，减轻工伤职工所受经济上的损害，并分散用人单位的负担。工伤保险具体包含以下两层含义：一是工伤发生时劳动者本人可获得物质帮助；二是劳动者因工伤死亡时其遗属可获得物质帮助。

我国于2003年4月国务院出台了《工伤保险条例》，2010年进行了修订。根据《条例》规定，我国境内的企业、事业单位、社会团体、民办非企业单位、基金会、律师事务所、会计师事务所等组织和有雇工的个体工商户（以下称用人单位）应当参加工伤保险，为本单位全部职工或者雇工（以下称职工）缴纳工伤保险费，上述单位的职工和个体工商户的雇工，有权享受工伤保险待遇。工伤保险工作由县级以上地方各级人民政府社会保险行政部门负责办理。工伤保险费是由用人单位按时缴纳，职工个人不缴纳工伤保险费。

二、工伤劳动者的各项工伤保险待遇的支付主体问题

根据我国《工伤保险条例》的规定，职工被认定工伤后，并不是全部工伤保险待遇均由工伤保险基金支付，而是由工伤保险基金和用人单位分别支付不同的项目。根据《条例》第三十条至三十九条规定，由工伤保险基金支付的有：工伤诊疗费、一次性伤残补助金，一级至四级的伤残津贴，五至十级的一次性工伤医疗补助金，工亡职工的丧葬补助金、供养亲属抚恤金和一次性工亡补助金。除此之外，职工住院治疗工伤的伙食补助费，以及经医疗机构出具证明，报经办机构同意，工伤职工到统筹地区以外就医所需的交通、食宿费用从工伤保险基金支付。已经评定伤残等级的工伤职工并经劳动能力鉴定委员会确认需要生活护理的，从工伤保险基金按月支付生活护理费。工伤职工因日常生活或者就业需要，经劳动能力鉴定委员会确认，安装假肢、矫形器、假眼、假牙和配置轮椅等辅助器具所需费用按照国家规定的标准从工伤保险基金支付。工伤职工到签订服务协议的医疗机构进行工伤康复的费用，符合规定的，从工伤保险基金支付。另外按照《山西省实施〈工伤保险条例〉试行办法》规定，劳动能力鉴定费、工伤认定调查核实费、宣传和科研费、法律、法规规定的用于工伤保险的其他费用均由工伤保险基金支付。

用人单位应支付的项目有五、六级的伤残津贴、五至十级的一次性伤残就业补助金、停工留薪期间工资福利待遇、停工留薪期间的护理费。

三、各项工伤保险待遇的支付标准

职工发生工伤，经治疗伤情相对稳定后存在残疾、影响劳动能力的，要进行劳动能力鉴定。劳动能力鉴定是指劳动功能障碍程度和生活自理障碍程度的等级鉴定。劳动功能障碍分为十个伤残等级，最重的为一级，最轻的为十级。生活自理障碍分为三个等级：生活完全不能自理、生活大部分不能自理和生活部分不能自理。除一些共性保险待遇项目外，不同的伤残等级所获得的其他多项保险待遇标准有很大不同。

首先，对于任何等级的伤残，工伤职工为治疗工伤所实际支付的费用，由工伤保险基金或用人单位按照规定标准支付。比如，工伤诊疗费只要是符合工伤保险诊疗项目目录、工伤保险药品目录、工伤保险住院服务标准的，按工伤职工实际支出数额由工伤保险基金按国家规定标准支付。此外，职工住院治疗工伤的伙食补助费、到统筹地区以外就医所需的交通、食宿费用，停职留薪和确认伤残等级后的护理费、安装假肢等辅助器具所需费、进行工伤康复的费用等，均是按工伤职工实际支出数额结合国家规定标准，由工伤保险基金或用人单位支付。按照《山西省实施〈工伤保险条例〉试行办法》规定，生活不能自理的工伤职工在停工留薪期需要护理的，经收治的医疗机构出具证明，由所在单位派人陪护或者按照统筹地区上年度职工月平均工资60%的标准按月发给陪护费。

其次，在一些一次性支付的项目上，不同的伤残等级所获得的工伤待遇标准存在较大差异。

1. 一次性伤残补助金：标准为：一级伤残为27个月的本人工资，二级伤残为25个月的本人工资，三级伤残为23个月的本人工资，四级伤残为21个月的本人工资，五级伤残为18个月的本人工资，六级伤残为16个月的本人工资，七级伤残为13个月的本人工资，八级伤残为11个月的本人工资，九级伤残为9个月的本人工资，十级伤残为7个月的本人工资。

2. 伤残津贴：一至四级是从工伤保险基金按月支付，标准为：一级伤残为本人工资的90%，二级伤残为本人工资的85%，三级伤残为本人工资的80%，四级伤残为本人工资的75%。伤残津贴实际金额低于当地最低工资标准的，由工伤保险基金补足差额；工伤职工达到退休年龄并办理退休手续后，停发伤残津贴，按照国家有关规定享受基本养老保险待遇。基本养老保险待遇低于伤残津贴的，由工伤保险基金补足差额。五、六级工伤劳动者，应当保留与用人单位的劳动关系，由用人单位安排适当工作。难以安排工作的，伤残津贴由用人单位按月支付，标准为：五级伤残为本人工资的70%，六级伤残为本人工资的60%。伤残津贴实际金额低于当地最低工资标准的，由用人单位补足差额。

3. 一次性工伤医疗补助金和一次性伤残就业补助金：适用于两种情形：一是五、六级伤残的，经工伤职工本人提出，该职工与用人单位解除或者终止劳动关系；二是七级至十级伤残的，劳动、聘用合同期满终止，或者职工本人提出解除劳动、聘用合同。上述两种情形由工伤保险基金支付一次性工伤医疗补助金，由用人单位支付一次性伤残就业补助金。一次性工伤医疗补助金和一次性伤残就业补助金的具体标准由省、自治区、直辖市人民政府规定。

按照《山西省实施〈工伤保险条例〉试行办法》的规定，一次性工伤医疗补助金标准是：五级伤残为36个月的本人工资，六级伤残为33个月的本人工资，七级伤残为24个月的本人工资，八级伤残为21个月的本人工资，九级伤残为18个月的本人工资，十级伤残为15个月的本人工资。一次性伤残就业补助金标准是：五级伤残为24个月的本人工资，六级伤残为21个月的本人工资，七级伤残为15个月的本人工资，八级伤残为12个月的本人工资，九级伤残为9个月的本人工资，十级伤残为6个月的本人工资。

工伤职工距法定退休年龄不足5年的，一次性工伤医疗补助金和伤残就业补助金，以5年为基数每少1年递减10%。工伤职工达到退休年龄或者办理退休手续的，不享受一次性工伤医疗补助金和伤残就业补助金。

4. 工亡职工丧葬补助金：标准为6个月的统筹地区上年度职工月平均工资；

5. 供养亲属抚恤金：对象为死亡职工生前提供主要生活来源、无劳动能力的亲属，标准为职工本人工资的一定比例：配偶每月40%，其他亲属每人每月30%，孤寡老人或者孤儿每人每月在上述标准的基础上增加10%。核定的各供养亲属的抚恤金之和不应高于因工死亡职工生前的工资。

6. 一次性工亡补助金：标准为上一年度全国城镇居民人均可支配收入的20倍。

7. 停工留薪期工资福利待遇：由所在用人单位按原工资福利待遇按月支付。

最后，以上工伤保险待遇中所提到的“本人工资”，是指工伤职工因工作遭受事故伤害或者患职业病前12个月平均月缴费工资。本人工资高于统筹地区职工平均工资300%的，按照统筹地区职工平均工资的300%计算；本人工资低于统筹地区职工平均工资60%的，按照统筹地区职工平均工资的60%计算。在运行机制比较正规的用人单位中，“平均月缴费工资”应该等于职工实际取得的工资，即按劳动合同所约定的工资标准。

本案中，第二原告以4200元的月工资基数为被告彭保庆等人办理工伤保险，被告彭保庆经忻州市人力资源和社会保障局认定为工伤，并经忻州市劳动鉴定委员会鉴定为劳动能力八级伤残，按照《工伤保险条例》和《山西省实施〈工伤保险条例〉试行办法》的规定，繁峙县工伤保险中心应支付彭保庆医疗费、一次性伤残补助金（即11个月的本人工资）、一次性工伤医疗补助金（即21个月本人工资）。因原被告已解除劳动关系，用人单位还应支付一次性伤残就业补助金（即12个月本人工资）。此外，原告用人单位应支付被告彭保庆停职留薪期间工资，即6个月本人工资（从受伤停工到劳动能力鉴定结论出具之日）。因此，一审判决否认用人单位支付一次性伤残就业补助金和停职留薪期间工资是错误的。

另外，本案中原被告双方在劳动合同中约定的工资为每月4200元，用人单位的缴费工资基数也为4200元，因此工伤保险基金和用人单位应以每月4200元的标准计算本人工资，一审中以原告提出的2434.81元计算本人工资是错误的。

四、事实劳动关系能否享受工伤保险待遇问题

当前，虽然2008年实施的《劳动合同法》，加强了对用人单位用工行为的制约和监督，但实践中，仍然有一些用人单位不与职工签订劳动合同，或者即使签订劳动合同也不为职工办理工伤保险。这些情况下，职工如果在工作过程中遭受事故伤害或者患职业病，能否享受工伤保险待遇呢？

《劳动合同法》第七条规定，用人单位自用工之日起即与劳动者建立劳动关系。根据劳动部关于印发《关于贯彻执行〈中华人民共和国劳动法〉若干问题的意见》的通知中第二条之规定，中国境内的企业、个体经济组织与劳动者之间，只要形成劳动关系，即劳动者事实上已成为企业、个体经济组织的成员，并为其提供有偿劳动，适用劳动法。因此，劳动者与用人单位虽然未签订劳动合同但实际存在用工行为的，形成事实上的劳动关系，应受到《劳动法》保护。《工伤保险条例》第六十二条规定：“用人单位依照本条例规定应当参加工伤保险而未参加的，由社会保险行政部门责令限期参加，补缴应当缴纳的工伤保险费，并自欠缴之日起，按日加收

万分之五的滞纳金；逾期仍不缴纳的，处欠缴数额1倍以上3倍以下的罚款。依照本条例规定应当参加工伤保险而未参加工伤保险的用人单位职工发生工伤的，由该用人单位按照本条例规定的工伤保险待遇项目和标准支付费用。用人单位参加工伤保险并补缴应当缴纳的工伤保险费、滞纳金后，由工伤保险基金和用人单位依照本条例的规定支付新发生的费用。”各省、自治区、直辖市人民政府实施办法也有相应的规定。比如《山西省实施〈工伤保险条例〉试行办法》第二十四条规定：“未参加工伤保险的职工因工作遭受事故伤害或者患职业病的，已参保的用人单位超出规定经营范围致使职工遭受事故伤害或者患职业病的，其工伤保险待遇均由用人单位支付。”因此，即使用人单位未参加工伤保险，职工在工作过程中遭受事故伤害或者患职业病，也能认定为“工伤”，由用人单位按照《工伤保险条例》规定的工伤保险待遇项目和标准支付费用。

编写人：山西省忻州市中级人民法院　张婷

37

劳动者与用人单位约定不购买社会保险，用人单位能否据此主张不予赔偿工伤损失

——揭东翔峰容器有限公司诉江泽彬工伤保险待遇案

【案件基本信息】

1. 裁判书字号

广东省揭阳市中级人民法院（2014）揭中法民一终字第150号民事判决书

2. 案由：工伤保险待遇纠纷

3. 当事人

原告（上诉人）：揭东翔峰容器有限公司（以下简称翔峰公司）

被告（被上诉人）：江泽彬

【基本案情】

2011年8月15日，江泽彬与翔峰公司签订书面劳动合同，约定劳动期限从2011年8月15日起至2014年8月14日止，实行综合计算工时工作制。合同期内，翔峰公司应依法为江泽彬办理参加养老、医疗、失业等社会保险的手续，社会保险费按规定的比例，由双方负责，江泽彬患职业病、因工负伤或者因工死亡的，翔峰公司应按《工伤保险条例》的规定办理。合同签订后，翔峰公司未依法为江泽彬缴纳社会保险费。2012年2月23日，江泽彬向翔峰公司出具《员工自愿不购买社保责任书》，内容为"本人已知悉：根据社保局规定，从2009年1月起，不可单独购买工伤，必须三保（企业养老保险、工伤保险、失业保险）一起买，故现在不愿购买保险者，如出现工伤事故将全部由员工个人承担。现因个人原因，本人自愿不购买社会保险，并自愿承担没买工伤保险的后果"。2013年6月6日下午4时许，江泽彬因工作原因在砍树时不慎跌倒，被送送揭阳市人民医院住院治疗。江泽彬工伤前12个月的平均工资为2069.68元。同年8月15日，劳动部门认定江泽彬本次事故为工伤，并评定其伤残等级为六级。2014年5月30日，江泽彬向劳动人事争议仲裁委员会申请仲裁，仲裁机构裁决翔峰公司支付江泽彬一次性伤残补助金、一次性工伤医疗补助金等150392元，翔峰公司不服向法院提起诉讼。请求判令：1. 不服揭东劳人仲案字〔2014〕022号仲裁裁决第二、三项，请求判令揭东翔峰公司无需向江泽彬支付一次性的伤残补助金、一次性的工伤医疗补助金、一次性的伤残就业补助金共132459.52元，无需支付停工留薪期工资10348.40元，无需支付住院期间护理费5904元及住院期间伙食补助费1680元；2. 案件受理费由江泽彬负担。

【案件焦点】

劳动者与用人单位约定不购买社会保险，用人单位能否据此主张不予赔偿工伤的损失。

【法院裁判要旨】

广东省揭阳市揭东区人民法院经审理认为：根据《工伤保险条例》第三十条第一款"职工因工作遭受事故伤害或者患职业病进行治疗，享受工伤医疗待遇"的规定。江泽彬在劳动过程中受伤，后被揭东县人力资源和社会保障局认定为工伤，应当享受工伤保险待遇。根据《广东省工伤保险条例》第四十三条第一款"职工所在用人单位未依法缴纳工伤保险费，发生工伤事故的，由用人单位支付工伤保险待遇”的规定，翔峰公司作为用人单位没有为江泽彬投保工伤保险，应该按照该条例的规定支付江泽彬相关的工伤保险待遇。翔峰公司主张江泽彬自愿出具《员工自愿不购买社保责任书》，承诺承担不购买社保的法律后果，故翔峰公司无需支付江泽彬相关的工伤待遇。虽然江泽彬自愿要求翔峰公司不购买社保，并自愿承担没有购买工伤保险的后果，但根据《工伤保险条例》第二条“中华人民共和国境内的企业、事业单位、社会团体、民办非企业单位、基金会、律师事务所、会计师事务所等组织和有雇工的个体工商户，应当依照本条例规定参加工伤保险，为本单位全部职工或雇工缴纳工伤保险费”和《中华人民共和国社会保险法》第三十三条“职工应当参加工伤保险，由用人单位缴纳工伤保险费，职工不缴纳工伤保险费”的规定。用人单位为本单位职工缴纳工伤保险费是法律规定用人单位应履行的强制性义务，用人单位不得以任何理由拒绝为本单位的职工缴纳工伤保险费。发生工伤后，用人单位翔峰公司以江泽彬自愿不购买社保为由拒付工伤待遇，不仅违反法律的强制性规定，也违反社会道德，故翔峰公司主张不支付江泽彬的工伤待遇，不予支持。

江泽彬因工致残被鉴定为六级伤残，要求解除劳动关系，翔峰公司也同意解除，可予准许。参照《广东省工伤保险条例》第三十二条和第三十三条的规定，由用人单位一次性支付工伤保险待遇。对于江泽彬的工伤保险待遇，因为江泽彬没有提起诉讼，应在仲裁部门裁决的范围内予以审查。江泽彬月工资是2069.68元，双方均无异议，可予认定。参照《广东省工伤保险条例》第三十二条和第三十三条的规定，江泽彬的一次性伤残补助金、一次性工伤医疗补助金、一次性伤残就业补助金共132459.52元（2069.68元/月×64个月）。对于停工留薪期工资，江泽彬发生工伤是2013年6月6日，江泽彬的停工留薪期是5个月，即2013年6月7日至2013年11月6日。参照《广东省工伤保险条例》第二十六条第一款和第二款的规定，停工留薪期间，江泽彬的工资待遇不变，鉴定伤残等级后，停发原待遇，按有关规定享受伤残待遇。停工留薪期间，翔峰公司只支付江泽彬每月1400元，翔峰公司还应支付江泽彬（2069.68元－1400元）×5＝3348.4元。对于住院期间的护理费，参照上述规定，应当参照当地护工从事同等级别护理的劳务报酬标准计算，因为当地没有护工工资标准，可以参照广东省上一年度其他服务业平均工资47019

元/年计算，即为47019元/年÷365×48天=6183元，高于仲裁部门裁决，按照仲裁部门裁决的数额计算。对于住院伙食补助费，参照《广东省工伤保险条例》第二十五条第二款规定，可以按照广东省上一年度伙食补助费100元/天70%计算，即100元/天×48天×70%=3360元，高于仲裁部门裁决，按照仲裁部门裁决的数额计算。

综上所述，翔峰公司应赔偿江泽彬的工伤总损失包括江泽彬的一次性伤残补助金、一次性工伤医疗补助金和一次性伤残就业补助金共132459.52元、停工留薪期工资3348.4元、住院期间护理费5904元和住院期间伙食补助费1680元，合共143391.92元。

据此，原审法院依照《工伤保险条例》第三十条第一款、第三十三条，《广东省工伤保险条例》第二十五条、第二十六条、第三十二条、第三十三条、第四十三条第一款的规定，于2014年9月25日作出（2014）揭东法民一初字第182号民事判决：

一、解除揭东翔峰容器有限公司与江泽彬的劳动关系；

二、揭东翔峰容器有限公司应于本判决生效之日起10日内赔偿江泽彬143391.92元；

三、驳回揭东翔峰容器有限公司的其他诉讼请求。

翔峰公司不服原审判决，提起上诉。

广东省揭阳市中级人民法院经审理认为：原审判决查明本案事实基本清楚，本院予以确认。本院认为，本案属工伤保险待遇纠纷，原审判决认定为劳动争议纠纷不当，本院予以纠正。原审判决确定江泽彬本次工伤待遇的项目及数额，翔峰公司与江泽彬均没有提出上诉，本院予以维持。根据本案当事人在二审中的上诉和答辩，本案争议焦点在于：（一）原审判决翔峰公司支付江泽彬的工伤保险待遇是否正确；（二）原审判决适用法律是否正确。

关于原审判决翔峰公司支付江泽彬的工伤保险待遇是否正确的问题。第一，江泽彬是翔峰公司的员工，其在劳动过程中遭受事故伤害，经人力资源和社会保障部门认定为工伤，应当享受工伤保险待遇。翔峰公司作为用人单位，没有为江泽彬投保工伤保险，根据《工伤保险条例》第六十二条第二款关于“依照本条例规定应当参加工伤保险而未参加工伤保险的用人单位职工发生工伤的，由该用人单位按照本条例规定的工伤保险待遇项目和标准支付费用”的规定，翔峰公司应当支付江泽彬相关的工伤保险待遇。第二，翔峰公司主张江泽彬向该公司出具《员工自愿不购买社保责任书》，表示不愿意购买社会保险，并自愿承担没有购买工伤保险的法律后果，江泽彬声明放弃参加社会保险，并不违反法律规定，故翔峰公司无需支付江泽彬的工伤保险待遇。根据《工伤保险条例》第二条“中华人民共和国境内的企业、事业单位、社会团体、民办非企业单位、基金会、律师事务所、会计师事务所等组织和有雇工的个体工商户应当依照本条例规定参加工伤保险，为本单位全部职工或者雇工缴纳工伤保险费。中华人民共和国境内的企业、事业单位、社会团体、民办非企业单位、基金会、律师事务所、会计师事务所等组织的职工和个体工商户的雇工，均有依照本条例的规定享受工伤保险待遇的权利”及《中华人民共和国社会保险法》第三十三条“职工应当参加工伤保险，由用人单位缴纳工伤保险费，职工不缴纳工伤保险费”的规定，用人单位为本单位职工缴纳工伤保险费，是用人单位应履行的法律义务。翔峰公司以江泽彬自愿放弃缴纳社会保险费、导致无法缴纳工伤保险费为由，主张排除自身应承担缴纳工伤保险费的义务，违反法律的强制性规定，对其主张本院不予支持。第三，翔峰公司未能提供证据证明工伤保险不能单独投保而必须与其他社会保险一并投保，但即使工伤保险费应与其他社会保险一并缴纳，按《中华人民共和国社会保险法》相关规定，翔峰公司应承担为职工交纳全部生育保险、部分基本养老、基本医疗、失业保险费用及代扣代缴职工应当缴纳社会保险费的义务，故翔峰公司因江泽彬作出承诺而未缴纳工伤保险等社会保险费用也违反相关法律规定。其主张江泽彬自身存在过错、应承担部分责任的理由缺乏依据，本院不予支持。

关于原审判决适用法律是否正确的问题。原审判决适用《工伤保险条例》《中华人民共和国社会保险法》等有关工伤保险费缴纳及相应后果的法律规定，认定翔峰公司未依法为江泽彬缴纳工伤保险费，违反法律的强制性规定，应支付江泽彬工伤保险待遇，并无不当。翔峰公司主张原审判决适用法律错误的理由不能成立，本院予以驳回。翔峰公司主张应适用《广东省高级人民法院、广东省劳动人事争议仲裁委员会关于审理劳动人事争议案件若干问题的座谈会纪要》第二十五条规定，但该条规定为“用人单位与劳动者约定无须办理社会保险手续或将社会保险费直接支付给劳动者，劳动者事后反悔并明确要求用人单位为其办理社会保险手续及缴纳社会保险费的，如用人单位在合理期限内拒不办理，劳动者以此为由解除劳动合同并请求用人单位支付经济补偿，应予支持”，针对的是某一情形下劳动者请求解除劳动合同及支付经济补偿能否支持的问题，与本案工伤保险待遇纠纷没有关联性。因此，翔峰公司该主张理由不能成立，本院予以驳回。

综上所述，翔峰公司的上诉理由均不成立，本院予以驳回。原审判决认定基本事实清楚，适用法律正确，应予以维持。依照《中华人民共和国民事诉讼法》第一百七十条第一款第（一）项之规定，判决如下：

驳回上诉，维持原判。

【法官后语】

在实践中，有些劳动者为了多得工资，往往与用人单位协商，不要求用人单位为其缴纳社保，约定以支付补贴形式替代缴纳社会保险费。如本案中江泽彬出具《员工自愿不购买社保责任书》，而用人单位往往以此为由要求劳动者不能依据《劳动合同法》的规定请求解除劳动合同的经济补偿，甚至是本案中要求不赔偿工伤保险损失。

由于社会保险属于国家强制性保险，用人单位应承担为职工交纳全部生育保险、部分基本养老、基本医疗、失业保险费用及代扣代缴职工应当缴纳社会保险费的义务，即使双方有关于不需购买社会保险的约定，也不能排除该法定义务，同样不能免除用人单位依法应当支付经济补偿等法律责任。

另外，根据《社会保险法》第三十三条“职工应当参加工伤保险，由用人单位缴纳工伤保险费，职工不缴纳工伤保险费”的规定，用人单位为本单位职工缴纳工伤保险费，是用人单位应履行的法律义务。本案中，翔峰公司以江泽彬自愿放弃缴纳社会保险费、导致相应无法缴纳工伤保险费为由，主张排除自身应承担缴纳工伤保险费的义务，违反法律的强制性规定。其主张不予赔偿江泽彬工伤保险损失的理由不成立。

因此，希望通过本案引导用人单位和劳动者遵守法律法规，避免承担额外的法律责任，共同促进劳动关系的健康有序发展。

编写人：广东省揭阳市中级人民法院　王锦洪

38

因第三人侵权造成工伤的劳动者未请求侵权人赔偿的医疗费不应由工伤保险基金（用人单位）承担

——向先碧诉重庆美心翼申机械制造有限公司工伤保险待遇案

【案件基本信息】

1. 裁判书字号

重庆市第三中级人民法院（2014）渝三中法民终字第00413号民事判决书

2. 案由：工伤保险待遇纠纷

3. 当事人

原告（上诉人）：向先碧

被告（上诉人）：重庆美心翼申机械制造有限公司（以下简称美心翼申公司）

【基本案情】

向先碧系美心翼申公司职工，美心翼申公司为其办理了工伤保险。2013年4月27日，向先碧乘坐王胜强驾驶的渝GFC×××号摩托车于上班途中与王小东驾驶的渝BL××××号大型车在重庆市涪陵区李渡街道花桥路段发生碰撞。渝BL××××号大型车将向先碧辗压，致向先碧受伤。经交警部门认定，向先碧在本次交通事故中不承担责任。向先碧受伤后，在重庆市涪陵中心医院住院治疗14天后，经该院建议于2013年5月11日转入解放军第三军医大学大坪医院住院治疗。期间，向先碧向美心翼申公司借支10000元用于治疗。截止2013年12月5日，向先碧共花费医疗费346206.59元，其中2013年4月27日至2013年7月3日的医疗费为278780.10元，2013年7月4日至2013年9月2日的医疗费为41523.75元，2013年11月11日至2013年12月5日的医疗费为25902.74元。向先碧的丈夫方泽礼于2013年7月3日向重庆市涪陵区人力资源和社会保障局提出向先碧的工伤认定申请，该局受理后，于2013年9月2日作出认定工伤决定，认定向先碧所受之伤属于因工受伤。后双方就医疗费发生争议，向先碧向重庆市涪陵区劳动争议仲裁委员会申请仲裁，该委于2013年9月27日以美心翼申公司已为向先碧参加了工伤保险为由，作出涪劳仲不字（2013）第70号不予受理案件通知书。向先碧遂于2013年10月8日诉至重庆市涪陵区人民法院（以下简称涪陵法院）。诉讼中，向先碧将请求的医疗费金额变更为266206.59元。

2013年10月8日，向先碧向涪陵法院提起诉讼，请求判决王小东、重庆光银汽车运输有限公司、中国太平洋财产保险股份有限公司渝中支公司、王胜强共同赔偿其因道路交通事故造成的损失398049.84元（其中医药费80000元）。2013年12月25日，重庆市涪陵区人民法院作出（2013）涪法民初字第04726号民事判决书，判决中国太平洋财产保险股份有限公司渝中支公司在交强险医疗费限额内赔偿向先碧医药费10000元，王小东赔偿其余医疗费70000元。该判决已于2014年1月15日发生法律效力。

【案件焦点】

因第三人侵权造成工伤的劳动者，其未请求侵权人赔偿的医疗费是否应由工伤保险基金（用人单位）承担。

【法院裁判要旨】

重庆市涪陵区人民法院经审理认为：向先碧因交通事故遭受伤害，后经有权机关认定为工伤，美心翼申公司虽为向先碧参加有工伤保险，但美心翼申公司并未及时向参保地社会保险行政部门提出工伤认定书面申请，亦未提出延期认定申请，美心翼申公司应当支付向先碧提出工伤认定前即2013年4月27日至2013年7月3日期间的医疗费。同时，由于本案系因第三人侵权造成向先碧工伤，根据相关规定，治疗工伤的医疗费不能重复享受，美心翼申公司仅需就民事赔偿的医疗费不足的部分予以补足。遂依照《工伤保险条例》第十七条第四款、第三十条第一款，并参照《重庆市工伤保险实施办法》第十二条之规定，判决：

美心翼申公司支付向先碧2013年4月27日至2013年7月3日的医疗费240303.85元（含美心翼申公司已支付的10000元）。

向先碧和美心翼申公司均不服该判决，向重庆市第三中级人民法院提起上诉，重庆市第三中级人民法院经审理认为：《中华人民共和国社会保险法》第四十二条规定，由于第三人的原因造成工伤，第三人不支付工伤医疗费用或者无法确定第三人的，由工伤保险基金先行支付。工伤保险基金先行支付后，有权向第三人追偿。因此，工伤职工的医疗费请求权属于选择性请求权，工伤职工只能择其一行使，一旦请求第三人支付医疗费后，工伤基金先行支付的前提条件即已丧失，劳动者无权再要求工伤基金承担先行支付责任。用人单位对工伤职工承担的工伤保险待遇支付责任应是法定的。《中华人民共和国社会保险法》第四十二条并未规定用人单位的先行支付责任，而《重庆市工伤保险实施办法》第十二条所规定的用人单位未在规定时间内申请工伤认定所应承担的相应责任，是不可以向第三人追偿的终局责任，不包含可以向第三人追偿的先行支付责任。本案，美心翼申公司已经为向先碧参加了工伤保险，故第三人不支付工伤医疗费用或者无法确定第三人的，应由工伤保险基金先行支付。向先碧已经向王小东、重庆光银汽车运输有限公司、中国太平洋财产保险股份有限公司渝中支公司、王胜强主张了医疗费，故其不能再请求美心翼申公司承担医疗费支付责任。向先碧在美心翼申公司已经为其参加工伤保险的情形下，请求美心翼申公司承担先行支付责任，没有法律依据，应驳回其诉讼请求。

重庆市第三中级人民法院依照《中华人民共和国社会保险法》第四十二条，《中华人民共和国民事诉讼法》第一百七十条第一款第（二）项之规定，判决：

一、撤销重庆市涪陵区人民法院（2013）涪法民初字第04670号民事判决。

二、驳回向先碧的诉讼请求。

【法官后语】

最高人民法院于2014年8月21日公布的《最高人民法院关于审理工伤保险行政案件若干问题的规定》第八条规定，“职工因第三人的原因受到伤害，社会保险行政部门以职工或者其近亲属已经对第三人提起民事诉讼或者获得民事赔偿为由，作出不予受理工伤认定申请或者不予认定工伤决定的，人民法院不予支持。职工因第三人的原因受到伤害，社会保险行政部门已经作出工伤认定，职工或者其近亲属未对第三人提起民事诉讼或者尚未获得民事赔偿，起诉要求社会保险经办机构支付工伤保险待遇的，人民法院应予支持。职工因第三人的原因导致工伤，社会保险经办机构以职工或者其近亲属已经对第三人提起民事诉讼为由，拒绝支付工伤保险待遇的，人民法院不予支持，但第三人已经支付的医疗费用除外。”该条确立了职工因第三人侵权导致工伤能获得双重赔付的规则，但也有一项除外条件，即治疗工伤的医疗费不得重复享受赔偿，工伤职工对医疗费仅能择其一主张。

由于劳动者向不同主体主张权利所依据的法律关系不同，导致不同主体承担的责任也不相同。侵权人承担责任是基于过错原则，而工伤保险基金和用人单位在此种情况下承担责任是基于无过错原则，更应严格按照法律规定承担法定责任。根据《社会保险法》第四十二条“由于第三人的原因造成工伤，第三人不支付工伤医疗费用或者无法确定第三人的，由工伤保险基金先行支付。工伤保险基金先行支付后，有权向第三人追偿”之规定，工伤保险基金对工伤医疗费用承担垫付责任，其有权向侵权人追偿。但法律未规定用人单位负有垫付责任并享有追偿权，因此，在第三人确定的情况下，用人单位无承担垫付责任的义务。本案，向先碧在明知其医疗费数额的情况下，未向侵权人足额主张医疗费，而将部分支付医疗费的责任加于用人单位，于法无据，不应得到支持。

编写人：重庆市第三中级人民法院　简元华　吴聪　陈立洋

39

裁判时机成熟时，法院应直接判决给付内容

——吴秀如诉天津市社会保险基金管理中心和平分中心确认拒绝支付养老金违法案

【案件基本信息】

1. 裁判书字号

天津市第一中级人民法院（2014）一中行终字第42号行政裁定书

2. 案由：劳动和社会保障纠纷

3. 当事人

原告（被上诉人）：吴秀如

被告（上诉人）：天津市社会保险基金管理中心和平分中心（以下简称社保和平分中心）

【基本案情】

吴秀如（原审原告，二审被上诉人）于2012年10月31日向社保和平分中心一次性补缴了15年的城镇职工养老保险费25100元及城乡老年人生活补助900元，合计26000元。吴秀如于2013年2月开始享受每月674元的城镇职工养老保险月待遇至今。吴秀如之夫宋长林作为吴秀如的供养人于2012年7月死亡。为此，吴秀如于2012年8月领取了2012年8月至2013年1月的救济费21120元。吴秀如未领取2012年1月至2013年1月的城镇职工养老保险月待遇。吴秀如在一审当庭变更诉讼请求，要求社保和平分中心（原审被告、二审上诉人）向吴秀如支付2012年1月至2012年7月的养老金4718元。

【案件焦点】

1. 养老保险待遇与劳动保险待遇是否可以同时享受；2. 若能同时享受，裁判时机成熟时，法院能否直接判决给付内容。

【法院裁判要旨】

天津市和平区人民法院经审理认为：被告社保和平分中心具有依照法律、法规规定，负责本辖区内社会保险待遇的审核支付的独立职责。根据《关于未参保集体企业退休人员参加城镇企业职工基本养老保险有关问题的通知》（津人社局发［2011］87号）的规定，原告应于2012年1月起享受城镇职工养老保险待遇。原告在参加城镇职工养老保险前，符合《中华人民共和国劳动保险条例实施细则修正草案》的规定，可列为被供养直系亲属。因此，原告因供养人亡故而领取了相应的救济费21120元。被告社保和平分中心根据天津市人力资源和社会保障局职工养老保险处作出的处理意见，拒绝支付原告的城镇职工养老保险月待遇。但该处室作为行政机关的内设部门，所出具的处理意见只能在该行政系统内部具有约束力，对外不产生适用效力。故对原告变更后的诉讼请求予以支持。综上，依照《中华人民共和国行政诉讼法》第七十二条之规定，判决如下：

被告天津市社会保险基金管理中心和平分中心自本判决生效之日起十五日内向

原告吴秀如支付2012年1月至2012年7月的城镇职工养老保险月待遇，每月674元，合计4718元。

被告天津市社会保险基金管理中心和平分中心在规定期限内不履行的，从期满之日起，对其按日处70元罚款。

本案诉讼受理费50元（原告已预交），由被告天津市社会保险基金管理中心和平分中心负担，于本判决生效之日起十五日内送交本院。

天津市社会保险基金管理中心和平分中心不服上诉至天津市第一中级人民法院。二审期间，被上诉人吴秀如申请撤回起诉，天津市第一中级人民法院依照《中华人民共和国行政诉讼法》第六十二条，《最高人民法院关于执行〈中华人民共和国行政诉讼法〉若干问题的解释》第六十三条第一款第（十）项的规定，裁定如下：

一、撤销天津市和平区人民法院（2013）和行初字第104号行政判决；

二、准许被上诉人吴秀如撤回起诉。

一审案件受理费50元，减半收取25元，由被上诉人吴秀如负担；二审案件受理费50元，减半收取25元，由上诉人天津市社会保险基金管理中心和平分中心负担。

【法官后语】

一、裁判时机成熟时，人民法院应直接判决给付内容

笔者认为裁判时机成熟时，人民法院应直接判决给付内容，理由如下：

首先，人民法院直接判决行政机关履行给付义务符合法律规定。固然在行政诉讼法及其司法解释中并没有给付判决的形式，但行政机关不履行给付义务作为不履行法定职责的一种表现形式，人民法院判决行政机关履行给付义务是履责判决的应有之义。根据《行政诉讼法》第七十二条的规定，结合本案，天津市社会保险基金管理中心和平分中心未支付吴秀如2012年1月至2012年7月的城镇职工养老保险月待遇，每月674元，合计4718元，构成不履行法定职责，人民法院判决其在判决生效之日起十五日内向原告吴秀如支付上述待遇，符合《行政诉讼法》第七十二条的规定。

其次，行政机关未履行给付义务且裁判时机成熟时，人民法院应当直接判决给

付内容。依法履行给付义务是法律赋予行政机关的一项职权，但给付内容的确定往往需要行政机关的调查、核实，而这属于行政权的专属范围，司法权不宜干涉，但诉讼过程中给付内容已经明确时，就无需行政机关再行裁量，属于行政机关必须依法履行的义务，此时，裁判时机已经成熟，人民法院应当直接判决给付内容。事实上，裁判时机成熟理论在信息公开案件中已经被适用，《最高人民法院关于审理政府信息公开行政案件若干问题的规定》第九条第一款、第四款就适用了该理论，其中第九条第一款规定："被告对依法应当公开的政府信息拒绝或者部分拒绝公开的，人民法院应当撤销或者部分撤销被诉不予公开决定，并判决被告在一定期限内公开。尚需被告调查、裁量的，判决其在一定期限内重新答复。"第四款规定："被告依法应当更正而不更正与原告相关的政府信息记录的，人民法院应当判决被告在一定期限内更正。尚需被告调查、裁量的，判决其在一定期限内重新答复。被告无权更正的，判决其转送有权更正的行政机关处理。"结合本案，城镇职工养老保险月待遇的数额是确定的，通过案件审理可以查明行政机关有没有给付，给付了几个月，在明确该事实的基础上，给付内容已经明晰，法院可以直接予以判决给付内容。

最后，人民法院在判决主文中明确给付内容有助于行政争议的实质性解决。严格按照《行政诉讼法》第七十二条的规定，判决行政机关在一定期限内履行给付职责，固然严格遵守了法律的规定，且尊重了行政机关的裁量权，但如此判决的后果可能使得行政相对人对行政机关作出的给付行为不服，可能产生新的行政诉讼。一方面浪费了司法资源，另一方面不利于行政争议的实质性解决。

二、劳动保险待遇与养老保险待遇能够同时享受

本案争议的另一个问题是劳动保险待遇和养老保险待遇能否同时享受的问题，该问题直接决定着判决的走向。

笔者认为，劳动保险待遇与养老保险待遇能够同时享受。理由如下：

首先，两种待遇均是依照规定享受的。对于劳动保险待遇，因吴秀如之夫宋长林于2012年7月死亡，根据《中华人民共和国劳动保险条例实施细则修正草案》第四十五条第（二）项之规定，吴秀如作为供养直系亲属应享受劳动保险待遇。对于养老保险待遇，吴秀如按照津人社局发［2011］87号《关于未参保集体企业退休人员参加城镇企业职工基本养老保险有关问题的通知》和津社保［2011］98号

《关于转发〈关于未参保集体企业退休人员参加城镇企业职工基本养老保险有关问题的通知〉的通知》的规定，在吴秀如于2012年10月31日向社险和平分中心一次性补缴了15年的城镇职工养老保险费25100元及城乡老年人生活补助900元共计26000元后，自2012年1月开始享受养老保险待遇，且在《关于未参保集体企业退休人员参加城镇企业职工基本养老保险有关问题的通知》中并未规定享受劳动保险待遇的不能申请养老保险待遇，且申请养老保险待遇在后，故两种待遇均是按规定享受的。

其次，国家并未明令禁止两种待遇的同时享受。《劳动保险条例实施细则修正草案》及津人社局发［2011］87号《关于未参保集体企业退休人员参加城镇企业职工基本养老保险有关问题的通知》均未禁止两种待遇的同时享受，在此情形下，天津市人力资源和社会保障局职工养老保险处以内部处理意见的形式作出《关于领取救济费的未参保集体企业退休人员享受城镇职工养老保险待遇问题的处理意见》剥夺一种待遇的享受，有违上位法的立法本意。

最后，养老保险待遇与劳动保险待遇的设立目的不一致。养老保险待遇在于保障退休职工的生活，而劳动保险待遇尤其是供养人享受的劳动保险待遇在于保障供养人暂时的基本生活，两者设立目的并不相同。

编写人：天津市第一中级人民法院　罗翔　张全

四、追索劳动报酬、经济补偿金

40

用人单位是否应全额支付劳动报酬

——张永智诉青海庆华矿冶煤化集团有限公司劳动争议案

【案件基本信息】

1. 裁判书字号

青海省格尔木市人民法院（2014）格民初字第388号民事判决书

2. 案由：劳动争议纠纷

3. 当事人

原告：张永智

被告：青海庆华矿冶煤化集团有限公司

【基本案情】

2012年10月23日，原告张永智应聘到被告青海庆华矿冶煤化集团有限公司工作，双方签订《劳动合同书》一份，合同为固定期劳动合同，聘用期限为2012年10月23日至2015年10月22日，原告的工作岗位是炼钢工程师，合同还约定了劳动保护、劳动条件、劳动报酬、补贴、保险、福利待遇、劳动纪律、职业培训、经济补偿等。同时，原、被告还约定，由被告每年报销一次探亲往返路费，每月报销电话费上限200元，养老保险金额每月报销512元、医疗保险金额每月报销204.72元。2012年10月29日，被告同意原告的年薪标准及发放形式为“税前年薪18万元”，并签订了《年薪人员登记表》。2014年3月10日，原告张永智以“年薪取消，庆华公司不续签”为由在《青海庆华集团申请报告》中签字提出离职申请，被告庆华公司亦表示同意，并在《青海庆华集团申请报告》中签字审批。在与被告结算工资、福利时，被告未按双方签订的劳动合同约定的内容进行结算，工作期间被告支付原告2013年度工资70193元。2014年3月6日，原告张永智向格尔木市劳动争议仲裁委员会申请仲裁，申请：1. 要求依法裁定被申请人按照劳动合同规定支付2013年度与2014年1～3月年薪共计125595.93元；2. 要求依法裁定被申请人报销2014年度探亲路费932元；3. 依法裁定被申请人报销2014年1、2月份的话费343.3元，2013年10、11月份电话费75%已报销，尚欠98元，两项合计441.3元；4. 要求被申请人补偿本人2014年1～3月份养老、医疗保险金。2014年4月15日格尔木市劳动仲裁委员会作出格劳仲案字（2014）第41号裁决书，裁决：1. 由被申请人青海庆华矿冶煤化集团有限公司支付给申请人张永智2013年度工资66982.46元；2014年2月份工资5612元、3月份工资1806元；2. 由被申请人青海庆华矿冶煤化集团有限公司按规定标准报销申请人张永智探亲路费932元、电话费441.3元；3. 由被申请人青海庆华矿冶煤化集团有限公司参照上年度比例报销申请人张永智2014年1至2月份养老保险金1024元、医疗保险金409.44元；4. 申请人张永智其他请求事项不予支持。在格尔木市劳动争议仲裁委员会仲裁期间及该裁决书下发后，被告支付原告2013年度工资137175.46元，2014年1月份工资5743.4元、2月份工资5505.8元、3月份工资1806元，被告实际已支付的原告2013年度及2014年1至3月工资共计150230.66元。原告认为仲裁委虽然支持了原告的部分请求，但仍未按双方的约定裁决，故诉至法院。

【案件焦点】

被告是否足额支付劳动报酬，是否应当支付经济补偿款。

【法院裁判要旨】

青海省格尔木市人民法院经审理认为：用人单位自用工之日起即与劳动者建立劳动关系，由用人单位与劳动者协商一致，可以订立固定期劳动合同。2012年10月23日原告张永智与被告青海庆华矿冶煤化集团有限公司订立固定期劳动合同，该劳动合同系双方当事人真实意思表示，内容未违反法律、行政法规的强制性规定，合法有效。原、被告双方均应按照劳动合同的约定全面履行各自义务。《中华人民共和国劳动合同法》第三十六条规定："用人单位与劳动者协商一致，可以解除劳动合同。"2014 年 3 月 10 日，原告提出解除劳动合同，被告无异议，并与被告签订《青海庆华集团离职申请报告》，原、被告双方的劳动关系已解除。合同解除后，用人单位应按双方签订的《劳动合同书》足额发放原告劳动期间的劳动报酬，按照双方约定，原告税前年薪为 180000 元，月平均工资为 15000 元，每月个人所得税为 1745 元，故原告税后工资为每月 13255 元，2013 年度税后工资为 159060 元，2014 年度 1 至 2 月税后工资为 26510 元，3 月工作 10 天税后工资为 4275. 8 元，上述工资共计 189845. 8 元，扣除被告已支付工资款 150230. 66 元，剩余 39615. 14 元，被告庆华公司理应支付，原告诉求超出部分本院不予支持。被告所述格尔木市劳动仲裁委员格劳仲案字（2014）第 41 号裁决书裁决后，被告已按裁决书的内容全部补发了原告的工资，不存在拖欠工资情况的辩称意见，本院不予采信。《中华人民共和国劳动合同法》第四十六条规定"有下列情形之一的，用人单位应当向劳动者支付经济补偿金：（一）劳动者依照本法第三十八条规定解除劳动合同的……"，第三十八条规定"用人单位有下列情形之一的，劳动者可以解除劳动合同；（二）未及时足额支付劳动报酬的……"，第四十七条第一款规定"经济补偿按劳动者在本单位工作的年限，每满一年支付一个月工资的标准向劳动者支付。六个月以上不满一年的，按一年计算；不满六个月的，向劳动者支付半个月工资的经济补偿"。原告张永智月工资 15000 元，每月交纳个人所得税 1745 元，补偿一个半月的税后工资为 19882. 5 元，因此，原告要求被告支付解除劳动合同的经济补偿金 19882. 5 元的诉求，本院予以支持。被告以原告提出辞职申请是其单方、自愿行为，而拒付经济赔偿金的理由不能成立，故本院不予采纳。庭审中，原、被告均同意原告诉求中的养老保险金 1024 元、医疗保险金 409. 44 元、探亲路费 932 元依照格尔木市劳动争议仲裁委员会格劳仲案字（2014）第 41 号裁决书中的内容执行，被告亦同意原告电话费按其诉求 343. 3 元支付，对此，本院予以认定。根据《中华人民共和国劳动合同法》第三条、第三十条、第四十六条、第四十七条，《中华人民共和民事诉讼法》第六十四条第一款、第一百四十二条之规定，判决如下：

被告青海庆华矿冶煤化集团有限公司支付原告张永智工资 39615. 14 元、经济补偿金 19882. 5 元、养老保险金 1024 元、医疗保险金 409. 44 元、探亲路费 932 元、电话费343.3元，总计62206.38元，于本判决生效之日起十日内付清。

案件受理费10元，由被告青海庆华矿冶煤化集团有限公司承担，于本判决生效后七日内交纳。

【法官后语】

本案审理的核心是双方签订的劳动合同第五条约定“甲方（庆华公司）根据本单位的生产经营特点和经济效益，依法自主确定工资水平和分配方式”。是否可以作为被告取消年薪的依据？笔者认为，企业有权根据职工的劳动技术、劳动强度、劳动责任、劳动条件和实际贡献决定工资、奖金的分配档次。企业可以实行岗位技能工资制或者其他适合本企业特点的工资制度，选择适合本企业的具体分配形式。这里的自主确定应理解为：用人单位在聘用工作人员时可以根据本单位的生产经营特点和经济效益，依法自主确定工资水平和分配方式，聘用人员可以接受用人单位的工资水平和分配方式也可以不接受或者提出自己的条件，在用人单位与聘用人员达成一致意见后，双方签订劳动合同，合同签订后双方应按照劳动合同的约定全面履行义务，故被告称双方签订的劳动合同第五条约定“甲方（庆华公司）根据本单位的生产经营特点和经济效益，依法自主确定工资水平和分配方式”，从而未按照合同的约定支付原告税前年薪180000元，其行为已构成违约。根据《劳动合同法》第三十八条规定“用人单位有下列情形之一的，劳动者可以解除劳动合同；（二）未及时足额支付劳动报酬的……”，第四十六条规定“有下列情形之一的，用人单位应当向劳动者支付经济补偿金：（一）劳动者依照本法第三十八条规定解除劳动合同的……”，第四十七条规定“经济补偿按劳动者在本单位工作的年限，每满一年支付一个月工资的标准向劳动者支付。六个月以上不满一年的，按一年计算；不满六个月的，向劳动者支付半个月工资的经济补偿”。故被告理应按照合同约定全额支付劳动报酬并向劳动者支付经济补偿款。

编写人：青海省格尔木市人民法院　吕玮

41

给付经济补偿金的法律认定

——林国华诉广州龙穴管业有限公司等劳动合同案

【案件基本信息】

1. 裁判书字号

广东省广州市中级人民法院（2014）穗中法民一终字第1297号民事判决书

2. 案由：劳动合同纠纷

3. 当事人

原告（上诉人）：林国华

被告（被上诉人）：广州龙穴管业有限公司（以下简称龙穴管业公司）

【基本案情】

原告于1998年8月3日进入广州中船黄埔造船有限公司（以下简称黄埔造船公司）工作，并签有书面劳动合同。2007年8月3日，上述劳动合同期满。同日，原告与第三人广州中船龙穴造船有限公司（以下简称龙穴造船公司）签订了劳动合同，期限从2007年8月3日至2012年8月2日。合同履行期间，被告龙穴管业公司从龙穴造船公司分离并独立。2010年1月1日，原告与被告签订了劳动合同，合同期限从2010年1月1日至2023年10月31日，双方约定：原告的工作岗位为管理技术岗位，被告可以根据经营生产情况安排或调整工作岗位或职务；原告正常工作时间的工资按工资管理规定执行，绩效薪酬或奖金不属于正常工作时间工资，按工资管理规定及绩效管理制度执行；津贴、补贴等不属于正常工作时间工资，按工资管理规定执行；龙穴管业公司每月20日发放当月正常工作时间工资、津贴、补贴和上月的绩效薪酬或奖金；凡从本系统广州地区内企业调动（招聘）的员工，原企业工龄均作连续工龄计算，保留原企业所享受的福利待遇。2011年8月1日，双方协商对部分条款作出变更，将原告的工作岗位变更为行政部管理技术岗位，职位为副部长；正常工作时间的工资按工资管理规定执行，初始工资额为4633.20元，当月工资发放时间为每月20日。

被告召开董事会和职工代表大会通过了《龙穴管业公司员工薪酬制度（试行)》[龙穴管业（2010）21号文]，据此，原告2012年每月职级工资为4633.20元（3861元×1.2），工龄补贴为每月75元。2012年12月14日，被告通过调整公司内部管理机构的议案，将包括原告所属行政部在内的7个部门合并成5个部门，各部门科长及以上职务人员全体免去现任职务，进行岗位竞聘。12月25日，被告以龙穴管业（2012）96号文发布岗位竞聘结果通知，原告不在聘任名单之内。2012年12月25日，原告向龙穴管业公司递交了《关于解除劳动关系的协商申请》，表示原告工作岗位已经非行政部副部长职务，从2012年10月其也改变了薪酬计发方式，与劳动合同约定不符。2013年1月7日，原告向被告发出《劳动合同的解除通知》，认为龙穴管业（2012）94号文程序违法，现向公司提出解除劳动合同。2013年1月9日，被告根据调整公司内部管理机构的议案和聘任结果通知精神，与原告办理调离行政部的交接手续，并将原告调入生产部。原告以公司安排岗位不明，与劳动合同约定岗位不符，双方协商不一致为由不同意调岗。

2013年1月11日，被告召开职工代表大会通过《管业公司定岗定员及薪酬方案的通知（试行)》[龙穴管业（2013）10号]，规定了合并后的部门定岗定员和薪酬方案，同时规定截止2013年1月11日未到新岗位履职人员，暂保留其原薪酬待遇。同日，被告通知原告尽快到生产部门报到，协商工作岗位及薪酬事宜。原告当日作出回复，表示因龙穴管业（2012）94号文违反《劳动法》的相关规定，故依法向被告提出解除劳动合同。被告未告知原告其新岗位和薪酬待遇，原告自称将在本月25日上午9时办理离职手续。2013年1月12日，龙穴管业公司再次通知原告到生产部报到，并协商工作岗位和薪酬事宜。1月14日，龙穴管业公司告知原告其工作岗位为生产部体系、安全、保卫、治安维稳综合主管，岗位绩效工资4650元。

原、被告在劳动争议期间，原告向广州市南沙区劳动争议仲裁委员会申请劳动仲裁，要求被告支付经济补偿金，被该委以（2013）112号仲裁裁决书驳回仲裁请求，原告不服裁决后诉至法院。被告在诉讼过程中提供了原告2012年1月至2013年2月的工资单，2012年10月至12月管理人员工资总额及分配明细表，2013年1

和2月的中层管理人员绩效系数评分表，可以确认被告将原告调整到新岗位前后，按照薪酬规定计发给原告的工资符合双方的约定，不存在违法之处。

【案件焦点】

1. 原、被告的劳动关系是否已解除；2. 若已经解除则被告是否应支付原告经济补偿金。

【法院裁判要旨】

广东省广州市南沙区人民法院经审理认为：林国华、龙穴管业公司签订劳动合同，建立了劳动关系，双方的权利义务受劳动法律法规的调整。龙穴管业公司董事会会议通过调整公司内部管理机构的议案，进行组织机构调整，是企业自主经营的体现，并未违反劳动法律的相关规定，法律对此不应干涉。由于龙穴管业公司的机构精简，已经不存在原来的行政部，故龙穴管业公司不再具备安排林国华在原岗位工作的条件。虽然林国华曾提出工作岗位已非行政部副部长职务，薪酬计发方式已经改变，要求与龙穴管业公司协商解除劳动合同关系，但双方当时并没有解除劳动合同。由于林国华实际上没有离职，龙穴管业公司与林国华进行协商，安排林国华到生产部，要求与林国华协商工作岗位和薪酬。林国华此时明知龙穴管业公司已经不存在行政部副部长的职务，却要求该公司明确其原工作岗位和待遇。可见，未安排林国华在行政部任副部长工作并非林国华解除劳动合同的原因。正如林国华回复龙穴管业公司所称，林国华是因为其认为龙穴管业（2012）94号文违反劳动法的规定损害其权益而解除劳动合同的。林国华和龙穴管业公司对双方的劳动合同已经解除没有异议，本院予以确认。因此，龙穴管业（2012）94号文是否损害了林国华的合法权益，薪酬制度的实施是否违反法律法规规定，龙穴管业公司是否应支付经济补偿金，是本案主要争议焦点。

对于龙穴管业（2012）94号文是否损害了林国华的合法权益问题，根据《中华人民共和国劳动法》第四条规定，用人单位在制定、修改或者决定有关劳动报酬等直接涉及劳动者切身利益的规章制度或者重大事项时，应当经职工代表大会或者全体职工讨论，提出方案和意见，与工会或者职工代表平等协商确定。在规章制度和重大事项决定实施过程中，工会或者职工认为不适当的，有权向用人单位提出，通过协商予以修改完善。龙穴管业（2012）94号文是由龙穴管业公司单方面作出的对职工薪酬制度的重大调整，不符合上述规定。但是，龙穴管业公司已在2013年1月11日召开职工代表大会通过了新的龙穴管业（2013）10号文，停止执行龙穴管业（2012）94号文，明确新的薪酬计发制度，并对2013年1月11日未到新岗位的人员，保留其原薪酬待遇。龙穴管业公司通过召开职工代表大会变更薪酬制度符合法律规定。龙穴管业（2013）10号文的制定符合法律规定的程序，该文确定的相应的薪酬计发制度合法有效。龙穴管业（2012）94号文原定从2013年1月执行，根据龙穴管业公司的薪酬计发制度和与林国华签订的劳动合同，劳动报酬在每月20日前发放，而林国华在2013年1月16日离职。故龙穴管业（2012）94号文实际在双方解除劳动合同和发放2013年1月劳动报酬之前已经失效，故龙穴管业（2012）94号文从其制定到废止，并未实际损害林国华的权益。

对于龙穴管业公司薪酬制度的实施是否违反法律法规规定问题，双方在劳动合同中约定正常工作时间工资明确按工资管理规定执行，初始工资额为4633.20元。因此，龙穴管业公司工资管理规定是林国华工资计发的主要依据。林国华的薪酬待遇并非一成不变，而是根据考评情况，按公司工资管理规定计发的。工资管理规定通过合法程序变更，也将影响林国华的实际薪酬待遇。龙穴管业（2010）21号和龙穴管业（2013）10号文均是龙穴管业公司计发工资的合法依据。现龙穴管业公司提供的工薪单和管理人员工资总额及分配明细表证实，该公司根据龙穴管业（2010）21号文，以职级工资4633.20元为基数，在每月20日前发放当月的职级工资，并根据各项考核系数计发上月绩效工资。龙穴管业公司在2013年1月仍按上述薪酬计算方式在1月支付林国华2250元职级工资和3112.5元绩效工资，在2月支付林国华上月的绩效工资1511.25元。另外，龙穴管业公司提供新岗位时，将工资计算基数变为4650元，高于原来合同约定的初始工资额。因此，龙穴管业公司向林国华计发工资合乎双方的约定，并未违反相关法律法规。

对于是否应支付经济补偿金的问题，林国华以龙穴管业公司违反《中华人民共和国劳动合同法》第四条为由解除合同，符合该法第三十八条规定的情况。故应以林国华提出的上述理由考虑是否应支付经济补偿金。根据《中华人民共和国劳动合同法》第四十六条的规定，劳动者依照本法第三十八条规定解除劳动合同的，用人单位应当向劳动者支付经济补偿金。根据《中华人民共和国劳动合同法》第三十八条规定，用人单位的规章制度违反法律、法规的规定，损害劳动者权益的，劳动者可以解除劳动合同。正如上所述，龙穴管业公司根据生产经营的需要调整林国华的工作岗位，该公司发出的龙穴管业（2012）94号文并未实施。此后，该公司根据其经营情况，通过职工代表大会以合法的程序通过调整公司的薪酬制度措施并无不当。龙穴管业公司提供的新岗位的工资计算基数并不低于双方劳动合同约定的工资水平，该公司在林国华未到新岗位的情况下一直按原薪酬计算方式计发工资给林国华。因此，龙穴管业公司并无损害林国华的合法权益。林国华解除劳动合同不符合《中华人民共和国劳动合同法》第三十八条规定的情形，林国华据此要求支付经济赔偿金不符合法律的规定，本院不予支持。

综上所述，依照《中华人民共和国劳动合同法》第四条、第三十八条、第四十六条的规定，判决如下：

一、确认林国华与龙穴管业公司的劳动合同关系已经解除；

二、驳回林国华的其他诉讼请求。

林国华不服一审判决，提出上诉。广州市中级人民法院经审理认为：一审判决认定事实清楚，合理合法，且理由阐述充分。林国华在二审期间并未有新的事实与理由，也未提交新的证据证实其上诉主张，遂判决驳回上诉，维持原判。

【法官后语】

用人单位为规范内部运营及管理可以依法制定各种规章制度，并根据实际依法进行修改。同时用人单位基于用工自主权，根据生产经营的需要也可以对部分劳动者的工作岗位进行依法合理调整。

关于用人单位调整直接涉及劳动者切身利益或者其他重大事项方面规章制度的问题。根据《劳动合同法》的规定，上述调整应当按照法律规定的程序进行，且其内容不得违反法律规定。如果新的制度违反法律、法规的规定，损害劳动者权益的，劳动者有权解除劳动关系并主张经济补偿。但是，若用人单位在劳动者提出解除劳动关系前，及时以决议方式替代前述制度，导致该制度未实际实施的，而劳动者在此期间不服从单位的合理安排单方提出解除劳动合同，之后又主张用人单位应给予经济补偿金的，法院应当根据劳动法律法规审查以确定是否支持。

关于用人单位调整劳动者工作岗位的问题。调整工作岗位是用人单位行使自主用工权的表现，但调整工作岗位应当依法合理进行。一般来说，用人单位调整工作岗位是其生产经营需要，调整本身不具有侮辱性或惩罚性，并且调整后的工作岗位与原岗位的工资待遇基本相当，也不存在其他违法情形的，法律应当予以认可。劳动者据此提出解除劳动合同并主张经济补偿的，不予支持。

具体到本案，林国华的劳动关系及由此产生的争议是与龙穴管业公司建立和产生的，与第三人无关。林国华作为劳动者有权单方解除劳动合同，法院亦确认双方的劳动关系已经解除。至于因解除劳动合同导致的经济补偿金问题，应当严格根据法律规定审查。《劳动合同法》规定劳动者依照本法第三十八条规定解除劳动合同的，用人单位应当向劳动者支付经济补偿。林国华以龙穴管业（2012）94号文违法，主张其按照上述规定解除双方的劳动合同并要求龙穴管业公司支付补偿金。故审查（2012）94号文的合法性及其对林国华的权益是否产生影响是本案的关键。本案涉及龙穴管业公司制定的薪酬制度龙穴管业（2010）21号文、龙穴管业（2012）94号文和龙穴管业（2013）10号文共三个规范。法院审查确定其中的（2010）21号文、（2013）10号文的内容和程序均符合劳动法的规定，而（2012）94号文未经职工代表大会或者全体职工讨论，程序违法。但是，2013年1月11日，龙穴管业公司以职工代表大会形式通过的（2013）10号文代替了（2012）94号文，该变更薪酬的行为和制度符合法律规定，实际上（2012）94号文并未实际损害林国华的合法权益。

龙穴管业公司根据生产经营的需要调整林国华的工作岗位，并根据其经营情况以召开职工代表大会的形式通过调整公司的薪酬制度措施属于企业自主经营管理的范围，其程序合法，并无不当。

在龙穴管业公司制定的（2012）94号文及实施的薪酬制度均未损害林国华合法权益的情况下，林国华单方提出解除劳动合同，应予确认，但其要求龙穴管业公司支付经济补偿金并不符合《劳动合同法》第三十八条的规定。

编写人：广东省广州市南沙区人民法院　陈健　胡秋玲

42

用人单位非主观因素拖欠劳动者工资应否支付经济补偿金

——吴小勇诉如皋市如皋港船舶服务有限公司劳动争议案

【案件基本信息】

1. 裁判书字号

江苏省如皋市人民法院（2014）皋民初字第651号民事判决书

2. 案由：劳动争议纠纷

3. 当事人

原告：吴小勇

被告：如皋市如皋港船舶服务有限公司

【基本案情】

原告于2009年6月2日到被告单位上班，从事起重工工作，双方签订劳动合同一份，约定期限为2009年6月2日至2010年6月1日，劳动报酬每月至少一次以货币形式支付，每月10日为发薪日，基本工资每月1470元，绩效工资672元。2010年6月1日双方再次签订劳动合同，期限至2012年6月30日，工资发放时间为每月10日，基本工资和绩效工资与第一份合同相同。2012年7月1日双方签订第三份劳动合同，期限至2015年6月30日，工资发放日期为每月10/20日，基本工资为1600元，绩效工资1600元。2013年11月23日，原告向被告邮寄辞职信一份，内容为：因被告拖欠发放原告的工资、未按时缴纳社会保险，故原告向公司提出辞职申请，恳请被告给付相关经济补偿金以及其他相关款项等。原告工作至2013年12月底，2013年12月31日至2014年1月20日期间原告请事假，2014年1月21日办理离职交接手续。原告的社会保险已于2014年2月28日补缴，补缴期限为2013年5月至2014年2月。此前是2013年5月7日补缴的2013年4月的社保费用；2013年4月22日、23日补缴的2012年11月至2013年3月的社保费用。

原告向如皋市劳动人事争议仲裁委员会申请仲裁，要求与被告解除劳动关系；要求被告支付经济补偿金17516.5元。仲裁委员会于2014年3月14日作出皋劳人仲案字［2014］第143号仲裁裁决书，裁决如下：一、双方劳动关系自2014年1月21日起解除；二、不予支持原告的其他仲裁请求。原告不服仲裁裁决，于2014年3月24日诉至本院，要求判如所请。

关于被告发放原告工资的情况：原告的银行交易记录载明，2013年9、10月两笔汇款是发放的8月份工资，11、12月的两笔是9月份工资，2013年12月和2014年1月的两笔是10月份工资，2014年1月25日的两笔是11月份工资，2014年2月和3月的两笔是12月份工资。另，被告陈述：2013年因为被告经营发生重大困难，存在过工资延期发放的情况，但是被告对这一违约行为及时进行了补正，在仲裁前对延期发放的工资均已全额补发。所以截至当前，没有拖欠工资的情况。

【案件焦点】

用人单位非主观因素拖欠劳动者工资应否支付经济补偿金。

【法院裁判要旨】

江苏省如皋市人民法院经审理认为：经济补偿金是指在劳动合同解除或终止后，用人单位依法一次性支付给劳动者的经济上的补助。充分体现了劳动法对劳动者倾斜保护的原则和目的。经济补偿金具有劳动贡献补偿和社会保障的双重功能，在某种程度上也具有违约惩戒的功能，是劳动法上特有的和独立的解约补偿方式。《劳动合同法》第四十六条规定，有下列情形之一的，用人单位应当向劳动者支付经济补偿：（一）劳动者依照本法第三十八条规定解除劳动合同的。第三十八条规定，用人单位有下列情形之一的，劳动者可以解除劳动合同：（二）未及时足额支付劳动报酬的；（三）未依法为劳动者缴纳社会保险费的。我国《劳动合同法》的立法宗旨是为了完善劳动合同制度，明确劳动合同双方当事人的权利和义务，保护劳动者的合法权益，构建和发展和谐稳定的劳动关系。法院在审理具体劳动争议案件中，对劳动者与用人单位的合法权益应视个案情况，结合特定阶段的经济发展形势予以平衡保护，以达到保护劳动者的合法权益，兼顾企业的可持续发展的目的。故在本案中是否适用“经济补偿金”制度应当结合迟延支付劳动报酬的性质、原因、用人单位是否存在主观故意，有无及时改正自己的行为等多种因素来综合考量。

本案中，首先，被告延迟支付工资并非主观故意。2013 年江苏熔盛集团公司经营状况出现严重困难，被告作为熔盛重工集团公司的下属公司，其经营运转主要依赖于集团公司，受集团公司的影响，被告企业经营状况亦发生困难，由此可以看出，被告延迟支付工资的原因是客观不能，并非主观故意；其次，被告延迟支付工资的期限并未过长。无论是在原告寄交辞职前，还是在其后，被告在经营并不景气的情况下，延迟支付工资的时间尚未超过三个月；再次，被告积极采取了补救措施。原告提起劳动仲裁后，被告积极采取补救措施，于劳动仲裁决定书作出前足额支付了原告的工资，并依法为原告缴纳了社会保险费。综上，被告因受集团公司经营困难的影响延迟支付原告工资，后积极依法履行支付工资和缴纳社会保险费的职责，无主观故意，客观上原告的实体权利受损并不明显，原告对此应予理解、包容，故不宜适用经济补偿金制度。对原告的该项诉求，本院碍难支持。

原、被告双方已经于 2014 年 1 月 21 日办理离职交接手续，仲裁裁决准予解除劳动关系，本院对此无异。

据此，根据《中华人民共和国劳动合同法》第四十六条之规定，判决如下：

一、原、被告双方劳动关系自 2014 年 1 月 21 日起解除。

二、驳回原告的其他诉讼请求。

【法官后语】

对本案的处理存在着两种处理意见：

一种意见是驳回原告的诉讼请求。理由是：虽然原告向被告邮寄送达了辞职信，但此后原告依然在被告单位工作。2013 年 12 月 31 日至 2014 年 1 月 20 日原告请事假。直至 2014 年 1 月 21 日原告才办理离职交接手续，且原告所欠工资被告已发放，原告的社会保险被告也已缴纳至 2014 年 2 月。被告延迟发放工资的情形确实存在，但被告经营发生重大变化，因受金融危机影响，被告及其关联单位江苏熔盛重工有限公司经营状况不佳，被告企业经营发生严重困难，原告作为企业员工是知晓的。且被告无拖欠工资的主观恶意，虽有迟延发放工资行为，但到仲裁时被告已经补发欠付的工资，故原告以被告拖欠工资及未按时缴纳社会保险为由提出辞职，不符合《劳动合同法》规定的支付经济补偿金的情形，本院对原告的诉讼请求碍难支持。

另一种意见是支持原告的诉讼请求。被告未能按时发放工资，虽事后补发了工资，但劳动者提出解除时欠付工资属实。现劳动者要求支付经济补偿金于法有据，应予支持。

笔者同意第一种意见，驳回原告诉讼请求。

本案通过分析劳动争议中用人单位因为金融危机影响具有拖欠劳动者工资和社会保险的行为，此行为是否存在主观恶意，进而确定用人单位是否需要因此支付劳动者经济补偿金。该案的典型意义在于，在劳动争议中，如果用人单位因为金融危机或其它非主观因素的影响，存在拖欠劳动者工资及社会保险的情形，不能一概而论为《劳动合同法》所规定的劳动者可以解除合同并可以索要经济补偿金的酌定情形。我国《劳动合同法》第三十八条规定在用人单位存在过错如未及时足额支付劳动报酬、未依法为劳动者缴纳社会保险费等情形下，劳动者可以即时解除劳动合同。用人单位依法向劳动者支付劳动报酬和缴纳社会保险是用人单位的基本义务。但劳动报酬和社会保险的计算标准在实际操作中往往比较复杂。第三十八条规定的立法目的是促使劳动合同当事人双方诚信履行其义务，无论用人单位还是劳动者，其行使权利、履行义务都不能违背诚实信用原则。对于用人单位存在有悖诚信的情况，从而拖欠支付或者拒绝支付的，才属于立法要规制的对象。因此，用人单位因主观恶意而未“及时、足额”支付劳动报酬或者“未缴纳”社会保险的，可以作为劳动者解除劳动合同的理由。但对确因客观原因导致计算标准不清楚、有争议，导致用人单位未能“及时、足额”支付劳动报酬或者未缴纳社会保险的，不能作为劳动者解除劳动合同的理由。在理解与适用该条规定时应当充分考虑用人单位的主观过错，根据个案衡情确定是否适用。如果不区分情况，一概允许劳动者以企业不支付加班费、不缴纳社会保险费为由解除劳动合同并请求经济补偿金，将引发大量劳资纠纷，不利于劳动关系的和谐与稳定。

总之，在劳动争议案件中，作为劳动者和用人单位应相互理解和支持，妥善处理好存在的矛盾。作为执法者，应找到双方利益的衡平点，才符合《劳动合同法》的立法目的，才能实现既保护劳动者的合法权益又有利于企业的发展这一根本目标。

编写人：江苏省如皋市人民法院　宋卫明

43

因未缴纳社会保险，支付经济补偿金如何确定

——谷凤奎诉吉林大学劳动争议案

【案件基本信息】

1. 裁判书字号

吉林省长春市高新技术产业开发区人民法院（2014）民初字第2147号民事判决书

2. 案由：劳动争议纠纷

3. 当事人

原告：谷凤奎

被告：吉林大学

【基本案情】

原告谷凤奎自2007年10月17日至2014年10月23日止一直在被告吉林大学食堂工作。在原告为被告工作期间，被告一直未给原告办理社会保险并缴纳社会保险费用。2009年2月25日，原被告双方签订固定期限劳动合同，合同期自2009年1月1日至2011年12月31日。2014年10月24日原告从被告处离职。2014年11月11日，原告谷凤奎向吉林省劳动人事争议仲裁委员会提出了劳动争议仲裁申请，申请该委依法裁决：一、要求依法确认谷凤奎与吉林大学已解除劳动关系；二、要求吉林大学为谷凤奎缴纳2007年10月17日至2014年10月24日的养老保险、医疗保险、失业保险（以社保部门核定的数额为准）；三、要求吉林大学向谷凤奎支付未签订劳动合同的双倍工资11160元；四、要求吉林大学为谷凤奎支付经济补偿金42285.04元。吉林省劳动人事争议仲裁委员会以申请人的仲裁请求不属于劳动人事争议处理范围为由做出了吉劳人仲字［2014］第538号不予受理通知书，并送达给原告。另查明，原告谷凤奎2013年12月至2014年10月的工资总计30652.94

元；原告2014年10月份离职前12个月的平均工资为2863.05元。

上述事实有下列证据证明：

1. 劳动仲裁申请书、不予受理通知书、送达回证各一份，证明原告已经过法定的仲裁前置程序，劳动争议仲裁委员会不予受理。符合法定的起诉要求。

2. 原告工资单，证明原告工作期限及工资标准。

3. 褚玉华、董淑梅、程立敏的证人证言各一份，证明原告的工作期限、工资状况，及未签订劳动合同，并被被告学校无故辞退。

【案件焦点】

因未缴纳社会保险，支付经济补偿金如何确定。

【法院裁判要旨】

吉林省长春市高新技术产业开发区人民法院经审理认为：原、被告双方建立的劳动关系合法有效，应当受到法律保护。

一、关于原告要求法院依法确认原、被告之间解除劳动关系问题，诉讼过程中被告吉林大学无异议，同意与原告解除劳动关系，故本院予以支持，双方应自原告2014年10月份离职时解除劳动关系；

二、关于原告要求被告为其缴纳2007年10月17日至2014年10月24日的养老保险、医疗保险、失业保险的问题，本院认为，劳动者以用人单位没有为其办理社会保险手续、欠缴社会保险费或未按规定的工资基数足额缴纳社会保险费为由，要求用人单位履行上述义务而诉至人民法院的，一般不予受理，但告知劳动者依据《社会保险费征缴暂行条例》《社会保险稽核办法》《劳动保障监察条例》的规定，通过相关主管部门解决。故原告的此部分诉讼请求，本院不予支持，原告应通过相关劳动主管部门解决；

三、关于原告要求被告支付未签订劳动合同的双倍工资11160元的问题，原告在庭审过程中变更诉讼请求，认为双倍工资计算数额应以法院计算为准。根据《中华人民共和国劳动合同法》第十条第一、二款规定，“建立劳动关系，应当订立书面劳动合同。已建立劳动关系，未同时订立书面劳动合同的，应当自用工之日起一个月内订立书面劳动合同”。第八十二条第一款规定，“用人单位自用工之日起超过一个月不满一年未与劳动者订立书面劳动合同的，应当向劳动者每月支付二倍的工资”。虽然原、被告于2009年2月25日签订固定期限劳动合同，期限由2009年2月25日至2011年12月31日，但合同期满后，直至2014年11月原告申请仲裁，请求解除劳动关系之日，被告始终未与原告签订劳动合同，其违法行为一直处于持续状态，其中2013年12月至2014年10月期间原告关于支付二倍工资的请求并未超过仲裁时效期间，被告应当支付此期间的二倍工资。因原告2014年7月假期休息，被告未支付工资，故此期间工资总计为30652.94元。被告吉林大学对该数额计算亦表示认可，故对于原告的该项诉请本院依法予以保护；

四、关于原告要求被告支付解除劳动关系经济赔偿金42285.04元的问题。虽然被告在答辩过程中认为原告是自动离职，但却未能提供相关证据予以证实，也未能举证证实符合法律规定解除劳动关系的理由，故应认定是被告违反法律规定单方解除劳动关系。本院认为，被告未按《中华人民共和国劳动合同法》规定解除劳动关系，原告诉请要求被告支付赔偿金的请求符合《中华人民共和国劳动合同法》的规定，应予支持。根据《中华人民共和国劳动合同法》第九十七条之规定，“本法施行之日存续的劳动合同在本法施行后解除或者终止，依照本法第四十六条规定应当支付经济补偿的，经济补偿年限自本法施行之日起计算”。原告提供其自2008年1月起至2014年10月止被告为原告发放工资的相关证据，故原告在被告处工作年限为6年9个月，原告2014年10月份离职前12个月的平均工资为2863.05元。因被告违法解除劳动合同，故依照《中华人民共和国劳动合同法》第四十八条、第八十七条之规定，应保护原告经济赔偿金2863.05元×7个月×2倍=40082.7元。

吉林省长春高新技术产业开发区人民法院依照《中华人民共和国劳动合同法》第十条、第三十八条、第四十八条、第八十二条、第八十七条、第九十七条，《中华人民共和国劳动争议调解仲裁法》第二十七条之规定，作出如下判决：

一、原告谷凤奎与被告吉林大学自2014年10月份解除劳动关系。

二、被告吉林大学于本判决生效之日立即向原告谷凤奎支付因未签订劳动合同而产生的双倍工资人民币30652.94元。

三、被告吉林大学于本判决生效之日立即向原告谷凤奎支付经济赔偿金人民币40082.70元。

四、驳回原告谷凤奎的其他诉讼请求。

【法官后语】

当劳动者辞职时，已工作多年，但一直未签订劳动合同。用人单位辩称在工作期间曾签订一段短期劳动合同，不应再支付双倍工资，应以倾斜保护弱势劳动者为目的，弥补劳动者在其劳动权实现过程中所处的不利地位。本案争议焦点主要是工作期间签订了短期的劳动合同，对于双倍工资问题是否应予支持。《劳动合同法》第十条第一、二款规定，“建立劳动关系，应当订立书面劳动合同。已建立劳动关系，未同时订立书面劳动合同的，应当自用工之日起一个月内订立书面劳动合同”。第八十二条第一款规定，“用人单位自用工之日起超过一个月不满一年未与劳动者订立书面劳动合同的，应当向劳动者每月支付二倍的工资”。当应否认定原告诉请已经超过仲裁时效期间，就成了能否保护该部分诉请的关键问题。虽然原、被告于2009年2月25日签订固定期限劳动合同，期限由2009年2月25日至2011年12月31日，但合同期满后，直至2014年11月原告申请仲裁，请求解除劳动关系之日，被告始终未与原告签订劳动合同，其违法行为一直处于持续状态，其中2013年12月至2014年10月期间原告关于支付二倍工资的请求并未超过仲裁时效期间，被告应当支付此期间的二倍工资。因原告2014年7月假期休息，被告未支付工资，故此期间工资总计为30652.94元。

以倾斜保护弱势群体劳动者为立法目的的劳动法，对作为弱势群体的劳动者予以特殊的保护和关照，弥补劳动者在其劳动权实现过程中所处的不利地位，这种倾斜保护是实质平等的应有之义。法律把签订劳动合同的义务交给用人单位，就是为了在此过程中保护弱势劳动者，如用人单位未签订劳动合同，本身存在过错的情况下，认定劳动者确以起诉时，索要未签订劳动合同双倍工资已经超过仲裁时效期间，既是为用人单位的过错行为找到了摆脱责任的借口，亦失去了劳动法保护公平的目的。

本案中，原被告虽然曾签订短期劳动合同，但从整个工作期间看，该合同保护劳动者的期限仍是短暂性的，被告未在整个劳动阶段签订劳动合同存在过错，且未办理社会保险，理应承担其过错行为带来的不利后果，即应承担向原告支付双倍工资和经济赔偿金的责任。

编写人：吉林省长春市高新技术产业开发区人民法院　胡亮

44

劳动关系解除事由被认定后是否应支付经济补偿金

——刘红伟诉北京巴拿巴化妆品有限公司劳动争议案

【案件基本信息】

1. 裁判书字号

北京市第一中级人民法院（2014）一中民终字第1688号民事判决书

2. 案由：劳动争议纠纷

3. 当事人

原告（上诉人）：刘红伟

被告（被上诉人）：北京巴拿巴化妆品有限公司（以下简称巴拿巴公司）

【基本案情】

刘红伟入职巴拿巴公司，双方签订了劳动合同。刘红伟执行标准工时制，每日工作8小时，根据巴拿巴公司的经营需要，如果巴拿巴公司安排刘红伟加班，须履行加班审批程序，否则不计入加班时间。

刘红伟称其工作至2013年5月中旬请病假，于2013年6月7日向巴拿巴公司邮寄《辞职信》，以巴拿巴公司仅上了1年保险、巴拿巴公司无产假及产假工资、无年假、拖欠工资为由与巴拿巴公司解除劳动关系。巴拿巴公司称刘红伟工作至2013年4月底，5月工作了1天后未再上班，刘红伟向巴拿巴公司请假，提出保留劳动关系由巴拿巴公司为其缴纳社会保险，但未明确请假期限，双方就此未能达成一致，后收到刘红伟的《辞职信》，故系刘红伟自行辞职。在劳动仲裁过程中，刘红伟谈到："2013年5月份，我因身体原因无法上班，遂与公司协商想保留劳动关系并让公司继续缴纳社会保险，但公司不同意。由于公司只为我缴纳了1年左右的社会保险，同时也未足额发放工资，我于2013年6月7日向公司邮寄了《辞职信》。"

刘红伟工资由保底、提成、奖金、加班费等组成，保底工资300元至3000元不等，2011年2月之前、2011年6月至2012年3月期间每月工资中有社保200元。出勤记录显示刘红伟2009年11月出勤27天，2009年12月至2010年2月期间没有出勤记录，2011年1月至2012年7月有些月份出勤天数超过该月工作日，2011年事假累计31天，2012年7月14日后没有出勤记录。

刘红伟称其工作期间未休过年休假，巴拿巴公司认可未向刘红伟支付过未休年休假的工资，同意劳动仲裁对此项的裁决结果。

巴拿巴公司于2012年11月5日转账支付刘红伟2012年8月、9月病假工资共计1198.8元，于2012年12月4日转账支付刘红伟2012年10月病假工资799.4元。2013年7月5日巴拿巴公司将生育津贴11959.47元转付给刘红伟。

2011年3月至5月、2012年5月至2013年5月期间，巴拿巴公司为刘红伟缴纳了养老保险和失业保险。巴拿巴公司称其未为刘红伟缴纳社会保险的期间每月向刘红伟支付了200元社保补偿，刘红伟对此不予认可。

【案件焦点】

巴拿巴公司应否向刘红伟支付解除劳动关系的经济补偿金。

【法院裁判要旨】

北京市昌平区人民法院经审理认为：虽然刘红伟在《辞职信》中表示其因巴拿巴公司仅上了1年保险、巴拿巴公司无产假及产假工资、无年假、拖欠工资为由提出与巴拿巴公司解除劳动合同，但是刘红伟在仲裁庭审所述系因身体原因无法上班、与公司协商社保缴纳事宜未达成一致等原因，且巴拿巴公司为刘红伟缴纳了社会保险、于2013年5月23日办理了生育津贴申领手续并已转付其生育津贴，综合上述情况，法院认为刘红伟的该请求依据不足，法院不予采信。

北京市昌平区人民法院依照《中华人民共和国劳动法》第四十四条，《中华人民共和国民事诉讼法》第六十四条之规定，作出如下判决：

一、被告北京巴拿巴化妆品有限公司于本判决生效后七日内支付原告刘红伟2008年9月至2013年6月期间的未休年假工资3594.3元。

二、被告北京巴拿巴化妆品有限公司于本判决生效后七日内支付原告刘红伟2012年8月至10月的病假工资差额1025.8元。

三、被告北京巴拿巴化妆品有限公司于本判决生效后七日内支付原告刘红伟加班工资差额 3718.49 元。

四、被告北京巴拿巴化妆品有限公司于本判决生效后七日内退还原告刘红伟工作服押金 400 元。

五、驳回原告刘红伟的其他诉讼请求。

刘红伟持原审起诉意见提起上诉。

北京市第一中级人民法院经审理认为：巴拿巴公司未及时足额向刘红伟支付加班费、未休年休假工资，2013 年 6 月 7 日，刘红伟以巴拿巴公司拖欠工资等为由提出解除劳动合同，符合《中华人民共和国劳动合同法》第三十八条第一款第（二）项的规定。巴拿巴公司应向刘红伟支付解除劳动合同的经济补偿金。

北京市第一中级人民法院依照《中华人民共和国劳动法》第三十二条、第四十四条，《中华人民共和国劳动合同法》第三十八条、第四十六条、第四十七条，《最高人民法院关于审理劳动争议案件适用法律若干问题的解释》第十五条，《职工带薪年休假条例》第四条，《中华人民共和国民事诉讼法》第一百七十条第一款第（二）项之规定，作出如下判决：

一、维持北京市昌平区人民法院（2013）昌民初字第 12291 号民事判决第一项、第二项、第四项。

二、撤销北京市昌平区人民法院（2013）昌民初字第 12291 号民事判决第三项、第五项。

三、北京巴拿巴化妆品有限公司于本判决生效后七日内支付刘红伟加班工资差额 9919.33 元。

四、北京巴拿巴化妆品有限公司于本判决生效后七日内支付刘红伟解除劳动合同经济补偿金 19544.01 元。

五、驳回刘红伟的其他诉讼请求。

【法官后语】

二审中，双方的主要争议焦点之一是用人单位是否需要向劳动者支付解除劳动合同的经济补偿金。刘红伟主张解除劳动关系的理由是巴拿巴公司仅上了 1 年保险、巴拿巴公司无产假及产假工资、无年假、拖欠工资等。巴拿巴公司主张系因双方就刘红伟请假一事未能达成一致，刘红伟自行辞职。探求解除劳动关系的真实原因，最重要的依据之一就是劳动者提出的辞职信。虽然在劳动仲裁过程中，刘红伟亦认可曾就保留劳动关系一事与巴拿巴公司协商未达成一致，但其在《辞职信》中明确提出了解除劳动关系的理由，且巴拿巴公司确实存在未及时足额支付加班费及未休年假工资的情形，故二审认定该情形符合《劳动合同法》第三十八条第一款第（二）项的规定，巴拿巴公司应向刘红伟支付解除劳动合同的经济补偿金。现实生活中有很多类似的情形，用人单位与劳动者因经营理念等问题出现分歧导致劳动者提出辞职，但劳动者在辞职的时候提出用人单位存在《劳动合同法》第三十八条规定的情形。该条之所以赋予劳动者解除劳动合同的权利，正是为了对用人单位涉及劳动者基本权益和切身利益的行为进行约束，这与《劳动合同法》保护劳动者合法权益，构建和发展和谐稳定劳动关系的立法目的是一致的。若此时对于用人单位的用工瑕疵置之不理，转而去调查劳动者辞职之前与用人单位之间发生的纠纷，不仅极大地增加了调查取证的难度，还不利于保护劳动者的合法权益。而支持劳动者关于解除劳动关系经济补偿金的请求对督促用人单位依法规范经营管理亦具有推动作用。

编写人：北京市第一中级人民法院　张晓蓓

45

劳动者以用人单位的工资欠条为证据直接向人民法院起诉是否须先经仲裁程序才能进入诉讼程序

——房华诉广西罗城伟隆煤业有限公司、广西罗城伟隆煤业有限公司新村煤矿追索劳动报酬案

【案件基本信息】

1. 裁判书字号

广西壮族自治区河池市罗城仫佬族自治县人民法院（2015）罗民初字第45号民事判决书

2. 案由：追索劳动报酬纠纷

3. 当事人

原告：房华

被告：广西罗城伟隆煤业有限公司、广西罗城伟隆煤业有限公司新村煤矿

【基本案情】

房华于2012年受聘于广西罗城伟隆煤业有限公司下属的广西罗城伟隆煤业有限公司新村煤矿，担任该煤矿常务副矿长职务，负责该煤矿的安全及生产工作，工作一年后被告欠原告2012年1月至6月份劳动报酬（工资、安全风险金）51800元没有按时支付给原告。2013年4月1日被告新村煤矿又与原告续签《聘用合同》，合同第二条第（2）款约定报酬按年薪制，年薪21.6万元，其中6万元为年度安全风险金，每月实发工资1.3万元；第六条规定，聘用期为一年，自2013年4月1日起至2014年4月1日。合同期满后，本合同自行终止；第八条规定全年实现安全生产，完成生产任务，年底补发剩余年薪工资加倍返还安全风险金。在合同履行期限内的2013年8月17日由新村煤矿的董事长杨传友、总经理单晔、机电矿长闫吉斌、安全矿长高继泉以及原告在矿上召开会议，由董事长杨传友宣读了新村煤矿改制的情况以及于2013年8月15日之前各高管以前与矿上签订的《聘用合同》关系：本年8月15日之前各高管的安全奖按天计算，差旅费2000元一分钱不少，养老保险金2000元照常计算，本年8月15日以后原在新村煤矿上班的高管按改制后的工资标准计算。原告自与被告续签聘用合同后一直在矿上认真努力工作，但矿上一直没有兑现原告7月份、8月份的工资，原告在矿上无法生活下去于2013年9月4日向新村煤矿提出辞职。为此，请求法院判决：1. 请求判令两被告支付原告2012年1至6月份劳动报酬（工资、安全风险金）51800元；2. 请求判令两被告支付原告2013年劳动报酬104295.78元；3. 请求判令被告支付原告一个月的经济补偿金13000元；4. 请求判令两被告对原告承担连带责任。

【案件焦点】

房华以用人单位的工资欠条为证据直接向人民法院起诉，是否须先经仲裁程序，才能进入诉讼程序。

【法院裁判要旨】

广西壮族自治区河池市罗城仫佬族自治县人民法院经审理认为：房华在诉讼过程中已经放弃了第 2、3 项请求，根据《最高人民法院关于审理劳动争议案件适用法律若干问题的解释（二）》第三条之规定："劳动者以用人单位的工资欠条为证据直接向人民法院起诉，诉讼请求不涉及劳动关系其他争议的，视为拖欠劳动报酬争议，按照普通民事纠纷受理。"劳动者有通过劳动获得劳动报酬的权利，本案中，原告在广西罗城伟隆煤业有限公司新村煤矿工作，合同期满后广西罗城伟隆煤业有限公司新村煤矿出具欠条给房华，承认尚欠房华年薪工资、安全奖 51800 元，原、被告形成债权债务关系。原告诉请被告支付年薪工资及安全奖共计人民币 51800 元合法有据，本院予以支持。广西罗城伟隆煤业有限公司新村煤矿属于广西罗城伟隆煤业有限公司的下属机构，其不具备法人资格和法律规定的合法的用人单位主体资格，不能独立承担民事责任。本案民事责任应由具备法人资格和用人单位主体资格的广西罗城伟隆煤业有限公司承担。

综上所述，依照《中华人民共和国民法通则》第一百零八条，《中华人民共和国劳动法》第三条及《最高人民法院关于审理劳动争议案件适用法律若干问题的解释（二）》第三条之规定，判决如下：

广西罗城伟隆煤业有限公司从本判决生效之日起十日内支付原告房华 2012 年 1 至 6 月份劳动报酬（工资、安全风险金）人民币 51800 元。

【法官后语】

本案旨在方便广大农民工依法追索工资的问题，明确劳动者以单位的工资欠条作为证据可以直接向人民法院起诉。在以往的审判实践中，农民工凭工资欠条追讨工资，有的法院是按照劳动争议案件对待的，这就要求必须先经仲裁程序，才能进入诉讼程序。这样一来，处理方式程序相对繁琐，时间消耗较长，农民工往往难以等待。特别是农民工的工资到了岁末年尾就会出现讨要高峰，外出务工者急于拿到工钱后返乡过年，长时间的等待容易引发恶性事件。

针对这一状况，《最高人民法院关于审理劳动争议案件适用法律若干问题的解释（二）》第三条规定："劳动者以用人单位的工资欠条为证据直接向人民法院起诉，诉讼请求不涉及劳动关系其他争议的，视为拖欠劳动报酬争议，按照普通民事纠纷受理。”这样的规定是为了及时有效保护劳动者的权益。

本案原告房华为了尽快拿到拖欠的工资，主动放弃涉及劳动关系的其他争议，以用人单位的工资欠条为证据直接向人民法院起诉，符合司法解释的规定，可以不须先经仲裁程序进入诉讼程序，本案可以直接按照民事纠纷受理。

编写人：广西壮族自治区河池市罗城仫佬族自治县人民法院　梁浩林

46

公司未注册成立前用工的双倍工资起算时间应如何认定

——周海彬诉淄博盈源工业废渣综合利用有限公司劳动争议案

【案件基本信息】

1. 裁判书字号

山东省淄博市中级人民法院（2014）淄民三终字第190号民事判决书

2. 案由：劳动争议纠纷

3. 当事人

原告（上诉人）：周海彬

被告（上诉人）：淄博盈源工业废渣综合利用有限公司（以下简称盈源公司）

【基本案情】

盈源公司于2012年6月19日注册成立，之前公司处在筹建阶段。自2011年8月29日，周海彬在该公司筹建期间从事工程部工作，岗位为工程师，工资为每月16666元。2013年1月24日离职，期间双方未签订书面劳动合同。2013年3月1日，周海彬向淄博市张店区劳动人事争议仲裁委员会申请仲裁，请求支付解除劳动合同赔偿金27909元、未签订书面劳动合同双倍工资差额183333元。淄博市张店区劳动人事争议仲裁委员会于2013年5月8日作出张劳人仲案字（2013）第046号裁决书，裁决支付解除劳动合同赔偿金27909元（上年度在岗职工月平均工资3101元×3×1.5个月×2）并驳回其他仲裁请求。周海彬不服该裁决诉至法院，其请求同仲裁请求。盈源公司辩称其不存在违法解除的情形，不应支付解除劳动合同赔偿金；未签订劳动合同的过错在劳动者，拖延不签劳动合同，因此不应支付双倍工资。

【案件焦点】

对于劳动者在用人单位注册成立之前就在该单位工作的，劳动者主张的未签订劳动合同双倍工资的起算时间应如何认定。

【法院裁判要旨】

山东省淄博市高新技术产业开发区人民法院经审理认为：盈源公司于2012年6月19日注册成立，之前公司处在筹建阶段，不具有民事行为能力，其没有权利也没有能力与劳动者签订书面劳动合同。周海彬主张2011年9月29日至2012年8月29日未签订劳动合同双倍工资差额183333元，2012年6月19日公司注册成立之前，公司没有能力签订书面劳动合同；2012年6月19日公司注册成立之后，应当与周海彬签订书面劳动合同，截止2013年1月24日周海彬离职单位也未与其签订书面劳动合同，结合周海彬主张未签订劳动合同双倍工资差额的期间，公司应支付自公司注册成立之日起满一个月后至2012年8月29日未签订劳动合同的双倍工资差额。公司辩解周海彬以种种理由拖延签订劳动合同，但未提供相关证据予以证实，该辩解意见不成立，不予采信。周海彬主张的解除劳动合同赔偿金符合法律规定，予以支持。据此，依照《中华人民共和国劳动合同法》第三十八条、第四十六条、第四十七条、第八十二条的规定，判决如下：

一、盈源公司于本判决生效之日起十日内向周海彬支付解除劳动合同赔偿金27909元（上年度在岗职工月平均工资3101元×3×1.5个月×2）；

二、盈源公司于本判决生效之日起十日内向周海彬支付2012年7月19日至2012年8月29日期间双倍工资差额22165.78元（月工资16666元×1.33月）；

三、驳回周海彬的其他诉讼请求。

周海彬、盈源公司均持原审意见提起上诉。山东省淄博市中级人民法院经审理认为：在公司注册成立之前，筹建中的公司不是法律意义上的用人单位，不是劳动合同法的适格主体，其无能力与劳动者签订劳动合同；在公司成立后应当按照法律规定，与劳动者签订劳动合同。但盈源公司在公司成立后怠于履行上述义务，按照法律规定，应从满一个月的次日即2012年7月19日支付劳动者双倍工资，直至周海彬离职之日即2013年1月24日，故周海彬的双倍工资差额共计99996元（月工资16666元×6个月）。原审判决计算周海彬双倍工资起算时间正确，但截止时间错误，本院予以纠正。根据《中华人民共和国劳动合同法实施条例》第六条的规定："用人单位自用工之日起超过一个月未满一年未与劳动者签订书面劳动合同的，应当按照劳动合同法第八十二条的规定向劳动者每月支付两倍的工资，并与劳动者补订书面劳动合同；劳动者不与用人单位订立书面劳动合同的，用人单位应当书面通知劳动者终止劳动关系，并依照劳动合同法第四十七条的规定支付经济补偿。"盈源公司主张未签订劳动合同的过错在周海彬，但未提供证据证明，且没有与周海彬书面终止劳动关系，双方劳动关系继续存在，盈源公司应支付周海彬未签订劳动合同的双倍工资差额。综上，原审判决适用法律错误，本院予以纠正。据此，依据《中华人民共和国劳动合同法实施条例》第六条，《中华人民共和国民事诉讼法》第一百六十九条、第一百七十条第一款第（二）项、第一百七十五条之规定，判决如下：

一、维持山东省淄博市张店区人民法院（2013）张民初字第1417号民事判决第一项，即：盈源公司于本判决生效之日起十日内向周海彬支付解除劳动合同赔偿金27909元（上年度在岗职工月平均工资3101元×3×1.5个月×2）；

二、撤销山东省淄博市张店区人民法院（2013）张民初字第1417号民事判决第三项，即：驳回周海彬的其他诉讼请求；

三、盈源公司于本判决生效之日起十日内向周海彬支付2012年7月19日至2013年1月24日期间双倍工资差额99996元；

四、驳回周海彬的其他诉讼请求。

【法官后语】

根据《劳动合同法》第八十二条的规定："用人单位自用工之日起超过一个月未满一年未与劳动者订立书面劳动合同的，应当向劳动者每月支付二倍的工资。"该"用工之日"一般就是劳动者到用人单位实际工作之日。对于劳动者在用人单位注册成立之前就在本单位工作的，未签订劳动合同双倍工资的起算时间是从工作之日还是公司注册成立之日，法律并无明确规定。对此情况，应认定用人单位自注册成立之日才具有劳动法规定的用人单位主体资格和与劳动者签订劳动合同的条件。

理由如下：

一是筹建阶段的用人单位不是法律意义上的法人主体，不能独立承担法律责任。《劳动合同法》第二条规定“中华人民共和国境内的企业、个体经济组织、民办非企业单位等组织（以下简称用人单位）与劳动者建立劳动关系，订立、履行、变更、解除或者终止劳动合同，适用本法。”因此，合法成立的具有独立法人资格的公司才是劳动合同的适格主体。筹建中的公司不具备权利能力和行为能力，不能成为劳动合同的适格主体，不具有合法的劳动用工权，筹建中的公司根本无法承担劳动合同法中规定的与劳动者签订劳动合同的法律义务。

二是《劳动合同法》第九十三条的规定，对不具备合法经营资格的用人单位的违法犯罪行为，依法追究法律责任；劳动者已经付出劳动的，该单位或其出资人应当依照本法有关规定向劳动者支付劳动报酬、经济补偿、赔偿金。其中对“劳动报酬、经济补偿和赔偿金”应作狭义解释，不宜将责任范围扩大到未签订书面劳动合同的双倍工资差额等其他项目。从双倍工资的性质上来看，实际是用人单位没有按照法律规定与劳动者签订劳动合同所产生的法律后果，属于惩罚性的赔偿，并非是劳动者提供劳动而获得的对价支付，在性质上并不是劳动报酬，因此不属于上述规定的情形之内。

从上述两点出发，因筹建中的公司不具有合法的劳动用工权，即使其与劳动者签订劳动合同也属于无效合同，因此要求筹建中的公司支付未签劳动合同的双倍工资，缺乏法律依据。本案中，法院最终认定盈源公司应从注册成立之日起与周海彬签订劳动合同，对周海彬主张的未签订劳动合同的双倍工资应从盈源公司注册成立之日的下一月的次日开始计算。

编写人：山东省淄博市中级人民法院　胡晓梅

47

分包单位是否对劳动者承担连带责任

——贺春林诉谭明连等追索劳动报酬案

【案件基本信息】

1. 裁判书字号

四川省华蓥市人民法院（2014）华蓥民初字第167号民事判决书

2. 案由：追索劳动报酬纠纷

3. 当事人

原告：贺春林

被告：谭明连、内蒙古送变电有限责任公司（以下简称内蒙古送变电公司）、内蒙古送变电有限责任公司成都分公司（以下简称内蒙古送变电成都分公司）

【基本案情】

2012年9月，被告谭明连在被告内蒙古送变电成都分公司承包了两份工程施工的劳务，双方没有签订劳务承包合同。随后谭明连叫原告贺春林组织工人到其承包的上述两个工地做工。贺春林组织工人先后到两个工地做工，整个过程中贺春林对其班组工人进行工作记录、管理，并与谭明连进行劳务费结算。至2013年10月，贺春林与谭明连进行结算时，谭明连尚欠贺春林班组工人劳务费88933元，谭明连于2013年11月10日向贺春林出具欠条一张。后原告向谭明连多次催收，谭明连均以内蒙古送变电成都分公司拖欠他100万元劳务费为由而拒绝支付劳务费。

内蒙古送变电成都分公司为内蒙古送变电公司的分公司，没有独立财产。内蒙古送变电成都分公司曾因拖欠谭明连工程劳务费问题发生纠纷，双方经调解达成协议，现内蒙古送变电成都分公司仍欠谭明连劳务费100万元。诉讼中内蒙古送变电成都分公司以其与原告贺春林没有劳动关系，且其与谭明连为工程承包关系为由拒绝支付。原告经多方催收无果后诉至法院，要求三被告连带给付拖欠的民工工资88930元及利息。

【案件焦点】

被告内蒙古送变电有限公司成都分公司与原告贺春林无劳动关系是否应当支付劳动报酬。

【法院裁判要旨】

四川省华蓥市人民法院经审理认为：被告内蒙古送变电成都分公司将劳务分包给无资质的被告谭明连承包，属于无效合同，但已形成事实上的劳务分包合同关系，被告谭明连拖欠原告班组工人的劳务费，给原告等工人造成了损害，被告内蒙古送变电成都分公司是发包人，根据《中华人民共和国劳动合同法》第九十四条的规定“个人承包经营违反本法规定招用劳动者，给劳动者造成损害的，发包的组织与个人承包经营者承担连带赔偿责任。”被告内蒙古送变电成都分公司违反法律规定，应当对被告谭明连所欠原告班组的劳务费承担连带支付责任。但因被告内蒙古送变电成都分公司尚欠被告谭明连工程款100万元，所以被告内蒙古送变电成都分公司应在100万元的范围内承担连带支付责任，又因被告内蒙古送变电成都分公司为内蒙古送变电公司的分公司，无独立财产，应当由内蒙古送变电公司来承担内蒙古送变电成都分公司的连带支付责任。

依照《中华人民共和国民法通则》第八十七条、第一百零八条、第一百一十一条，《中华人民共和国公司法》第十四条，《中华人民共和国劳动合同法》第九十四条，《中华人民共和国民事诉讼法》第六十四条的规定，判决如下：

一、被告谭明连在本判决生效后五日内向原告贺春林支付劳务费88930元及利息。被告内蒙古送变电有限责任公司在其所欠被告谭明连工程款100万元范围内对被告谭明连欠原告贺春林劳务费88930元及利息承担连带责任。

二、驳回原告贺春林要求被告内蒙古送变电有限责任公司成都分公司支付劳务费的诉讼请求。

【法官后语】

本案的处理重点在于分包人与实际施工人并无劳动合同，在此种情况下，实际施工人可以向谁主张劳务费？

《劳动合同法》第九十四条规定“个人承包经营违反本法规定招用劳动者，给劳动者造成损害的，发包的组织与个人承包经营者承担连带赔偿责任。”本案中谭明连招用工人时未签订劳动合同即为违反法律规定招用劳动者的个人承包经营者，发包组织即为内蒙古送变电有限责任公司成都分公司应当对其劳务费承担连带责任。另依据《最高人民法院关于审理建设施工工程施工合同纠纷案件适用法律问题的解释》第二十六条第二款规定“实际施工人以发包人为被告主张权利的，人民法院可以追加转包人或者违法分包人为本案当事人。发包人只在欠付工程价款范围内对实际施工人承担责任。”故此，不能以分包人与施工人无劳动合同为由而拒绝支付，内蒙古送变电有限责任公司应当在其所欠的100万的工程款内承担支付责任。

编写人：四川省华蓥市人民法院　殷小华

五、竞业限制

48

竞业限制协议的效力与违约责任承担

——魏凯明诉百度在线网络技术（北京）有限公司劳动争议案

【案件基本信息】

1. 裁判书字号

北京市第一中级人民法院（2014）一中民终字第09158号民事判决书

2. 案由：竞业限制纠纷

3. 当事人

原告（上诉人）：魏凯明

被告（被上诉人）：百度在线网络技术（北京）有限公司（以下简称百度在线公司）

【基本案情】

魏凯明于2011年12月7日入职百度在线公司，担任市场部经理。百度在线公司与魏凯明约定的竞业限制期限为在职期间及劳动合同解除后一年内。2013年7月19日，双方解除劳动关系。魏凯明离职前十二个月基本工资为22826元。百度在线公司支付魏凯明四个月的竞业限制经济补偿金共计36521.6元。

百度在线公司主张魏凯明于2013年7月19日以后入职北京协进科技发展有限公司。北京协进科技发展有限公司的股东是高德软件有限公司，高德软件有限公司经营高德地图业务，百度在线公司的关联公司北京百度网讯科技有限公司是百度地图的所有者和经营者，故魏凯明的行为违反了竞业限制的约定。

百度在线公司以要求魏凯明继续履行《竞业限制协议》、返还竞业限制经济补偿金，并支付违反竞业限制的违约金为由向北京市劳动人事争议仲裁委员会申请仲裁，北京市劳动人事争议仲裁委员会裁决：魏凯明一次性返还百度在线公司竞业限制经济补偿金36521.6元；支付百度在线公司竞业限制违约金410868元；双方继续履行《竞业限制协议》。

魏凯明不服裁决，起诉至北京市海淀区人民法院，认为其不存在违反竞业限制的行为，故无需向百度在线公司返还竞业限制经济补偿金，也无需支付违约金。即使存在违反竞业限制的行为，百度在线公司所主张的违约金的数额过高。百度在线公司同意仲裁裁决。

【案件焦点】

魏凯明与百度在线公司签订的《竞业限制协议》的效力、违反竞业限制行为的认定及责任承担。

【法院裁判要旨】

北京市海淀区人民法院经审理认为：关于《竞业限制协议》的效力问题。首先，魏凯明虽在百度在线公司担任市场部经理，但百度在线公司与魏凯明签订竞业限制协议，并不违反法律关于竞业限制人员范围的相关规定。其次，鉴于百度在线公司所从事产业的特殊性，百度在线公司与魏凯明在《竞业限制协议》中所约定的竞业限制义务，亦不违反法律的相关规定。还有，魏凯明与百度在线公司签订了《竞业限制协议》，在该协议中对于竞业限制经济补偿金的金额及支付方式、支付周期进行了明确约定，且该约定并不违反法律的强制性规定。另外，魏凯明虽主张其是在百度在线公司强迫下签订的该协议，但针对该主张魏凯明并未提供相应的证据证明。综上，法院确认百度在线公司与魏凯明签订的《竞业限制协议》合法有效，双方当事人均应按照该协议的约定履行各自的义务。关于魏凯明是否违反竞业限制义务。从本案查明的情况看，百度在线公司的关联公司北京百度网讯科技有限公司经营百度地图业务，而魏凯明入职的北京协进科技发展有限公司的关联公司高德软件有限公司经营高德地图，魏凯明入职北京协进科技发展有限公司的行为，显然违反了《竞业限制协议》约定的竞业限制义务，理应承担违约责任，继续履行《竞业限制协议》，返还已支付的竞业限制经济补偿金，同时支付违反竞业限制的违约金。现魏凯明主张双方约定的违反竞业限制的违约金数额过高，魏凯明的该抗辩理由合理，法院酌情减少违约金的数额，具体金额，由法院酌情予以判定。北京市海淀区人民法院依照《中华人民共和国劳动合同法》第二十三条、第二十四条，作出如下判决：

一、魏凯明与百度在线网络技术（北京）有限公司继续履行《竞业限制协议》至 2014 年 7 月 19 日。

二、魏凯明于本判决生效后十日内返还百度在线网络技术（北京）有限公司竞业限制经济补偿金 36521.6 元。

三、魏凯明于本判决生效后十日内支付百度在线网络技术（北京）有限公司违约金 273912 元。

魏凯明不服上述判决提起上诉。北京市第一中级人民法院经审理认为：本案争议的焦点问题在于：一、《竞业限制协议》的效力。竞业限制是用人单位对员工采取的以防止不正当竞争和保护商业秘密为目的的一种法律措施。我国劳动合同法规定了竞业限制制度，为用人单位和劳动者进行竞业限制的约定提供了明确的法律依据。本案魏凯明与百度在线公司签订的《竞业限制协议》对竞业限制适用范围、期限等的约定不违反法律规定，且魏凯明未能举证证明协议的签订违背其真实意思，故魏凯明与百度在线公司签订的《竞业限制协议》应为有效，双方均应严格遵守协议。二、百度在线公司是否履行了《竞业限制协议》约定的义务。作为劳动者遵守竞业限制的对价，用人单位应当支付相应的竞业限制补偿金。魏凯明与百度在线公司签订的《竞业限制协议》约定了补偿金的计算标准及支付方式，魏凯明上诉主张百度在线公司少支付约定数额 20% 的经济补偿金，百度在线公司主张该 20% 的款项系代扣代缴的税款。经本院审查，百度在线公司向魏凯明支付的数额确系按协议约定的标准扣缴 20% 税款后的款项，百度在线公司已履行了《竞业限制协议》约定的支付补偿金的义务。三、魏凯明是否应当承担违约责任。履行竞业限制义务的劳动者，在解除或终止劳动合同后，不得到与原单位生产或经营同类产品、从事同类业务的有竞争关系的其他用人单位工作。百度在线公司的关联公司北京百度网讯科技有限公司经营百度地图业务，而魏凯明入职的北京协进科技发展有限公司的关联公司高德软件有限公司经营高德地图，魏凯明入职北京协进科技发展有限公司的行为，违反了《竞业限制协议》约定的竞业限制义务，应当承担违约责任。魏凯明在明知自己应当履行竞业限制义务，并且可以获得百度在线公司支付相应竞业限制补偿金的情况下，在离职当月即入职竞争对手的公司，主观故意明显，一审判决已经对双方约定的违约金进行了调整，魏凯明关于违约金过高的上诉主张不能成立，法院不予支持。

北京市第一中级人民法院依照《中华人民共和国民事诉讼法》第一百七十条第一款第（一）项之规定，作出如下判决：

驳回上诉，维持原判。

【法官后语】

随着信息时代的来临，人才和商业秘密成为企业在市场角逐中获取成功的重要武器。如何正确、有效、妥善地处理人才流动性与商业秘密保密性之间的矛盾成为当今企业必须解决的问题。竞业限制作为劳动法领域的一项重要制度，为企业解决这一难题提供了法律依据。

关于竞业限制的法律规定，主要见于《劳动合同法》第二十三条、二十四条、第九十条及《最高人民法院关于审理劳动争议案件适用法律若干问题的解释（四）》，但这些规定比较笼统，对协议的效力、违约金的标准等问题缺乏细则性规定，给司法实践带来重重困难。

本案涉及的焦点问题在于竞业限制协议的效力、如何判断劳动者是否违约及如何承担违约责任。

一、竞业限制协议的效力。劳动者的竞业限制义务属于约定义务，非法定义务，竞业限制是法律赋予用人单位保护自身合法权益免受侵害的权利，但同时《劳动合同法》也为其设定了相应的限制条件和相关义务，如对主体范围、适用范围、期限进行了限定，在认定竞业限制协议的效力时须考察上述因素。

从竞业限制的适用对象来看，并非所有员工都需要签订竞业限制协议，仅仅是那些掌握了单位商业秘密的员工才能成为竞业限制的义务主体。《劳动合同法》第二十四条规定，竞业限制的人员限于用人单位的高级管理人员、高级技术人员和其他负有保密义务的人员。这就将竞业限制的主体限定在知悉用人单位的商业秘密的人员范围内。司法实践中，高级管理人员一般参照《公司法》第二百一十七条的规定，指公司的经理、副经理、财务负责人、上市公司董事会秘书和公司章程规定的其他人员；高级技术人员一般是指从事技术研发工作，较为全面掌握用人单位技术信息尤其是技术秘密的技术人员；其他负有保密义务的人员是指了解经营信息的财务人员、销售人员，掌握技术信息的技术人员等，包括一般技术人员和关键岗位的技术工人、计划和调度人员、市场销售人员、财务人员和秘书等。本案魏凯明曾任百度在线公司的市场部经理，必然全面掌握着公司的经营信息，属于知悉用人单位的商业秘密的人员范围，是竞业限制的义务主体。

从竞业限制的适用范围来看，《劳动合同法》第二十四条规定，劳动者解除或终止劳动合同后，不得到与原单位生产或经营同类产品、从事同类业务的有竞争关系的其他单位，或者自己开业生产或者经营同类产品、从事同类业务。本案百度在线公司与魏凯明签订的《竞业限制协议》对关联公司和竞争对手均进行了明确的约定，百度在线公司的关联公司指Baidu. com，Inc、Baidu Holdings Ltd、百度在线公司、百度时代网络技术（北京）有限公司、百度（中国）有限公司、百度株式会社（日本公司）、北京百度网讯科技有限公司、北京百付宝科技有限公司及前述公司的所有分公司及子公司及其他关联公司等。竞争对手指与百度在线公司和/或其关联公司从事竞争业务的经营组织。竞争对手的关联公司，应包括该竞争对手的任何一位股东、董事、法定代表人、正副总经理、监事以股东或董事或监事或法定代表人身份任职或被以专兼职方式聘用的其他经营组织。而魏凯明入职的北京协进科技发展有限公司的关联公司高德软件有限公司与百度在线公司的关联公司北京百度网讯科技有限公司均经营地图业务，属于同类产品，且高德地图与百度地图是目前经营地图业务最具竞争力的两家产品，《竞业限制协议》约定的适用范围符合法律规定。

从竞业限制的补偿标准来看，劳动合同法对经济补偿金的标准未作明确约定，《最高人民法院关于审理劳动争议案件适用法律若干问题的解释（四）》第六条规定："当事人在劳动合同或者保密协议中约定了竞业限制，但未约定解除或者终止劳动合同后给予劳动者经济补偿，劳动者履行了竞业限制义务，要求用人单位按照劳动者在劳动合同解除或者终止前十二个月平均工资的30%按月支付经济补偿的，人民法院应予支持。前款规定的月平均工资的30%低于劳动合同履行地最低工资标准的，按照劳动合同履行地最低工资标准支付。"从上述规定可见，法律司法解释规定的经济补偿金的底线为劳动者在劳动合同解除或者终止前十二个月平均工资的30%。本案魏凯明与百度在线公司签订的竞业限制协议与约定的经济补偿金的计算标准是魏凯明离职前一年基本工资（不含期权）的二分之一，该标准不低于法定标准，应为有效，且百度在线公司向魏凯明支付的数额确系按协议约定的标准扣缴20%税款后的款项，百度在线公司已履行了《竞业限制协议》约定的支付补偿金的义务。

综上，本案百度在线公司与魏凯明签订的《竞业限制协议》约定的竞业限制的适用对象、范围、补偿标准、期限等未违反法律规定，且是双方当事人的意思表示，应为有效协议。

二、劳动者如何承担违约责任。履行竞业限制义务的劳动者，在解除或终止劳动合同后，不得到与原单位生产或经营同类产品、从事同类业务的有竞争关系的其他用人单位工作。百度在线公司与魏凯明签订的《竞业限制协议》约定在魏凯明任职期间及离职后1年内，不得在从事与百度在线公司及其关联公司业务的任何竞争对手或该竞争对手的关联公司处，接受或取得任何权益和/或职位，或向任何百度在线公司及百度在线公司关联公司的竞争对手或该竞争对手的关联公司提供任何咨询服务或其他协助。百度在线公司的关联公司北京百度网讯科技有限公司经营百度地图业务，而魏凯明入职的北京协进科技发展有限公司的关联公司高德软件有限公司经营高德地图，魏凯明于竞业限制期限内入职北京协进科技发展有限公司的行为，违反了双方关于竞业限制的约定，应当向百度在线公司支付违约金。魏凯明主张约定的违约金过高，法院可以调整，调整的标准应如何把握，司法实践中，标准不尽一致。有的以用人单位所遭受的实际损失进行比较，有的以所保护的商业秘密可能被侵犯所导致的损失来衡量，有的以劳动者履行竞业限制可能获得的经济补偿衡量，前两种方法，对用人单位来说，损失的举证是个难题。因违约金兼具惩罚性和补偿性的双重属性，违约金的调整原则，可以参照合同法的规定，以实际损失为基础，兼顾当事人的过错程度、竞业限制经济补偿金的标准等综合因素，予以衡量。本案魏凯明在明知自己应当履行竞业限制义务，并且可以获得百度在线公司支付相应竞业限制补偿金的情况下，在离职当月即入职竞争对手的公司，主观故意明显，但竞业限制协议约定的违约金明显高于经济补偿金，故对双方约定的违约金进行了适当调整。

编写人：北京市第一中级人民法院　秦顾萍

49

双方当事人的约定亦是竞业限制解除的一种方式

——周玉明诉北京四维图新科技股份有限公司劳动争议案

【案件基本信息】

1. 裁判书字号

北京市第一中级人民法院（2014）一中民终字第5793号民事判决书

2. 案由：劳动争议纠纷

3. 当事人

原告（被上诉人）：周玉明

被告（上诉人）：北京四维图新科技股份有限公司（以下简称四维图新公司）

【基本案情】

周玉明曾系四维图新公司外业作业人员，从事数据采集工作。双方签订的最后一份劳动合同期限为2010年9月1日至2013年8月31日，其中第四十四条约定："经双方平等协商，同意订立《竞业禁止协议》……（二）甲方（四维图新公司）承诺：1. 从劳动关系解除、终止之日起计算竞业禁止时间期限，竞业禁止补偿费按月支付，月支付额为年支付额的十二分之一，补偿费的年支付额为乙方离职上一年度工资总额的50%……（四）权利义务终止……双方商定，出现下列情况之一的，本协议自行终止：1. 甲方不履行本协议甲方承诺的义务，拒绝（延迟）向乙方（周玉明）支付竞业禁止补偿费达到一个月的……"。四维图新公司至今尚未支付周玉明竞业限制补偿金。双方均认可周玉明离职前12个月平均工资为8164.7元，2012年度工资总额为100547.57元。

周玉明主张其2008年至2011年期间每年应享受年假7天，此后每年应享受年假10天，其在职期间未休年假，四维图新公司未支付其年假工资；四维图新公司主张2008年至2012年期间每年可享受年假7天，此后每年可享受年假10天，周玉明曾休寒暑假，年假已休完。四维图新公司提交的《员工手册》规定："在公司工作1~5年的员工，可享受带薪年假7天；在公司工作5~20年的员工，可享受带薪年假10天……"，周玉明对该证据真实性认可，并作为己方证据提交。双方均认可四维图新公司对周玉明不做考勤。

2013年8月14日周玉明向四维图新公司邮寄送达《解除劳动合同通知书》，该通知书写明离职理由为："（1）自入职以来长期加班，但并没有支付相应的加班工作；（2）从2010年到2012年任队长期间，补休假期没有得到保证；（3）2013年2月在没有经过协商的情况下调整工作区域，造成之后工作上的诸多不便；（4）未按劳动法规定基数依法缴纳社会保险等"。

四维图新公司主张已于周玉明离职时以邮寄方式告知其无需履行竞业限制协议，并提交《通知》及对应EMS快递单予以佐证，但该邮件已被退回，四维图新公司主张该公司依据周玉明劳动合同中预留地址邮寄，应当视为已经送达。周玉明对上述《通知》及对应EMS快递单的真实性不予认可，亦否认四维图新公司曾就无需履行竞业限制一事进行告知。

经一审法院释明，在认定周玉明与四维图新公司竞业限制约定解除或终止的情形下，周玉明要求四维图新公司额外支付其3个月竞业限制补偿金。

【案件焦点】

四维图新公司是否需要在解除竞业限制时向周玉明额外支付竞业限制补偿金、解除劳动关系经济补偿金、未休年假工资。

【法院裁判要旨】

北京市海淀区人民法院经审理认为：周玉明主张的解除理由均不符合《中华人民共和国劳动合同法》第三十八条的规定，法院对于周玉明要求四维图新公司支付其解除劳动合同经济补偿金的诉讼请求不予支持。

四维图新公司仅向劳动合同书中邮寄地址进行邮寄，并未完全尽到送达义务，仅凭未实际送达的《通知》不能视为四维图新公司已告知周玉明无需履行竞业限制协议。鉴于双方劳动合同中的约定，四维图新公司拒绝向周玉明支付竞业限制补偿金达一个月的，因此法院确认双方关于竞业限制的约定于2013年9月14日自行终止。四维图新公司应当向周玉明支付协议终止前一个月的竞业限制补偿金

4189.48元以及额外3个月竞业限制补偿金12568.44元。

依据四维图新公司《员工手册》的规定，周玉明自2012年起每年享受年假10天，周玉明2008年至2011年每年应享受年假7天。现四维图新公司主张周玉明年假已休完，但未提交相应证据，法院采信周玉明之主张认定其在职期间未休年假。周玉明要求支付未休年假工资的请求未超过一年仲裁时效，且四维图新公司亦未就上述“多发放的补贴”确系年假工资提交相应证据，四维图新公司应向周玉明支付2008年1月1日至2013年8月14日期间未休年假工资33034.19元。

北京市海淀区人民法院依据《中华人民共和国劳动法》第四十五条，《中华人民共和国劳动合同法》第二十三条之规定，作出如下判决：

一、被告北京四维图新科技股份有限公司于本判决生效后七日内支付原告周玉明2008年1月1日至2013年8月14日期间未休年假工资33034.19元。

二、被告北京四维图新科技股份有限公司于本判决生效后七日内支付原告周玉明竞业限制补偿金16757.92元。

三、驳回原告周玉明的其他诉讼请求。

四维图新公司持原审答辩意见提起上诉。北京市第一中级人民法院经审理认为：因四维图新公司提交的《通知》及对应EMS快递单显示该邮件已被退回，四维图新公司并未完全尽到送达义务，故不能视为四维图新公司已告知周玉明无需履行竞业限制协议。

双方当事人虽然约定了竞业限制协议终止情形，但劳动者停止履行竞业限制义务后需要获得必要的生活保障，用人单位应当根据《最高人民法院关于审理劳动争议案件适用法律若干问题的解释（四）》第九条的规定，向劳动者额外支付三个月的竞业限制经济补偿。故周玉明与四维图新公司竞业限制约定解除或终止的情形下，四维图新公司还应向周玉明支付额外3个月竞业限制补偿金。

四维图新公司作为负有管理责任的用人单位应就周玉明休假情况承担举证责任，四维图新公司上诉主张用人单位仅对近两年内的年休假情况承担举证责任没有法律依据，本院不予支持。周玉明于2013年9月11日提起仲裁申请，未超过一年仲裁时效，且四维图新公司上诉主张周玉明已休完年假，但未提交相应证据予以证明，四维图新公司应向周玉明支付2008年1月1日至2013年8月14日期间未休年假工资，但一审判决的未休年假工资数额超出周玉明的诉讼请求，本院予以纠正。

北京市第一中级法院依据《中华人民共和国劳动法》第四十五条，《中华人民共和国劳动合同法》第二十三条，《中华人民共和国民事诉讼法》第一百七十条第一款第（二）项之规定，作出如下判决：

一、维持北京市海淀区人民法院（2014）海民初字第4434号民事判决第二项；

二、撤销北京市海淀区人民法院（2014）海民初字第4434号民事判决第一、三项；

三、北京四维图新科技股份有限公司于本判决生效后七日内支付周玉明2008年1月1日至2013年8月14日期间未休年假工资30114元；

四、驳回周玉明的其他诉讼请求。

【法官后语】

根据合同法的原理，合同的解除分为约定解除和法定解除；竞业限制协议的解除，也应当有约定解除和法定解除两种方式。《最高人民法院关于审理劳动争议案件适用法律若干问题的解释（四)》（以下简称《司法解释四》）第八、九条，就是司法解释明确规定的劳动者、用人单位可以行使单方解除权的法定情形。而关于竞业限制的约定解除方式，则需要裁判者发挥填补法律空白的司法功能。

在本案中，双方当事人在劳动合同中对于竞业限制协议的解除情形，进行了明确的约定。首先，我们应当肯定这种约定的效力，双方当事人之间的表意一致都是需要裁判者尊重的，司法不宜轻易打破双方当事人之间意思自治的法锁；其次，约定解除的方式符合《合同法》的一般原理，《合同法》总则应当是劳动合同法的有益补充。

而竞业限制的解除补偿经常成为案件争议焦点，但目前司法解释的规定，在双方当事人约定解除的情形出现时如何进行补偿却没有涉及。根据审判实践中出现的具体案件情形，双方当事人在约定竞业限制解除条件时经常会出现以下两种情形：

一、约定欠缺

在补偿约定欠缺时，我们倾向于有效的观点，理由是基于当事人就解除竞业限制的一致意思表示，未违反法律、行政法规的强制性规定，对双方当事人仍然具有约束力，不应将解除补偿是否存在以及是否合理，作为竞业限制约定补偿条款的生效要件。

二、补偿欠缺

双方当事人未就解除竞业限制协议的补偿标准进行明确约定，依据以下原则予以确认：首先，有约定从约定。其次，没有约定或约定不明，补充约定，即双方当事人在解除竞业限制时，就合同中缺失的解除补偿标准，可以继续进行协商。最后，协商不成或约定数额过低，遵从法定最低标准。《司法解释四》第九条是竞业限制解除补偿的最低法定标准。法院在司法审理过程中可以依据三个月竞业限制补偿金的标准予以认定或调整。

编写人：北京市第一中级人民法院　朱华

50

竞业限制违约金约定过高时人民法院是否应参照合同法规定调整

——四川西婵整形美容医院有限公司诉葛金花劳动争议案

【案件基本信息】

1. 裁判书字号

四川省成都市中级人民法院（2014）成民终字第4058号民事判决书

2. 案由：劳动争议纠纷

3. 当事人

原告（上诉人）：四川西婵整形美容医院有限公司（以下简称西婵美容公司）

被告（被上诉人）：葛金花

【基本案情】

2011年8月11日，西婵美容公司与葛金花签订书面劳动合同，约定合同期限自2011年8月11日至2014年8月10日，工作岗位为咨询助理。同日，双方签订《保密及竞业限制协议》。2012年1月10日，双方签订《劳动合同补充协议》，约定合同期限未变，工作岗位为助理咨询师，并约定自劳动合同解除或终止之日起两年内，葛金花不得到与西婵美容公司从事同类业务的有竞争关系的其他单位上班，且不得自己开业从事同类业务，西婵美容公司在竞业限制期间按葛金花户籍所在地最低工资标准按月给付被告竞业限制经济补偿，竞业限制地域为四川省行政辖区，葛金花违反竞业限制约定则应按西婵美容公司主张权利时四川省统计公报中确定的上一年度职工年平均工资的150倍承担违约责任。2012年8月13日，葛金花向西婵美容公司提交了辞职申请。2012年9月22日，葛金花从西婵美容公司处离职。2012年10月，西婵美容公司停缴葛金花的社会保险，并停发工资。2012年11月30日，葛金花进入四川悦好医学美容医院管理有限公司上班，双方签订书面劳动合同，约定合同期限自2012年11月30日至2015年11月29日，葛金花工作岗位为行政。2013年5月13日，西婵美容公司通过特快专递通知葛金花到岗上班。2013年5月21日，西婵美容公司通过银行转账支付葛金花工资6 211.40元。2013年9月，西婵美容公司支付葛金花工资4398元。

【案件焦点】

1. 竞业限制补偿协议约定的竞业限制违约金过高时能否作出调整；2. 如果可以调整，调整时应参照哪些因素。

【法院裁判要旨】

四川省成都市武侯区人民法院经审理认为：西婵美容公司与葛金花签订的劳动合同补充协议系双方真实意思表示，未违反法律、行政法规强制性规定，因此合法、有效，对双方均有拘束力。葛金花未按约定履行竞业限制义务，依法应当承担停止违约行为及支付违约金的法律责任。关于违约金，双方合同约定以上一年度职工年平均工资的150倍计算，葛金花当庭请求调低，本院认为，竞业限制协议系双务合同，劳动者的竞业限制义务和用人单位的经济补偿义务构成对待给付关系，本案西婵美容公司在双方劳动合同解除后一直未履行支付竞业限制经济补偿的义务，已经构成违约，并可能对葛金花基本生存造成影响，结合西婵美容公司违约在先的过错、葛金花较为低端的助理咨询师职务和较短的工作时间及西婵美容公司未举证证明葛金花行为造成的实际损害等因素，参照双方约定的经济补偿标准，本院酌定由葛金花按照其户籍所在地即眉山市2012年每月880元的最低工资标准计算1年支付西婵美容公司10560元（880元/月×12个月）违约金。葛金花作为助理咨询师，虽不属于高级管理人员及高级技术人员，但其日常接触的客户及潜在客户信息具有商业价值，属于商业秘密，在双方已经达成竞业限制协议后，葛金花负有按约履行竞业限制的义务，故本院对葛金花辩称其不属于法定竞业限制人员的意见不予采纳。关于仲裁时效，葛金花于2012年11月30日与其他单位建立劳动关系，西婵美容公司最早应当于此时知道其权利受损，其于2013年10月10日申请仲裁并未超过1年的仲裁时效，故对葛金花的该项辩解不予采纳。

成都市武侯区人民法院依照《中华人民共和国劳动合同法》第二十三条、第二十四条，《最高人民法院关于审理劳动争议案件适用法律若干问题的解释（四）》第七条、第十条，《中华人民共和国民事诉讼法》第六十四条第一款之规定，作出如下判决：

一、被告葛金花自本判决生效之日停止违反竞业限制约定的行为；

二、被告葛金花于本判决生效之日起十日内支付原告四川西婵整形美容医院有限公司违约金10560元；

三、驳回原告四川西婵整形美容医院有限公司的其他诉讼请求。

西婵美容公司提起上诉。成都市中级人民法院经审理认为：关于西婵美容公司提出本案应追加悦好医院作为第三人参加诉讼的上诉理由，本院认为，本案系劳动合同纠纷，争议双方应为劳动者及与之建立劳动关系的用人单位，西婵美容公司亦是依据其与葛金花签订的《劳动合同补充协议》要求葛金花承担违约责任，悦好医院并非合同的一方当事人，西婵美容公司要求追加悦好医院为本案第三人无事实和法律依据，本院不予支持。

关于西婵美容公司提出原审确认的竞业限制违约金过低的问题。西婵美容公司依据与葛金花签订的《劳动合同补充协议》约定的竞业限制条款主张违约金，而在该条款中，约定葛金花一旦违约，需向西婵美容公司支付的违约金，是西婵美容公司应按月向葛金花支付的竞业限制补偿金的5000余倍，显失公平，故葛金花提出要求调整违约金金额原审予以支持并无不当。至于调整金额，首先，葛金花在西婵美容公司的职务是助理咨询师，日常工作为咨询服务和客户引导，既非高级管理人员，也非高级技术人员，原审考虑到其日常接触的客户及潜在客户信息具有商业价值，属于商业秘密，可视为“其他负有保密义务的人员”，但从其工作性质及其在西婵美容公司处工作时间较短等情形，可以判断其可能给西婵美容公司造成的损失较小，且西婵美容公司也无证据证明葛金花实际给西婵美容公司造成了客户流失的损失。其次，葛金花离职后，西婵美容公司从未向其支付过竞业限制补偿金，虽西婵美容公司的先行违约行为不能作为葛金花不支付竞业限制违约金的理由，但葛金花离职后一方面要遵守竞业限制约定对再次择业有了重大约束，另一方面又不能获得相应补偿，此种情况可能对其基本生存造成影响，在计算违约金时应适当予以考虑。再结合葛金花在西婵美容公司处工作期间的收入状况以及双方约定的竞业限制补偿金标准，原审法院根据本案实际情况酌定按照葛金花户籍所在地最低工资标准计算 1 年竞业限制违约金并无不当。综上，原审判决认定事实清楚，适用法律正确，应予支持。

成都市中级人民法院依照《中华人民共和国民事诉讼法》第一百七十条第一款第（一）项之规定，做出如下判决：

驳回上诉，维持原判。

【法官后语】

《劳动法》《劳动合同法》及《劳动争议司法解释（四）》均未对竞业限制违约金约定过高时能否调整及调整参照标准的问题作出规定，实践中出现此类问题时，如何处理亟待解决。由于竞业限制协议往往与劳动合同同时订立，或在劳动关系存续期间内订立，此时，用人单位处于强势地位，劳动者因其对用人单位的人身依附和经济依附无法取得实质平等的协商权，所以，在实践中，大量竞业限制协议约定的违约金畸高。

具体到本案，竞业限制协议约定的违约金高达数百万，而西婵医院仅需按每月几百元的最低工资标准支付补偿金即可，双方利益明显失衡。为扭转双方地位实质不对等，防止用人单位利用其强势地位损害劳动者的权益，人民法院应当参照合同法的规定，经劳动者请求后调低违约金。对于具体的调整标准，法律并无规定。由于劳动者法律知识欠缺，人民法院应主动行使释明权，同时综合考虑多种因素调整违约金。违约金的调整不应仅考虑用人单位的实际损失，同时，还需要参考劳动者在原单位担任的职务及收入、在新单位担任的职务、从事工作时间的长短、劳动者和用人单位双方的过错程度、双方约定的补偿金金额、用人单位实际支付补偿金的情况。本案中，一、二审法院即综合参考了西婵医院违约在先的过错、葛金花较为低端的助理咨询师职务和较短的工作时间、西婵医院未举证证明葛金花行为造成的实际损害、葛金花在西婵医院工作期间的收入状况以及双方约定的竞业限制补偿金情况而对违约金作了大幅调低，以期达到平衡双方权利义务关系的目的。

编写人：四川省成都市武侯区人民法院　朱熔成

51

竞业限制的对象及竞业限制协议的效力

——许绍婷诉合肥锦雯言语康复中心劳动争议案

【案件基本信息】

1. 判决书字号

安徽省合肥市中级人民法院（2014）合民一终字第02325号民事判决书

2. 案由：劳动争议纠纷

3. 当事人

原告（被上诉人）：许绍婷

被告（上诉人）：合肥锦雯言语康复中心（以下简称锦雯康复中心）

【基本案情】

2008年7月14日，许绍婷进入锦雯康复中心工作，担任培训老师一职，之后双方签订了书面劳动合同，其中约定合同期限为2010年8月5日至2015年8月4日，月工资标准为1500元/月，绩效工资（奖金）等按公司的工资分配制度和许绍婷的劳动贡献确定。2011年7月至2012年9月锦雯康复中心为原告缴纳了社会保险。2012年6月18日，锦雯康复中心（甲方）与许绍婷（乙方）双方签订了《保密及竞业禁止协议》，其中第2.1.2款约定："解除或终止劳动合同后，竞业限制期内甲方给予乙方经济补偿金：每月人民币300元"；第5.1款约定："乙方违反协议所规定的竞业禁止义务，应当承担违约责任，一次性向甲方支付违约金60000万元”。2012年10月25日，锦雯康复中心发函书面通知许绍婷，载明：“你已于2012年9月3日离职，因未办理离职手续，以及在职期间与我中心签订有《保密与竞业禁止协议》，为了完善离职手续及发放补偿金，请你于近期尽快到中心办理离职手续并领取竞业限制补偿金。”许绍婷否认收到该函件，锦雯康复中心至今亦未支付许绍婷竞业限制补偿金。

2013年9月27日，锦雯康复中心向合肥市蜀山区劳动争议仲裁委员会申请劳动仲裁，同年12月13日，合肥市蜀山区劳动争议仲裁委员会作出蜀劳裁字［2013］402号仲裁裁决书，裁决为：1. 许绍婷于本裁决生效之日起十日内支付锦雯康复中心竞业限制违约金60000元；2. 驳回锦雯康复中心本仲裁的其他仲裁请求；3. 驳回许绍婷的反仲裁请求。许绍婷对此不服，提起本案之诉。

庭审中，锦雯康复中心提供（2013）皖合衡公证字第13970号公证书以证明许绍婷违反《保密及竞业禁止协议》的约定到合肥市艾语听障儿童言语康复中心（以下简称艾语中心）工作，许绍婷对此不予认可并提供艾语中心咨询服务部出具的《证明》以证明双方之间不存在任何劳动关系。

【案件焦点】

本案的关键争议在于许绍婷是否违反了竞业禁止义务。

【法院裁判要旨】

安徽省合肥市蜀山区人民法院经审理认为：劳动争议案件应对劳动仲裁请求事项进行全面审理。许绍婷作为离职劳动者，其承担竞业限制义务应以明示为前提，其产生依据应是合法有效的竞业限制协议。许绍婷诉请判令其与锦雯康复中心签订的《保密及竞业禁止协议》无效，虽属于增加诉讼请求，但与本案讼争劳动争议具有不可分性，故应当合并审理。依据《劳动合同法》第二十三条规定：“用人单位与劳动者可以在劳动合同中约定保守用人单位的商业秘密和与知识产权相关的保密事项。对负有保密义务的劳动者，用人单位可以在劳动合同或者保密协议中与劳动者约定竞业限制条款，并约定在解除或者终止劳动合同后，在竞业限制期限内按月给予劳动者经济补偿。劳动者违反竞业限制约定的，应当按照约定向用人单位支付违约金。”许绍婷作为负有保密义务的人员，其与锦雯康复中心签订的《保密及竞业禁止协议》内容不违反国家法律法规强制性规定，应为有效，故本院对于许绍婷该项诉讼请求不予支持。

根据《劳动和社会保障部关于确立劳动关系有关事项的通知》规定："用人单位未与劳动者签订劳动合同，认定双方存在劳动关系时可参照下列凭证：（一）工资支付凭证或记录（职工工资发放花名册）、缴纳各项社会保险费的记录；（二）用人单位向劳动者发放的'工作证''服务证'等能够证明身份的证件；（三）劳动者填写的用人单位招工招聘'登记表''报名表'等招用记录；（四）考勤记录；（五）其他劳动者的证言等。"本案中锦雯康复中心仅仅提供载有互联网页面内容的公证书以证明许绍婷与艾语中心咨询服务部之间存在劳动关系，许绍婷对此不予认可并提供上述单位出具的《证明》证实双方之间未建立劳动关系，锦雯康复中心亦未提供其他证据予以佐证，故锦雯康复中心主张许绍婷违反了《保密及竞业禁止协议》的约定应当赔偿60000元违约金，以及要求许绍婷赔偿经济损失106687元的请求，无事实和法律依据，本院均不予支持。

关于许绍婷离职的时间问题。锦雯康复中心提供收条以证明其学生家长于2012年9月7日向该中心申请退费，而锦雯康复中心向许绍婷发函内容记载离职时间为2012年9月3日，结合双方均认可的锦雯康复中心为许绍婷缴纳社会保险至2012年9月的事实，根据民事证据的高度盖然性法律原理，本院认定许绍婷离职时间应为2012年9月3日，而锦雯康复中心于2013年9月27日申请劳动仲裁后，许绍婷才于同年10月23日向合肥市蜀山区劳动争议仲裁委员会提出反仲裁请求。劳动争议申请仲裁的时效期间为一年，从当事人知道或者应当知道其权利被侵害之日起计算。劳动关系存续期间因拖欠劳动报酬发生争议的，劳动者申请仲裁不受仲裁时效期间的限制；但是，劳动关系终止的，应当自劳动关系终止之日起一年内提出，故许绍婷要求锦雯康复中心支付经济补偿金12660元及补办社会保险的请求，均已过仲裁时效，本院均不予支持。

合肥市蜀山区人民法院依照《中华人民共和国劳动合同法》第二十三条、第二十四条，《中华人民共和国劳动争议调解仲裁法》第二十七条，《中华人民共和国民事诉讼法》第六十四条第一款之规定，作出如下判决：

一、许绍婷无须支付锦雯康复中心竞业限制违约金60000元；

二、驳回许绍婷其他诉讼请求；

三、驳回锦雯康复中心要求许绍婷赔偿经济损失106687元的请求。

锦雯康复中心不服一审判决，提起上诉。

安徽省合肥市中级人民法院经审理认为：本案的争议焦点为许绍婷是否违反了竞业禁止义务，是否应向锦雯康复中心支付违约金并赔偿损失。许绍婷与锦雯康复中心虽然签订了《保密及竞业禁止协议》，但在该协议中约定的竞业限制期内锦雯康复中心给予许绍婷经济补偿金仅为300元，违反了相关法律关于竞业限制补偿金应按劳动合同履行地最低工资标准支付的规定，无法满足许绍婷离职以后的基本生活保障。且锦雯康复中心在许绍婷离职以后长达一年的时间从未向许绍婷支付过竞业限制补偿金，该行为已构成双方签订的《保密及竞业禁止协议》第3.1条“甲方不履行本条款第二条的义务，拒绝向乙方支付竞业禁止补偿金”的情形，根据约定，该协议自行终止。尽管锦雯康复中心主张其曾多次邮件通知许绍婷领取补偿金，但锦雯康复中心提供的两张国内特快专递邮件详情单上许绍婷的收件地址并非许绍婷在劳动合同中向锦雯康复中心提供的地址，锦雯康复中心也未提供该邮件实际投递及签收的相关证据，故本院对锦雯康复中心的该项主张不予采信。双方签订的《保密及竞业禁止协议》终止，许绍婷无须再履行竞业限制的义务。故锦雯康复中心要求许绍婷支付违约金及赔偿损失的请求，没有法律依据，本院不予支持。

合肥市中级人民法院依照《中华人民共和国民事诉讼法》第一百七十条第一款第（一）项之规定，判决如下：

驳回上诉，维持原判。

【法官后语】

劳动关系是人类最基本的社会关系，是社会关系的重要组成部分。随着我国经济体制改革的深入推进及劳动法律法规的不断完善，劳动关系双方主体更加清晰、权责更加明确、利益更加多元、诉求更加多样。本案涉及劳动法领域一个非常重要的法律概念——竞业限制。竞业限制，又称竞业禁止，是指用人单位在劳动合同或者保密协议中，与本单位的高级管理人员、高级技术人员和其他负有保密义务的劳动者约定，在劳动合同解除或者终止后的一定期限内，不得到与本单位生产或者经营同类产品、从事同类业务有竞争关系的其他用人单位任职，也不得自己开发生产或者经营同类产品、从事同类业务。竞业限制双方当事人的义务为劳动者应当履行竞业限制义务，用人单位负有支付经济补偿金的义务。劳动者违反竞业限制约定的，应依约向用人单位支付违约金；给用人单位造成损失的，还应当承担赔偿责任。

本案中，许绍婷诉称其仅为普通教师，并非法律规定的竞业限制的适格对象，故主张双方所签《保密及竞业禁止协议》因违反法律强制性规定应属无效。竞业限制分为法定竞业限制和约定竞业限制。我国《公司法》所规定的董事、高级管理人员以及《合伙企业法》所规定的合伙人所承担的义务为法定竞业限制义务。而《劳动合同法》所规定的竞业限制义务为约定竞业限制，须以当事人明确约定为前提。一般劳动者与董事、高级管理人员一样对所在公司、企业负有忠实义务。若允许劳动者从事竞业活动，他们极可能有意或无意地泄露或使用其所在公司、企业的商业秘密、削弱它们的竞争优势，损害其经济利益，造成不正当竞争，使自己获得不正当利益。虽然对商业秘密有法定的保护手段，但这些手段并不充分，因而不能因商业秘密已有独立的法律保护手段而否认掌握商业秘密的劳动者负不竞业义务，故竞业限制的对象不但包括董事、高级管理人员、合伙人等，还包括知悉用人单位商业秘密的劳动者。本案中，锦雯康复中心系为听障儿童提供言语康复治疗的教育机构，许绍婷作为掌握特殊培训技能的骨干教师，知悉该中心的培训方式及商业秘密，应为竞业限制的适格对象，其双方为此签订《保密及竞业禁止协议》并予以明确约定，该协议应为合法有效。

许绍婷还称劳动合同解除后锦雯康复中心一直未付经济补偿金，故主张竞业限制协议无效。双方劳动合同解除后，竞业限制协议不因一方违约而无效。如果确认用人单位违反了竞业限制协议就导致协议无效，显然混淆了竞业限制协议的效力与履行问题。合同的效力不应当取决于一方当事人是否履行。是否有效，应当根据合同的效力要件判断，而是否履行，只发生违约责任的问题。在用人单位违反竞业限制协议的情形下，赋予劳动者解除权；在劳动者违反竞业限制协议的情形下，应当承担支付违约金并继续履行的违约责任。《最高人民法院关于审理劳动争议案件适用法律若干问题的解释（四）》第八条明确规定："当事人在劳动合同或者保密协议中约定了竞业限制和经济补偿，劳动合同解除或者终止后，因用人单位的原因导致三个月未支付经济补偿，劳动者请求解除竞业限制约定的，人民法院应予支持。"本案中，锦雯康复中心作为用人单位一直未支付许绍婷经济补偿，许绍婷有权诉请解除双方之间的竞业限制协议，而非诉请确认竞业限制协议无效。

劳动争议案件应对劳动仲裁请求事项进行全面审查。本案中，劳动仲裁委认定劳动者违反了竞业限制协议，裁决其支付用人单位竞业限制违约金60000元。法院经审理，在确认双方之间竞业限制协议合法有效的基础上，认为锦雯康复中心仅凭载有互联网页面内容的公证书不足以证明许绍婷与从事同类业务有竞争关系的其他用人单位之间建立劳动关系，且许绍婷亦对此提供了反驳证据，据此，法院认定锦雯康复中心在劳动争议仲裁阶段的各项仲裁请求无事实及法律依据，均不予支持，故判决许绍婷无须支付锦雯康复中心竞业限制违约金60000元，同时也认为许绍婷的其他诉讼诉请求已超过法律规定的一年仲裁时效，故依法不予支持。

编写人：安徽省合肥市蜀山区人民法院　占峰

52

劳动者违反竞业限制的违约责任认定

——健鼎（无锡）电子有限公司诉王丽莉竞业限制案

【案件基本信息】

1. 判决书字号

江苏省无锡市中级人民法院（2014）锡民终字第912号民事判决书

2. 案由：竞业限制纠纷

3. 当事人

原告（上诉人）：健鼎（无锡）电子有限公司（以下简称健鼎公司）

被告（上诉人）：王丽莉

【基本案情】

王丽莉于2004年10月进入健鼎公司，双方签订有劳动合同，2011年9月29日开始王丽莉担任关务副理职务。2007年9月11日，健鼎公司与王丽莉签订竞业禁止合约书一份，约定了竞业限制义务、竞业限制补偿金计算方式、竞业限制期限2年等，但未约定违约金。2013年3月，王丽莉提出辞职，同月7日，健鼎公司通知王丽莉，要求王丽莉履行竞业限制义务，并变更期限为 2013 年 3 月 21 日至 2014 年 3 月 20 日，明确补偿金为每月 15824 元。王丽莉表示异议，仅同意竞业限制的期限为一个月。健鼎公司认为王丽莉的异议不符合约定，故明确表示不同意。王丽莉于 2013 年 3 月 20 日离职后，健鼎公司即按约定支付了 2013 年 3 月 21 日至 2013 年 4 月 30 日的竞业限制补偿金，后王丽莉注销了银行账户。王丽莉于 2013 年 4 月 22 日进入与健鼎公司经营同类业务的昆颖公司工作。健鼎公司故诉至法院，要求王丽莉返还竞业限制补偿金 3666.13 元，继续履行竞业限制义务以及赔偿给健鼎公司造成的损失共计 10 万元。王丽莉辩称双方签订的竞业限制合约书仅为意向性合约，且其并未掌握商业秘密，不负有竞业限制义务。

一审法院认为，健鼎公司与王丽莉签订的竞业禁止合约书对竞业限制期限及竞业限制补偿金均有明确约定，虽然之后健鼎公司向王丽莉发出的通知书中要求王丽莉履行竞业限制义务的期限为 2013 年 3 月 21 日至 2014 年 3 月 20 日，但属于期限的通知变更，该变更不违反法律规定，应属有效。王丽莉在健鼎公司工作时间较长，且担任了较高职位，王丽莉签订的竞业禁止合约书中明确王丽莉掌握有健鼎公司商业秘密，王丽莉在竞业禁止合约书上签字及同意在一个月内履行竞业限制义务的行为，均表明其实际掌握健鼎公司的商业秘密，双方签订的竞业禁止合约书合法有效。王丽莉在约定的竞业限制期限内到与健鼎公司经营同类业务的昆颖公司工作，违反了合同约定，应当返还健鼎公司多支付的竞业限制补偿金 3666.13 元。在审理过程中，双方约定的竞业限制期限已经到期，健鼎公司提出的将竞业限制期限延后履行，无相关法律依据，不予支持；对于健鼎公司提出的赔偿损失 10 万元，健鼎公司未提供证据，证明损失的实际存在，亦不予支持。

健鼎公司提供了劳动合同书、竞业限制合约书、任职公告、岗位职责、平均工资确认书、离职审批单复印件、银行付款凭证、公证书、查询等。

【案件焦点】

1. 王丽莉与健鼎公司是否存在竞业限制的法律关系；2. 违约方应当如何承担法律责任。

【法院裁判要旨】

江苏省无锡市锡山区人民法院经审理认为：对于双方争议的 2007 年 9 月 11 日

签订的竞业禁止合约书是否有效的问题，该竞业禁止合约书对竞业限制期限及竞业限制补偿金均有明确约定，虽然之后健鼎公司向王丽莉发出的通知书中要求王丽莉履行竞业限制义务的期限为2013年3月21日至2014年3月20日，但属于期限的通知变更，该变更不违反法律规定，应属有效，王丽莉抗辩称该竞业禁止合约书只是签订竞业限制合同的意向书且约定不明的意见本院不予采纳；王丽莉在健鼎公司工作时间较长，且担任了较高职位，王丽莉签订的竞业禁止合约书中明确王丽莉掌握有健鼎公司商业秘密，王丽莉在竞业禁止合约书上签字及同意在一个月内履行竞业限制义务的行为，均表明其实际掌握健鼎公司的商业秘密，健鼎公司在审理过程中也提供了王丽莉掌握健鼎公司的商业秘密的相关证据，现王丽莉抗辩称不掌握健鼎公司的商业秘密，不是竞业限制合同的有效主体，但未提供证据，该意见本院不予采纳；综上，双方签订的竞业禁止合约书合法有效。王丽莉在约定的竞业限制期限内到与健鼎公司经营同类业务的昆颖公司工作，违反了合同约定，应当返还健鼎公司多支付的竞业限制补偿金3666.13元。对于双方争议的王丽莉是否应当继续履行竞业限制义务，或在判决生效后连续10个月28日内停止到昆颖公司工作，及赔偿给健鼎公司造成的损失10万元的问题，在审理过程中，双方约定的竞业限制期限已经到期，健鼎公司提出的将竞业限制期限延后履行，即在判决生效后连续10个月28日内停止到昆颖公司工作无相关法律依据，本院不予支持；对于健鼎公司提出的赔偿损失10万元，健鼎公司未提供证据，证明损失的实际存在，故本院亦不予支持。综上，依照《中华人民共和国劳动合同法》第二十三条、第二十四条、第九十条，《中华人民共和国劳动争议调解仲裁法》第四十三条，《中华人民共和国民事诉讼法》第一百四十二条之规定，判决如下：

一、王丽莉于本判决生效之日起十日内返还健鼎公司竞业限制补偿金3666.13元。

二、驳回健鼎公司的其他诉讼请求。

上诉人健鼎公司不服原审判决，提起上诉。江苏省无锡市中级人民法院经审理认为：王丽莉与健鼎公司是否存在竞业限制的法律关系以及违约方应当如何承担法律责任是本案的争议焦点。

王丽莉在职时间较长且担任一定的职务，在双方签订的竞业禁止合约书中即指明其掌握商业秘密，而在王丽莉离职后健鼎公司又愿意按照其在职时的全额工资发放竞业限制的补偿金，上述事实均指向王丽莉属于适用竞业限制的人员，王丽莉虽然否认其系适用主体的意见，但是其未提供充分证据予以反驳，故本院不予采信。按照《中华人民共和国劳动合同法》第二十三条、第二十四条关于掌握商业秘密的劳动者在离职后的一定期间内不得在同业内就业的规定，可得出就业受限是此类劳动者的基本义务，因此虽然劳动者在离职时可以就竞业限制协议的内容与用人单位进行协商，但是劳动者的意思表示应当受到一定的限制，如果用人单位就竞业限制的范围、期限、待遇等提出的条件不违反法律法规的规定，劳动者应当受到用人单位意思表示的约束。本案中，虽然王丽莉未在离职时与健鼎公司签订协议，但是相关的安排在2007年9月双方所签订的竞业禁止合约书中已有涉及，在王丽莉提出辞职要求后，健鼎公司于2013年3月7日发出了通知，其有关竞业限制期间及补偿金标准的意思表示均不违反法律规定，王丽莉不得主张不受其约束。根据竞业禁止合约书及2013年3月7日的通知，王丽莉与健鼎公司存在竞业限制的法律关系，实施竞业限制的期间为2013年3月21日至2014年3月20日，竞业限制的补偿金为每月15824元。王丽莉进入昆颖公司工作违背了竞业限制的义务，且在原审判决时实施竞业限制的期间已经届满，虽然王丽莉并未实际履行义务，但是因健鼎公司要求延展竞业限制期间的主张缺乏法律依据，本院不予支持。对此本院采纳王丽莉的有关意见。

健鼎公司可以利用竞业限制的规定保护商业秘密，也可以运用反不正当竞争等其他法律机制依法维护商业秘密。劳动者违反竞业限制义务的，用人单位可以按照约定要求其支付违约金或者要求劳动者赔偿损失，但是法律未规定可以适用定额赔偿。本案中，因双方未约定违约金，健鼎公司亦未证明除支付首笔竞业限制补偿金外还发生了其他的实际损失，故本院不支持健鼎公司要求王丽莉赔偿10万元的主张。

综上所述，原审法院查明事实清楚，适用法律正确，所作判决并无不当。上诉人健鼎公司、上诉人王丽莉的上诉请求均不能成立。依照《中华人民共和国民事诉讼法》第一百七十条第一款第（一）项的规定，判决如下：

驳回上诉，维持原判。

【法官后语】

1. 用人单位对竞业限制期限是否享有单方变更权

竞业限制协议是将对企业商业秘密的保护延伸到了劳动合同解除或者终止以后。本案中，在双方已签订了2年的竞业限制协议的情况下，用人单位单方通知劳动者竞业限制期限变更为1年，虽然未征得劳动者的同意，但是其对竞业限制期限的限缩未违反《劳动合同法》的规定，且亦未加重劳动者的义务，在此司法应尊重用人单位在竞业限制问题上的契约自由，故在其他协议要素有效的前提下，对该期限的变更予以认可，该竞业限制协议对劳动者具有约束力。

2. 合理认定劳动者违反竞业限制的违约责任

首先关于违约金的规定，一方面是对劳动者承担竞业限制义务的担保，另一方面也是出于对用人单位难以举证证明劳动者不履行保密义务所造成的具体损失考虑。其次，关于继续履行竞业限制义务，虽然用人单位与劳动者约定了违反义务的违约金，但是劳动者因违反竞业限制约定所支付的违约金系弥补劳动者本次保密义务所造成的损失，而不能弥补竞业限制剩余期间内劳动者不再履行竞业限制义务可能给用人单位造成的所有损失。本案中，由于用人单位未在竞业限制协议中约定违约金，同时又未能举证证明相应损失，且1年的竞业限制期间已经经过，所以用人单位关于违约金、损失、继续履行的诉讼请求均无法得到支持。但是由于用人单位依约支付了经济补偿，劳动者未履行保密义务，其未履行保密义务期间的经济补偿应予返还用人单位。

编写人：江苏省无锡市锡山区人民法院　王玄　柯菲菲

六、举证责任分配

53

主张加班费的举证责任应如何分配

——李振义诉北京华坤庄园酒店有限公司劳动争议案

【案件基本信息】

1. 裁判书字号

北京市第一中级人民法院（2014）一中民终字第515号民事判决书

2. 案由：劳动争议纠纷

3. 当事人

原告（上诉人）：李振义

被告（被上诉人）：北京华坤庄园酒店有限公司

【基本案情】

李振义于2008年10月1日入职到北京华坤科技开发有限责任公司从事厨师工作。2009年1月12日北京华坤庄园酒店有限公司成立后，其与李振义形成了事实上的劳动合同关系，而李振义的工作地点未发生变动。2011年5月1日，北京华坤庄园酒店有限公司与原告李振义签订书面劳动合同，约定李振义仍从事厨师岗位，合同期限为2011年5月1日起至2016年4月30日止，月工资为1160元加岗位津贴、固定加班费、绩效工资。从2012年5月至2013年4月，李振义实际月平均工资为2291.5元。2012年5月，北京华坤庄园酒店有限公司开始为李振义交纳养老保险。2013年4月26日北京华坤庄园酒店有限公司因经营困难欲下调李振义工资，为此李振义离职。2013 年 5 月 15 日，李振义以北京华坤庄园酒店有限公司降低工资迫使其离职为由向延庆县劳动人事争议仲裁委员会申请仲裁，要求北京华坤庄园酒店有限公司支付所欠 4 月份工资及 25% 的经济补偿金、解除劳动合同经济补偿金 12500 元、养老保险补偿金 8816 元、双休日加班费 124138 元、法定节假日加班费 18966 元。2013 年 5 月 24 日，北京华坤庄园酒店有限公司通过银行打款形式支付原告 4 月份工资 2121.02 元。2013 年 8 月，该仲裁委作出京延劳人仲字（2013）第 769 号裁决书，裁决被告支付原告 2009 年 1 月至 2011 年 6 月的养老保险补偿金 6673.8 元，驳回了李振义的其他申请请求。对此李振义不服并于 2013 年 8 月 23 日诉至本院，要求北京华坤庄园酒店有限公司支付养老保险费 52742.4 元、养老保险医疗补偿费 5840 元、养老保险补救费 54144 元、法定节假日加班费 15218.14 元、双休日加班费 95306.48 元、解除劳动合同经济补偿金 11250 元。本案在审理过程中，李振义提交两份证人书面证词，证明其于 2008 年 10 月 1 日入职到北京华坤科技开发有限责任公司的食堂工作；北京华坤庄园酒店有限公司只承认其于 2009 年 1 月 12 日注册成立时才与李振义形成劳动关系，而李振义 2013 年 4 月份系自动离职；北京华坤庄园酒店有限公司还称李振义主张养老保险补偿金已经超过仲裁时效，其主张的医保补偿、养老保险补救费均未经仲裁，其主张的加班费已经通过工资表表明已经支付，故同意仲裁裁决结果，请求驳回李振义的其他请求，为此双方未能协商解决。另查，北京华坤科技开发有限责任公司系北京华坤庄园酒店有限公司的投资人之一。

【案件焦点】

李振义要求北京华坤庄园酒店有限公司支付加班费的诉讼请求是否应当得到支持。

【法院裁判要旨】

北京市延庆县人民法院经审理认为：用人单位制定内部的工资支付制度，应通过与职工大会、职工代表大会或其他形式协商，并告知本单位全体劳动者，同时抄报当地劳动行政部门备案，或者与劳动者采用签订个别劳动合同的方式确定，而降低职工工资标准属单方减少义务行为，更需符合法定程序或与劳动者平等协商确定，如劳动者不接受可以解除劳动合同，企业应承担违约责任。本案被告未经法定程序或与原告协商一致降低原告工资数额，因此原告可以解除劳动合同，被告应当向原告支付经济补偿，现原告要求被告支付解除劳动合同的经济补偿金，本院予以支持。

劳动者非因本人原因从原用人单位被安排到新用人单位工作，原用人单位未支付经济补偿，劳动者提出解除合同在计算经济补偿金的年限时，请求合并计算工作年限的，人民法院应予支持。本案原告先入职到被告的投资人北京华坤科技开发有限责任公司，被告成立后再与原告签订劳动合同，但工作地点未变动，因此原告要求按入职到北京华坤科技开发有限责任公司的时间计算解除劳动合同的经济补偿金应予支持。

用人单位应自招用农民合同制工人之月起，为其办理参加养老保险的手续，用人单位未给参加养老保险或未按规定足额缴纳养老保险费的，应当给予劳动者补偿。本案被告未按规定为原告交纳养老保险，因此现原告主张养老保险损失，应予支持。

原告主张医保补偿及养老保险补救费未经仲裁裁决，本案不予考虑；原告主张的加班费，因被告提交的劳动合同及工资表证明其支付的工资中已含固定加班费，故本院不予支持。

北京市延庆县人民法院依照《中华人民共和国劳动合同法》第四十六条，第四十七条，《最高人民法院审理劳动争议案件适用法律若干问题的解释》第五条，《北京市劳动局关于印发农民合同制工人参加北京市养老、失业保险暂行办法的通知》第四条、《北京市农民工养老保险暂行办法》第十五条，《中华人民共和国民事诉讼法》第六十四条的规定，判决如下：

一、被告北京华坤庄园酒店有限公司支付原告李振义解除劳动合同的经济补偿金 10311.75 元，本判决生效后七日内履行。

二、被告北京华坤庄园酒店有限公司支付原告李振义养老保险补偿金 5280 元，本判决生效后七日内履行。

三、驳回原告李振义的其他诉讼请求。

李振义持原审起诉意见提起上诉，要求撤销原审判决，要求被上诉人支付养老保险费用 52742.40 元；要求被上诉人支付社会养老保险补救费四年 54144 元；要求被上诉人支付 448 天法定双休日的加班费共计 95306.48 元。北京市第一中级人民法院经审理认为：首先，劳动者主张加班费的，应当就加班事实的存在承担举证责任。李振义仅主张其存在法定节假日加班和双休日加班，但未就其存在加班的事实提供相应的证据，故本院对其主张不予采信。其次，华坤庄园酒店公司提交的劳动合同及工资表证明其支付的工资中已含固定加班费，因此，原审法院对于李振义主张的法定节假日加班费和双休日加班费不予支持并无不当，本院应予维持。李振义主张医疗保险补偿及养老保险补救费未经仲裁裁决，本案不予处理。综上所述，原审判决认定事实清楚，适用法律正确，应予维持。

北京市第一中级人民法院依照《中华人民共和国民事诉讼法》第一百七十条第一款第（一）项之规定，作出如下判决：

驳回上诉，维持原判。

【法官后语】

一般来说，根据我国《民事诉讼法》的规定，举证责任的分配首先应当遵守“谁主张，谁举证”的分配规则，只有在法律或司法解释明确规定的情况下，才能采用举证责任倒置的规则。也就是说，当事人对自己提出的诉讼请求所依据的事实或反驳对方诉讼请求所依据的事实，有责任提供证据加以证明。如果根据该规则，劳动者主张加班费，应当对加班事实承担举证责任。

但是，从现实层面来看，让劳动者承担加班事实的举证存在诸多困难，在不少单位，加班采用口头通知的形式，没有书面证据，是否加班往往体现在工资、打卡记录、工作记录等情况中，然而这些证据往往保存在用人单位，劳动者无从获得。

因此，最高人民法院在关于劳动争议的相关司法解释中对加班费举证责任问题做出了明确规定，“劳动者主张加班费的，应当就加班事实的存在承担举证责任。但劳动者有证据证明用人单位掌握加班事实存在的证据，用人单位不提供的，由用人单位承担不利后果。”劳动者在劳动争议案件中处于弱势地位，考虑到劳动者举证的实际困难，对劳动者举证不能过于苛求，可适当减轻劳动者的举证责任，只要劳动者一方提出的基本证据，如考勤表、加班通知、工资条、交接班记录、证人证言等可以证明有加班的事实，即可视为其举证责任已经完成。同样，对于劳动者认为加班事实的证据由用人单位掌握管理的，仍然要对此负有举证责任。这样，才能避免劳动者滥用举证责任分配而导致对用人单位的不公平。

编写人：北京市延庆区人民法院　常丹

54

关于劳动争议中用人单位的举证责任问题

——济南鑫瑞纸容器有限责任公司诉高寿清劳动合同案

【案件基本信息】

1. 裁判书字号

山东省济南市中级人民法院（2014）济民一终字第371号民事判决书

2. 案由：劳动合同纠纷

3. 当事人

原告（上诉人）：济南鑫瑞纸容器有限责任公司（以下简称鑫瑞纸容器公司）

被告（被上诉人）：高寿清

【基本案情】

被告高寿清原系原告鑫瑞纸容器公司员工，双方未签订书面劳动合同。2013年9月26日，被告高寿清因受伤未再到原告鑫瑞纸容器公司工作，原告鑫瑞纸容器公司未向被告高寿清出具解除劳动合同证明，原告鑫瑞纸容器公司亦未为被告高寿清交纳社会保险。2013年10月21日，被告高寿清作为申请人，以原告鑫瑞纸容器公司作为被申请人，向济南市天桥区劳动人事争议仲裁委员会提起仲裁申请，要求：被申请人支付2012年7月至2013年3月20日双倍工资13600元，2013年8月24日至2013年9月26日双倍工资1920元，共计15819元。济南市天桥区劳动人事争议仲裁委员会于2013年12月18日作出济天劳人仲案［2013］337号仲裁裁决书，裁决：“一、被申请人济南鑫瑞纸容器有限责任公司于本裁决书生效之日起七日内向申请人高寿清支付2012年7月22日至2013年3月20日期间未签订劳动合同二倍工资13600元。二、对申请人的其他仲裁请求，本委不予支持。”原告鑫瑞纸容器公司于法定期限内诉至本院，要求：判令原告鑫瑞纸容器公司不支付被告高寿清双倍工资13600元。

【案件焦点】

关于被告高寿清在原告鑫瑞纸容器公司的工作期间认定及举证责任问题。

【法院裁判要旨】

山东省济南市天桥区人民法院经审理认为：根据《劳动合同法》的规定，用人单位自用工之日起即与劳动者建立劳动关系。原、被告之间虽未签订书面劳动合同，但被告高寿清已为原告鑫瑞纸容器公司提供实际劳动，原、被告之间存在事实劳动关系。关于被告高寿清在原告鑫瑞纸容器公司的工作期间，首先，原告鑫瑞纸容器公司未在本院指定的期限内提交 2012 年 6 月至 2013 年 9 月与工资发放相关的会计记账凭证，应承担举证不能的法律后果，原告鑫瑞纸容器公司主张被告高寿清于 2012 年 12 月 26 日到原告鑫瑞纸容器公司工作，亦未提交证据证明其主张的入职时间，故本院认定原告鑫瑞纸容器公司与被告高寿清于 2012 年 6 月 22 日建立劳动关系；其次，根据《最高人民法院关于审理劳动争议案件适用法律若干问题的解释》第十三条规定："因用人单位作出的开除、除名、辞退、解除劳动合同、减少劳动报酬、计算劳动者工作年限等决定而发生的劳动争议，用人单位负举证责任。"关于原告鑫瑞纸容器公司主张，即被告高寿清于 2013 年 1 月 11 日提出辞职，于 2013 年 2 月 17 日回单位上班，正常工作至 2013 年 3 月 20 日又提出辞职，双方劳动关系并未连续，但原告鑫瑞纸容器公司并未提交相关证据证明双方曾于 2013 年 1 月 11 日、2013 年 3 月 20 日解除劳动关系，且被告高寿清对此不予认可，故原告鑫瑞纸容器公司的该项主张，本院亦难以认定。被告高寿清于 2012 年 6 月 22 日到原告鑫瑞纸容器公司工作，双方未签订书面劳动合同，原告鑫瑞纸容器公司应承担相应的民事责任。诉讼中，原、被告均认可自 2013 年 3 月 20 日起至 2013 年 7 月 23 日止被告高寿清并未到原告鑫瑞纸容器公司上班，原告鑫瑞纸容器公司亦未向被告高寿清发放相关劳动待遇，故原告鑫瑞纸容器公司应向被告高寿清支付 2012 年 7 月至 2013 年 3 月的未签订劳动合同二倍工资差额。《工资支付暂行规定》（劳部发〔1994〕489 号）第六条规定，用人单位必须书面记录支付劳动者工资的数额、时间、领取者的姓名以及签字，并保存两年以上备查；用人单位在支付工资时应向劳动者提供一份其个人的工资清单。关于被告高寿清正常工作期间的工资数额，原告鑫瑞纸容器公司未提交证据证明其主张，故被告高寿清 2012 年 7 月至 2013 年 3 月月工资应以每月 1700 元计算。综上，原告鑫瑞纸容器公司应向被告高寿清支付

2012年7月至2013年3月未签订劳动合同二倍工资差额13600元。

山东省济南市天桥区人民法院于2014年3月26日作出（2014）天民一初字第26号民事判决：

原告济南鑫瑞纸容器有限责任公司于本判决生效之日起10日内向被告高寿清支付未签订劳动合同二倍工资差额13600元。

原告鑫瑞纸容器公司提起上诉，山东省济南市中级人民法院经审理认为：本案二审的争议焦点为，被上诉人的工作年限如何计算及认定问题。根据《最高人民法院关于审理劳动争议案件适用法律若干问题的解释》第十三条的规定："因用人单位作出的开除、除名、辞退、解除劳动合同、减少劳动报酬、计算劳动者工作年限等决定而发生的劳动争议，用人单位负举证责任"，因此，上诉人主张被上诉人高寿清在被上诉人的工作时间三个阶段，即第一阶段自2012年12月26日至2013年1月11日，第二阶段自2013年2月17日（正月初八）至2013年3月6日，第三阶段自2013年7月24日至2013年9月26日，依据上述司法解释及《工资支付暂行规定》第六条的规定，上诉人对此应负举证责任，上诉人应如实提供被上诉人的入职登记表及工资清单等证据予以证实，但一、二审期间，上诉人均未在指定的期间提供有效证据予以证实，因此，原审法院对于上诉人的上述主张未予采信，并无不当。上诉人主张单位系季节性私营小企业，各种管理不规范，客观不能提供上述证据，对此，本院认为，该主张的事实可能客观存在，但与法律规定不符，上诉人的民事责任并不能因用人单位管理不规范而免除。综上，原审法院根据有效证据认定被上诉人的劳动期间并判令上诉人承担未签订书面劳动合同的相应法律责任，并无不当。上诉人鑫瑞纸容器公司之上诉理由不能成立，本院不予支持。

山东省济南市中级人民法院判决：驳回上诉，维持原判。

【法官后语】

本案关键的问题系劳动争议案件中用人单位的举证责任的承担问题。

1. 劳动争议案件中用人单位举证责任的相关法律规定

《最高人民法院关于民事诉讼证据的若干规定》第六条规定："在劳动争议案件中，因用人单位作出开除、除名、辞退、解除劳动合同、减少劳动报酬、计算劳动者工作年限等决定而发生劳动争议的，由用人单位负举证责任。"

《最高人民法院关于审理劳动争议案件适用法律若干问题的解释》第十三条规定："因用人单位作出的开除、除名、辞退、解除劳动合同、减少劳动报酬、计算劳动者工作年限等决定而发生的劳动争议，用人单位负举证责任。"

《中华人民共和国劳动争议调解仲裁法》第六条规定："发生劳动争议，当事人对自己提出的主张，有责任提供证据。与争议事项有关的证据属于用人单位掌握管理的，用人单位应当提供；用人单位不提供的，应当承担不利后果。"第三十九条规定："当事人提供的证据经查证属实的，仲裁庭应当将其作为认定事实的根据。劳动者无法提供由用人单位掌握管理的与仲裁请求有关的证据，仲裁庭可以要求用人单位在指定期限内提供。用人单位在指定期限内不提供的，应当承担不利后果。"

2. 劳动争议案件中用人单位承担举证责任的意义

劳动争议是存在于用人单位与劳动者之间的纠纷，由于该类案件在主体上存在特殊性，决定了案件当事人在举证能力上存在不平等性。用人单位是各项劳动纪律、管理制度的制定者和实施者，同时对劳动者关于其已制定各项劳动纪律、管理制度的执行情况进行记录，并在一定期限内予以保管，如用人单位的工时制、休假制度、特殊岗位人员职业规范、竞业限制等制度。对于部分劳动者，除了执行用人单位指定的单位劳动纪律、管理制度外，还于劳动合同中进行特别约定，据此对劳动者做出考核，并决定其奖惩。因此，在劳动争议案件中，劳动者对于部分由用人单位所记录、保管的证据，在纠纷发生后很难自行收集，导致劳动者在劳动争议案件中举证能力的不平等性。《劳动争议调解仲裁法》《最高人民法院关于审理劳动争议案件适用法律若干问题的解释》等相关法律法规及司法解释均是在衡量了劳动者与用人单位举证能力的基础上，对劳动争议案件双方当事人的举证责任进行分配。《劳动争议调解仲裁法》规定，属于用人单位掌握管理的证据，应当由用人单位提供，如不能提供则承担对其不利的法律后果；《最高人民法院关于审理劳动争议案件适用法律若干问题的解释》对因用人单位作出的开除、除名、辞退、解除劳动合同、减少劳动报酬、计算劳动者工作年限等决定而发生的劳动争议案件，引入用人单位的举证责任制度。上述举证责任的分配，在用人单位对劳动者做出各种劳动事务处理决策时，均能有效地促进其严格地遵守劳动法律、法规以及规章的规定，执行用人单位合法规章制度，并符合用人单位与劳动者签订的劳动合同的约定。如此，上述举证责任的分配制度既能够有效地规范用人单位的日常管理，又能促使其依法依规办事，既保护了劳动者的合法权益，又能达到定纷止争的目的。

3. 劳动争议案件中用人单位承担举证责任的限定

2001年4月30日起施行的《最高人民法院关于审理劳动争议案件适用法律若干问题的解释》规定了劳动争议案件中由用人单位承担的举证责任的争议类型，即仅限于因用人单位作出的开除、除名、辞退、解除劳动合同、减少劳动报酬、计算劳动者工作年限等决定而发生的劳动争议；2008年5月1日起施行的《劳动争议调解仲裁法》规定了劳动争议案件中应当由用人单位承担举证责任的证据类型，限定于“用人单位掌握”的证据，除此之外其他类型的劳动争议或证据类型，在没有法律法规特殊规定的情形下，仍应当适用“谁主张，谁举证”的民事诉讼的基本原则。从举证范围上来说，《劳动争议调解仲裁法》是对《最高人民法院关于审理劳动争议案件适用法律若干问题的解释》的补充，随着社会劳资关系的不断发展，劳动争议案件的类型也发生了诸多变化，司法解释中列举了几类常见争议但仍有其局限性，审判实践中除上述案件类型外劳动者对某些证据难以采集的比比皆是，如劳动者入职时填写的登记资料、调换岗位时单位的审批资料、单位员工名册等，《劳动争议调解仲裁法》将用人单位举证的类型限定为“用人单位掌握”的证据，是在仲裁或审判实践中不断总结而形成的，该规定虽对司法解释关于用人单位的举证责任范围有所调整，但并非无限度地扩大。本案中，在能够确立用人单位与劳动者之间存在劳动关系的前提下，用人单位应当记录并保管该劳动者的入职登记资料、离职申请或者离职结算资料，以及劳动者的工资清单，但由于用人单位在管理上存在不规范的情况，致使其客观上无法提供由用人单位掌握的证据材料。在实践中很多用人单位或是因为规模小、人员少，或是因为管理缺失而存在类似情况，但这种不规范管理确与法律规定不符，用人单位不能因此而免除其应当承担的民事责任。

编写人：山东省济南市天桥区人民法院　王善

55

劳动关系确认案件中录音证据的采信

——王宽水诉北京科创盛业科技有限公司劳动争议案

【案件基本信息】

1. 裁判书字号

北京市第二中级人民法院（2014）年二中民终字第08621号民事判决书

2. 案由：劳动争议纠纷

3. 当事人

原告（被上诉人）：王宽水

被告（上诉人）：北京科创盛业科技有限公司（以下简称科创公司）

【基本案情】

王宽水主张其于2013年3月1日入职科创公司，从事铣工工作，月工资为4600元；科创公司未与其签订劳动合同，未为其缴纳社会保险；2013年8月18日下班后，科创公司法定代表人韩帅通知其因公司用电量过大，公司所在地的村集体要求其公司改为夜间开工，将其与另案当事人高志伟辞退。科创公司不认可王宽水的上述主张，称双方之间属于临时的劳务关系，王宽水于2013年8月在其公司做了2天的临时工就不干了。2013年9月6日，王宽水申诉至大兴仲裁委，要求科创公司支付其：1. 2013年4月1日至2013年8月19日期间未签订劳动合同双倍工资另一倍22418.39元；2. 解除劳动关系经济补偿金2300元；3. 2013年3月1日至2013年8月19日期间平时加班工资4956.89元，周六、日加班工资21413.79元。2014年3月10日，大兴仲裁委作出京兴劳人仲字〔2013〕第3307号裁决书，裁决驳回王宽水的全部仲裁请求。科创公司同意大兴仲裁委的裁决，王宽水不同意大兴仲裁委的裁决，诉至本院。

【案件焦点】

如何认定王宽水提交的电话录音证据的效力。

【法院裁判要旨】

北京市大兴区人民法院经审理认为：劳动者对于劳动关系是否存在应承担举证责任。王宽水提交的2013年8月的考勤表上有韩帅的本人签名以及字样为“韩帅之印”的签章，科创公司仅认可韩帅本人签名的真实性，主张字样为“韩帅之印”的签章为伪造的，并提交印样申请对上述签章的真实性进行鉴定。因字样为“韩帅之印”的印章并非备案签章，故科创公司的鉴定申请不符合法定条件，无法进行鉴定。结合高志伟与韩帅通话录音的内容以及科创公司的当庭陈述，可以确定王宽水曾在科创公司工作过，为科创公司提供过劳动。科创公司主张双方之间属于临时的劳务关系，则应对其上述主张承担举证责任。在本院规定的期限内，科创公司未就其上述主张进一步进行举证，亦未进一步说明王宽水报酬的结算标准、结算形式等情况，故对于科创公司关于双方之间属于临时劳务关系的主张，本院不予采信。综合王宽水的考勤表、高志伟与韩帅的通话录音以及牛坊村村委会曾于2013年8月对科创公司进行限电的事实等全案证据，可以认定王宽水与科创公司存在劳动关系。

据此，依据《中华人民共和国劳动合同法》第七条、第十条、第四十七条、第八十二条以及《最高人民法院关于审理劳动争议案件适用法律若干问题的解释(三)》第九条之规定，判决如下：

一、被告北京科创盛业科技有限公司于本判决生效之日起十日内支付原告王宽水2013年4月1日至2013年8月18日期间未签订劳动合同的双倍工资差额20937.93元；

二、被告北京科创盛业科技有限公司于本判决生效之日起十日内支付原告王宽水2013年3月1日至2013年8月18日期间的延时加班工资396.55元；

三、被告北京科创盛业科技有限公司于本判决生效之日起十日内支付原告王宽水2013年3月1日至2013年8月18日期间的周六、日加班工资1691.95元；

四、被告北京科创盛业科技有限公司于本判决生效之日起十日内支付原告王宽水解除劳动关系的经济补偿金2300元；

五、驳回原告王宽水的其他诉讼请求。

判决作出后，科创公司不服上述判决，向北京市第二中级人民法院提起上诉。

北京市第二中级人民法院经审理判决：

维持一审判决，驳回了科创公司的上诉。

【法官后语】

本案处理的重点在于：录音证据如何采信。

劳动者作为主张劳动关系存续的一方，对于其与用人单位是否存在劳动关系负有举证责任。众所周知，实践中，如果用人单位在用工之初便抱着违法用工、逃避法定责任的初衷，便会采取不与劳动者签订劳动合同、现金支付工资等形式避免劳动者掌握双方存在劳动关系的证据。那么一旦双方发生争议且无法友好协商解决，劳动者很难提交充分的证据证明双方之间存在劳动关系或者劳动关系的存续期间。审判实践中，比较典型的情况通常为用人单位否认劳动者曾为其公司提供劳动、用人单位否认双方之间是劳动关系、用人单位认可双方之间存在劳动关系但否认劳动者主张的入职时间等。

本案中，王宽水提交的2013年8月的考勤表中，2013年8月10日与2013年8月12日两天有韩帅本人签字，其余时间加盖了有“韩帅之印”字样的印章。科创公司认可上述考勤表上韩帅签名的真实性，否认印章的真实性，并申请对该印章的真实性进行鉴定；否认双方之间存在劳动关系，仅认可王宽水曾在其公司工作过两天，主张双方为劳务关系。在书面证据不足的情况下，审查录音证据的证明力对本案定性非常重要。

《最高人民法院关于未经对方当事人同意私自录音取得的资料能否作为证据使用问题的批复》认为：“证据的取得首先要合法，只有经过合法途径取得的证据才能作为定案的根据。未经对方当事人同意私自录制其谈话，系不合法行为，以这种手段取得的录音资料，不能作为证据使用。”虽然这一规定确定了只有通过合法途径取得的证据才能作为定案的依据，但无异于在事实上排除了视听资料作为一种证据类型存在的价值，但在实践中尤其在劳动争议案件中，当事人的录音一般都是偷偷录下了，那么根据上述批复，录音基本上就不能作为证据适用。但随着《最高人民法院关于民事诉讼证据的若干规定》的实施，偷录的录音证据开始走向合法化，但是也有严格的限制。上述规定第六十八条规定侵害他人合法权益或者违反法律禁止性规定的方法取得的证据，不能作为认定案件事实的依据。据此规定，偷录偷拍一是不得侵害他人合法权益，包括个人隐私以及个人的生活不受干扰等，二是不得违反法律禁止性规定。此外，故意违反社会公共利益、社会公德的偷录偷拍行为，也在禁止之列；采取暴力、胁迫、非法拘禁、窃听等方法取得的证据，均不能作为诉讼证据使用。如果偷录、偷拍时没有违反上述规定，即为取证手段合法，所取得的视听资料就可以作为定案的证据。

那么，单独的录音证据可以作为定案依据吗？答案并非是绝对的。尤其在劳动争议案件中，劳动者举证能力弱，往往仅能提供单一证据，甚至是录音内容指向含糊的单一录音证据。在这样的情况下，如何审查并采信录音证据就要求审判者全面审查、仔细甄别、综合判断。首先，全面审查即庭审调查要事无巨细，通过庭审掌握细节、发现突破口，建立内心确信。其次，仔细甄别即要严格审查录音证据的原始载体，注意该证据是否存在被剪接、剪辑或者伪造的迹象，引导对方当事人申请鉴定并释明如不申请鉴定的法律后果。最后，综合判断即综合全案证据、庭审情况、录音内容进行判断，必要时可以法官依职权进行调查取证，以完善证据链。

本案中，科创公司认可录音证据的真实性，结合该录音内容及双方陈述，可以认定王宽水曾为科创公司提供过劳动，但录音内容仍略显宽泛。庭审中，王宽水主张科创公司辞退其的事由是科创公司经营场所限电问题。为此，法官至科创公司所在地核实后得知确实存在上述情况。至此，综合录音内容、考勤表、现场调查等情况，法院最终认定王宽水与科创公司存在劳动关系。

编写人：北京市大兴区人民法院　张小娟

56

劳动争议中工资标准的认定、证明妨碍及逾期举证的后果

——北京骏景凯逸酒家有限公司诉王胜利劳动争议案

【案件基本信息】

1. 裁判书字号

北京市第一中级法院（2012）一中民终字第11069号民事判决书

2. 案由：劳动争议纠纷

3. 当事人

原告（上诉人）：北京骏景凯逸酒家有限公司（以下简称凯逸公司）

被告（上诉人）：王胜利

【基本案情】

王胜利于2010年10月入职凯逸公司，职务为经理，双方未签订书面劳动合同，工资为现金发放。2011年10月，凯逸公司通知王胜利解除劳动关系，王胜利遂于2011年10月31日离职。凯逸公司主张王胜利的工资标准为每月5500元，税后实发5100元。王胜利主张其工资标准为每月11000元，税后实发10600元，并提交有加盖公司印章的月工资是11000元的证明。双方发生争议后，王胜利提请仲裁，请求凯逸公司支付未签订劳动合同的二倍工资。王胜利认可是以5500元的月工资标准缴纳个人所得税，但并不认可该5500元为实际工资数额，凯逸公司为此提交了四张2011年4月至7月、有王胜利签字、金额为5100元的工资表。王胜利认可该工资表的签字，但主张公司应提交其他月份的表明其工资为11000元的工资表。对此，凯逸公司称这些工资表已丢失，未予提交。凯逸公司仅提交了王胜利2011年10月份金额为5100元的工资表复印件以证明其已支付王胜利10月份工资。对此复印件，王胜利不认可。

北京市西城区仲裁委裁决凯逸公司支付王胜利未签订劳动合同二倍工资110000元，支付王胜利10月份工资11000元。裁决后，凯逸公司不服，提起诉讼，请求不支付上述费用。

【案件焦点】

1. 如何确定王胜利的工资标准；2. 凯逸公司逾期提交的证据是否失权。

【法院裁判要旨】

北京市西城区人民法院经审理认为：王胜利的工资标准，应以其个人所得税纳税凭证所反映的月收入扣除纳税金额后的实发金额为准。王胜利签字确认的工资表中注明其工资数额在扣除个人所得税后为5100元，该工资表与凯逸公司提供的王胜利个人所得税纳税凭证所反映的月收入相一致，结合王胜利入职履历表中记载的工资标准亦为5500元，故上述证据相结合所起到的证据效力应大于王胜利为证明其月收入11000元所提供的工资证明之效力；同时，该工资证明内容系全部打印，王胜利也无法证明该工资证明具体由凯逸公司哪位员工开具，考虑到王胜利系该公司经理，有掌握凯逸公司印章的权利，故法院对王胜利提供的该工资证明不予认可。王胜利于2011年10月31日离职，凯逸公司虽称向其发放了2011年10月工资，但未向法院提供有效证据予以证明，故对凯逸公司的该项主张不予支持，判决凯逸公司支付王胜利10月份的工资5100元。

宣判后，凯逸公司与王胜利均不服原审判决，提起上诉。凯逸公司称，2011年10月工资及一个月的经济补偿金已经支付，虽然提供的是复印件，但该复印件与工资单、完税证明形成了一个完整的证据链，足以证明复印件的真实性。

王胜利认为其在凯逸公司工作一年，而凯逸公司只提供了4个月的工资表，其他由王胜利签字、工资标准为11000元的工资表被凯逸公司隐匿；按照有关规定，凯逸公司对职工的考勤及工资表至少应保存两年，一审法院仅凭4个月的工资表就认定王胜利的工资标准为5500元有失公平。

北京市第一中级人民法院经审理认为：关于王胜利的月工资标准，用人单位应当按照工资支付周期编制工资支付记录表，并至少保存两年备查。王胜利于2010年10月13日至2011年10月31日期间在凯逸公司工作，凯逸公司应保存王胜利工作期间的全部工资支付记录表，但凯逸公司在诉讼中仅提供了2011年4月至7月的工资表，而王胜利主张其签字的其余月份的工资表为11000元。《最高人民法院关于民事诉讼证据的若干规定》（以下简称《证据规定》）第七十五条规定，有证据证明一方当事人持有证据无正当理由拒不提供，如果对方当事人主张该证据的内容不利于证据持有人，可以推定该主张成立。由于凯逸公司拒不提交剩余工资支付记录，已经构成证明妨碍，故二审法院依据上述规定推定王胜利的月工资标准为11000元。

北京市第一中级人民法院依照《中华人民共和国民事诉讼法》第七十五条、第一百五十三条第一款第（三）项之规定，作出判决：

凯逸公司支付王胜利未签订劳动合同的二倍工资110000元；支付王胜利2011年10月份工资11000元。

宣判后，凯逸公司不服，提出再审申请，理由是其公司已经支付了王胜利10

月份的工资 11000 元，并提交了有王胜利签字、制表人为张亚辉的工资表原件。

在判后答疑和化解该案件信访工作中，二审法院认为，凯逸公司在原一、二审期间已经提供了另一份由王胜利签名的 2011 年 10 月的工资表复印件，但在申诉时，又向法院提交了一份有王胜利签字、制表人为张亚辉的工资表原件，这两份证据显然是矛盾的，而确认该份证据是否真实的关键在于王胜利的签名是否真实；但在现阶段，对于该份证据中王胜利签名的真实性无法予以核实；更为关键的是，该工资表显示的制表人是本案的一、二审代理人张亚辉，如果该份证据是真实存在的，凯逸公司在一、二审期间为了混淆王胜利的工资标准，故意隐瞒不出示该份证据，违反了诚实信用原则，该证据已经失权，不属于民事诉讼法规定的申请再审的新证据。二审判决认定事实、适用法律均符合法律规定。

经法院释明，凯逸公司息诉服判，撤回了再审申请。

【法官后语】

本案的争议焦点主要有二个：一是王胜利的工资标准；二是凯逸公司逾期提交的证据是否失权。

（一）关于工资标准问题

工资标准问题是劳动争议案件中的常态性问题。通常是劳动者主张的工资数额较高而用人单位不予认可。该类案件主要涉及对工资标准相关证据的认定。

1. 工资标准的举证责任分配。在劳动争议案件中，用人单位为避免败诉的不利后果，经常拒绝提供其掌握的如工资支付凭证、考勤信息等管理信息，给查明案件事实带来巨大困难。对此，《民事诉讼证据规定》特别就劳动争议案件的特定事项实行举证责任倒置。第六条明确规定，“在劳动争议纠纷案件中，因用人单位作出开除、除名、辞退、解除劳动合同、减少劳动报酬、计算劳动者工作年限等决定而发生劳动争议的，由用人单位负举证责任”。据此，本案王胜利的工资标准问题应由用人单位承担举证责任。

2. 通过纳税证明反推认定工资标准不当。劳动争议双方没有书面工资标准且各执一词时，法院通常会根据纳税证明反推认定工资标准。在不存在避税的情况下该反推认定通常为双方当事人所认可，法院采信通过反推纳税证明的工资标准也是正确的。因为纳税证明是公文书，在证据效力上通常大于一方提出的书面工资证明的效力。一审法院即基于此认定王胜利的月工资标准为5500元。但是本案存在特殊情形，不能仅凭纳税证明反推工资标准为5500元。理由是：1. 本案中的工资证明是在王胜利离职时由公司出具的，当时双方尚未涉诉，并无利害冲突，可信度较高；2. 现实生活中部分私企通过签订低工资合同进行避税较为普遍，本案中该企业纳税并不规范，王胜利已以公司避税为据进行了抗辩；3. 公司只提交了王胜利四个月工资是5500元的工资单，而王胜利却称其余的有其签名的11000元的工资单为公司掌握，加之，公司并未提供其余的工资单，且不能提出合理理由；4. 在工资证明的来源上，一审法院仅基于王胜利的经理身份即推定其有机会使用印章，倒置该工资证明举证责任，属于针对该节事实的举证责任分配错误。综合全案证据分析，二审法院适用《证据规定》中举证责任分配和证明妨碍规则，改判认定王胜利月工资为11000元是正确的。

3. 证明妨碍行为的认定及其法律后果。《民事诉讼证据规定》第七十五条规定："有证据证明一方当事人持有证据无正当理由拒不提供，如果对方当事人主张该证据的内容不利于证据持有人，可以推定该主张成立"。结合本案分析，根据《北京市工资支付规定》第十三条，用人单位应当按照工资支付周期编制工资支付记录表，并至少保存两年备查，所以保存两年内王胜利的工资支付记录是公司的法定义务。从理性人角度来讲，公司为了应对可能的诉讼，也会保存相应的支付记录。王胜利自入职至本案诉讼开始尚不足两年，凯逸公司应存有王胜利全部工资支付记录，但其无正当理由拒不提供完整的工资表，造成王胜利工资标准这一事实难以查清，其主观存在过错，客观上存在妨碍行为，属于《证据规定》中规定的较为典型的证明妨碍。因此，二审法院根据《证据规则》中关于举证责任分配的规定即由凯逸公司举证工资标准和凯逸公司证明妨碍的行为，判定凯逸公司承担就该节事实举证不能的败诉后果。

（二）关于证据失权

证据失权是举证时限的核心。举证时限是指当事人须在法律规定或法院指定的期限内向法院提交证据，逾期则丧失提交证据的权利。举证时限由两部分组成，一是一定的期限，二是法律后果，即证据失权。《民事诉讼证据规定》的第三十四条是对逾期举证失权的规定，当事人在法院指定的举证期限内未向法院提交证据，且不存在举证期限延长或举证期限重新指定情形的，丧失提出证据的权利，丧失证明权。然而，证据失权虽能促使当事人在举证时限内向法庭积极提交证据，但它也可能因把重要证据排除在诉讼之外而对裁判的实体公正造成根本损害。因此，法官在处理证据失权问题时往往采取一种较为慎重的态度。影响法官适用证据失权的因素有两点：

一是当事人是否存在主观上的故意或重大过失。这是法官决定是否适用证据失权的主要因素。设立举证时限制度的初衷之一，是惩治有主观过错的不举证行为，不能也不应当对当事人非因主观过错而延期提出的证据拒绝适用。浙江省高级人民法院2007年通过的《关于适用〈关于民事诉讼证据的若干规定〉的指导意见》中规定，“当事人在举证期限届满后提供的证据，非属当事人故意或者重大过失而未在举证期限内提供，且该证据的采信与否对案件的公正审理产生实质性影响的，可以视为新的证据”。而在当事人仅存在一般过失情况下，法官是否适用证据失权则应更加慎重，最高人民法院也倾向于“限缩”适用失权，将相关证据纳入诉讼中，以保障实质正义。

二是对当事人实体权益造成损害的大小。若失权会给当事人造成巨大损失，法官往往会在是否失权问题上倾向于让“逾期举证的证据”进入诉讼程序，优先保障实体公正。

本案中，凯逸公司在申请再审时提交的工资表原件在原审举证期限内已然存在，且凯逸公司主观故意导致该证据未在举证期间提交，不属于民诉法规定的“新证据”范畴，不符合启动再审程序的要求。此外，凯逸公司因证据失权的可能损失仅为11000元，较数额十几万的整个诉讼标的而言相对较小；加之，其本身主观过错较大、诉讼极不诚信，不仅侵犯了对方当事人的诉讼权利与合法利益，而且还严重制约了法院通过司法程序发现事实真相的能动性。据此，法院认定凯逸公司超出举证期限提供的证据已经失权，不予采信。经法官依法释明后，凯逸公司撤回了再审申请。

编写人：北京市第三中级人民法院　王忠　王博文

七、时效及其他

57

二倍工资仲裁时效及计算方式

——陈曦（互为被告）诉保定市北市区彩哥之弟服饰店（互为原告）劳动争议案

【案件基本信息】

1. 裁判书字号

河北省保定市北市区人民法院（2014）北民初字第668号民事判决书

2. 案由：劳动争议纠纷

3. 当事人

原告（互为被告）：陈曦

被告（互为原告）：保定市北市区彩哥之弟服饰店（以下简称彩哥之弟服饰店）

【基本案情】

原告（互为被告）陈曦于2012年4月16日至2014年2月19日在被告（互为原告）彩哥之弟服饰店工作，每月工资底薪为3000元，实际每月发放工资数额不等。彩哥之弟服饰店未给陈曦办理社保登记及缴纳社会保险，双方未签订劳动合同。2014年2月19日陈曦提出解除劳动关系，之后不再去彩哥之弟服饰店工作。彩哥之弟服饰店未支付陈曦2014年2月9日至2014年2月19日的工资1380元，劳动争议发生前12个月陈曦的月平均工资为3916元。陈曦诉讼请求第一项为请求法院判决被告支付2012年5月16日至2013年4月15日期间双倍工资差额37455元及2013年4月16日至2014年1月30日期间双倍工资差额37181元。对于陈曦的该项诉讼请求，彩哥之弟服饰店辩称，陈曦于2012年4月16日到我单位工作，至2014年3月7日已将近两年，根据《劳动争议调解仲裁法》第二十七条规定“劳动争议申请仲裁的时效期间为1年。仲裁时效期间从当事人知道或者应当知道其权利被侵害之日起计算”。《劳动合同法》① 的实施之日为2008年1月1日，陈曦的入职时间为2012年4月16日，如果我公司没有和陈曦签订劳动合同，那陈曦应从入职的第二个月开始即2012年5月16日起至2013年4月15日为计算双倍工资的期间，其仲裁时效也于2013年4月15满一年而终止。陈曦应于2013年4月15日以前提起劳动仲裁，其于2014年3月7日提起仲裁，已过仲裁时效。

【案件焦点】

陈曦向彩哥之弟服饰店主张二倍工资是否已过时效，二倍工资计算的时效、起止时间及计算基数。

【法院裁判要旨】

河北省保定市北市区人民法院经审理认为：根据《中华人民共和国劳动合同法》第八十二条和《中华人民共和国劳动争议调解仲裁法》第二十七条之规定，陈曦有权利要求被告给付自2012年5月16日至2013年4月15日的二倍工资，因原告陈曦申请劳动仲裁的时间为2014年3月7日，2013年3月7日之前已过仲裁时效，不予支持，彩哥之弟服饰店应支付陈曦自2013年3月7日至2013年4月15日的二倍工资，共计4369元÷21.75天×17天+6870元÷21.75天×10天=6573元；

保定市北市区人民法院依照《中华人民共和国劳动合同法》第八十二条，《中华人民共和国劳动争议调解仲裁法》第二十七条第一款，作出如下判决：

被告（互为原告）彩哥之弟服饰店于本判决生效后五日内给付原告（互为被告）陈曦自2013年3月7日至2013年4月15日的二倍工资6573元。

---

① 《中华人民共和国劳动合同法》已于2012年12月28日修正。

【法官后语】

本案处理重点主要在于对二倍工资的理解，即二倍工资的时效、起止时间和计算基数。

关于二倍工资的时效，《劳动争议仲裁调解法》规定的劳动争议申请仲裁的时效期间为一年。仲裁时效期间从当事人知道或者应当知道其权利被侵害之日起计算。然而对于二倍工资的时效期间从何时开始起算，一直存在争议。一种观点认为，用人单位支付劳动者未签订劳动合同双倍工资的责任可视为同一合同项下约定的具有整体性和关联性的定期给付之债，仲裁时效期间从最后履行期限届满之日起算。即二倍工资的仲裁时效应当从未订立书面劳动合同满一年的当日起计算。另一种观点则认为，二倍工资的时效起点应按期分别起算，即从未签订书面劳动合同的第二个月起按月分别计算仲裁时效。上海市高级人民法院关于劳动争议若干问题的解答（2010年12月）和深圳劳动人事争议疑难问题研讨会纪要规定均采此观点。相比较而言，第二种观点更具合理性，因《劳动合同法》引入双倍工资的目的在于督促用人单位与劳动者签订劳动合同，及早明确双方劳动权利义务，而非为劳动者提供获得额外赔偿的便利之机，实践中用人单位不与劳动者订立书面劳动合同的原因复杂多样，如一些中小企业管理不够规范、人员法律意识淡薄、劳动者个人不愿签订等，如以最后履行期限届满之日作为时效起算日，易引发劳动者故意拖延主张以获更多额外赔偿的投机心理，在企业用工成本不断增加的当下，如企业负担过重、无以为继，最终损害的是劳动者个人的权利；且通常劳动者均具有应与企业签订劳动合同的常识，如企业未与劳动者签订合同，劳动者即应知晓其权利被侵害，第二种计算方法是严格按照仲裁时效期间从当事人知道或者应当知道其权利被侵害之日起计算的法律规定得出，这也更符合时效制度的规定。

关于二倍工资的起止时间，《劳动合同法实施条例》第六条第二款规定："用人单位向劳动者每月支付两倍工资的起算时间为用工之日起满一个月的次日，截止时间为补订书面劳动合同的前一日。"第七条规定："用人单位自用工之日起满一年未与劳动者订立书面劳动合同的，自用工之日起满一个月的次日至满一年的前一日应当依照《劳动合同法》第八十二条的规定向劳动者每月支付两倍的工资，并视为自用工之日起满一年的当日已经与劳动者订立无固定期限劳动合同，应当立即与劳动者补订书面劳动合同。"通过对上述条款分析，不难得出结论：若不签订劳动合同，用人单位向劳动者每月支付两倍工资的起算时间为“用工之日起满一个月的次日”。法律规定自用工之日起的一个月为用人单位签订劳动合同的宽限期，而对于原劳动合同到期未续签书面劳动合同而形成事实劳动关系的，则用人单位就不应享有此宽限期，二倍工资的起算时间则为“原合同期限届满之次日，即事实劳动合同成立之日”。主要理由是：劳动合同续签是原有劳动关系的续延，并非原劳动关系终止后确立新的劳动关系。法律之所以规定用人单位签订劳动合同的宽限期，是为了给予用人单位和劳动者一段相互考察的期间，让双方本着诚实信用、各取所需的原则，就劳动合同的主要内容进行磋商，并确定一个合理的劳动合同期限。而在劳动合同期满续签时，上述给予宽限期的理由不复具备。经过初次劳动合同的履行，是否续签劳动合同是一个明确的可预期行为，用人单位理应提前作出决定，并及早进行安排。由此可见，对于初次用工未签订书面劳动合同的，劳动者可获得支持的二倍工资最长期限为11个月，对于固定期限劳动合同期满未续签书面合同而形成事实劳动关系以及应当签订无固定期限劳动合同的，劳动者可获得支持的二倍工资最长期限为12个月。

关于二倍工资的计算基数，实践中存在不同的意见，有关省、市也做出了不同的规定。有主张以职工收入总额作为计算基数的、有主张以基本工资作为计算基数的。还有主张以劳动者正常出勤工资为基准计算的，即不包括加班工资和风险性、福利性的补贴、津贴。本案借鉴了上海市高级人民法院对此的规定，根据其规定，其一，劳动关系双方对月工资有约定的，双倍工资的计算基数应按照双方约定的正常工作时间月工资来确定；其二，劳动关系双方对月工资没有约定或约定不明的，应按《劳动合同法》第十八条规定来确定正常工作时间的月工资，并以确定的工资数额作为双倍工资的计算基数；其三，如按《劳动合同法》第十八条规定仍无法确定正常工作时间工资数额的，可按劳动者实际获得的月收入扣除加班工资、非常规性奖金、福利性、风险性等项目后的正常工作时间月工资确定。其四，如月工资未明确各构成项目的，由用人单位对工资构成项目进行举证，用人单位不能举证或证据不足的，双倍工资的计算基数按照劳动者实际获得的月收入确定。另外，还特别规定，按上述原则确定的双倍工资基数均不得低于本市月最低工资标准。本案中双方对月工资没有约定，工资中未区分构成项目，用人单位也没有提供相应证据证明，故按劳动者实际获得的月收入计算二倍工资。

编写人：河北省保定市北市区人民法院　胡紫薇

58

如何计算未签订书面劳动合同二倍工资的仲裁时效

——王远学诉重庆多营运输有限公司劳动合同案

【案件基本信息】

1. 裁判书字号

重庆市江津区人民法院（2013）津法民初字第00335号民事判决书

2. 案由：劳动合同纠纷

3. 当事人

原告：王远学

被告：重庆多营运输有限公司（以下简称多营公司）

【基本案情】

多营公司成立于2010年12月15日，法定代表人系刘刚。2010年11月5日，王远学在多营公司筹建阶段即到多营公司从事铸件清理工作，双方未签订书面劳动合同。2012年10月30日，王远学向重庆市江津区劳动保障监察大队投诉，反映多营公司未与其签订书面劳动合同、未办理社会保险的相关情况。该监察大队于2012年12月5日出具《劳动保障监察补正投诉材料告知书》，告知王远学的投诉不符合《关于实施〈劳动保障监察条例〉若干规定》第十八条的相关规定，请王远学补正相关材料后再进行投诉。王远学遂于2012年12月14日向重庆市江津区劳动人事争议仲裁院申请仲裁，要求多营公司支付未签订书面劳动合同的二倍工资差额并为其完善社会保险。该院于2012年12月18日以王远学未签订书面劳动合同的二倍工资的请求已超过仲裁时效期间和完善社会保险的请求不属于劳动争议仲裁范围为由不予受理并出具《不予受理案件通知书》。王远学遂于2012年12月26日诉至本院要求多营公司支付未签订书面劳动合同的二倍工资差额。多营公司认为王远学的诉讼请求已超过1年的劳动争议仲裁时效期间，故被告不应当支付原告未签订书面劳动合同的二倍工资差额。

【案件焦点】

1. 多营公司应当与王远学订立书面劳动合同的期间；2. 王远学的未签订书面劳动合同的二倍工资的仲裁请求是否超过仲裁时效。

【法院裁判要旨】

重庆市江津区人民法院经审理认为：《中华人民共和国劳动合同法》第十条规定，建立劳动关系，应当订立书面劳动合同。《中华人民共和国劳动合同法实施条例》第六条规定："用人单位自用工之日起超过一个月不满一年未与劳动者订立书面劳动合同的，应当依照劳动合同法第八十二条的规定向劳动者每月支付两倍的工资，并与劳动者补订书面劳动合同；劳动者不与用人单位订立书面劳动合同的，用人单位应当书面通知劳动者终止劳动关系，并依照劳动合同法第四十七条的规定支付经济补偿。"可见，与原告订立书面劳动合同系被告的法定义务，即使系原告不愿意签订，被告也只是应当与原告终止劳动关系，而不是继续用工就可免除其签订书面劳动合同的法定义务。被告违反法律规定未与原告订立书面劳动合同，应当依法向原告支付未签订书面劳动合同的二倍工资。根据《中华人民共和国劳动合同法实施条例》第七条规定，用人单位自用工之日起满一年未与劳动者订立书面劳动合同的，自用工之日起满一个月的次日至满一年的前一日应当依照劳动合同法第八十二条的规定向劳动者每月支付两倍的工资。本案中，原告王远学虽然于2010年11月5日在被告公司筹建阶段即到被告处工作，但被告公司应当于2010年12月15日成立后才具备用工主体及签订书面劳动合同的资格，故被告应当在2010年12月15日至2011年1月14日期间与原告订立书面劳动合同。但被告自成立之日起满一年仍未与原告订立书面劳动合同，故应当支付原告2011年1月15日至2011年12月13日期间未签订书面劳动合同的二倍工资差额。被告提出原告的该项请求已超过仲裁时效期间，《中华人民共和国劳动争议调解仲裁法》第二十七条第一、二款规定："劳动争议申请仲裁的时效期间为一年。仲裁时效期间从当事人知道或者应当知道其权利被侵害之日起计算。前款规定的仲裁时效，因当事人一方向对方当事人主张权利，或者向有关部门请求权利救济，或者对方当事人同意履行义务而中断。从中断时起，仲裁时效期间重新计算。"因原告该项请求的仲裁时效期间应从未签订书面劳动合同的二倍工资差额计算终了之日（2011年12月13日）起算，原告在其后1年内的2012年10月30日向劳动保障监察大队投诉被告未与其签订书面劳动合同的事实，属于向有关部门请求权利救济的情形，产生仲裁时效中断的法律效果。故原告该项请求的仲裁时效期间应从2012年10月30日中断之日时起重新计算，至2012年12月14日原告向江津区劳动人事争议仲裁院申请仲裁之日，未超过一年的仲裁时效期间。故被告提出原告未签订书面劳动合同的二倍工资差额的请求已超过仲裁时效期间的抗辩理由不能成立，本院不予采纳。为此，依照《中华人民共和国劳动合同法》第十条、第八十二条，《中华人民共和国劳动合同法实施条例》第六条、第七条，《中华人民共和国劳动争议调解仲裁法》第二十七条之规定，判决如下：

被告多营公司于本判决生效之日起七日内一次性支付原告王远学未签订书面劳动合同的二倍工资差额33000元。

【法官后语】

本案处理的重点问题是未签订书面劳动合同的二倍工资的仲裁时效应如何计算。《劳动争议调解仲裁法》第二十七条对劳动争议仲裁的时效的规定可分为两种：一般时效和特殊时效。“劳动争议仲裁时效期间从当事人知道或者应当知道其权利被侵害之日起计算”为一般时效；“劳动关系存续期间因拖欠劳动报酬的劳动争议自劳动关系终止或解除之日起计算”则为特殊时效。未签订劳动合同二倍工资应适用何种仲裁时效的规定，未有明确的法律规定。对未签订劳动合同二倍工资的性质的不同理解，导致对二倍工资争议仲裁时效的起算存在分歧。实践当中对未签订书面劳动合同的二倍工资的计算主要存在三种方式：第一种计算方式为，二倍工资属于劳动报酬，二倍工资的劳动争议仲裁时效期间从解除或者终止劳动合同时起算。但二倍工资差额并不是劳动者提供劳动的价值体现，不属于劳动报酬，而是用人单位因违反法律的规定而应承担的惩罚性赔偿。因此，对二倍工资差额的仲裁时效的起算不能适用《劳动争议调解仲裁法》第二十七条第四款规定的特殊仲裁时效；第二种方式为，二倍工资不属于劳动报酬，二倍工资的仲裁时效逐月计算，劳动者主张二倍工资的仲裁时效期间为一年，如果某月的二倍工资已经超过一年仲裁时效，那么对该月的二倍工资的主张就不能够支持。但用人单位不与劳动者签订劳动合同是一种持续的违法行为，侵权行为持续发生，诉讼时效从侵权行为实施终了之日起算，逐月计算仲裁时效则违背了民法的基本理论。从劳动者权益保障角度看，二倍工资的仲裁时效逐月计算对劳动者不利，在实践中，劳动者因不愿与用人单位产生矛盾而只能任由该项权利超过仲裁时效，不符合劳动合同法“保护劳动者的合法权益，构建和发展和谐稳定的劳动关系的宗旨”；第三种方式为，二倍工资不属于劳动报酬，关于二倍工资的仲裁时效期间从二倍工资差额计算终了之日起算。劳动者申请仲裁的时效期间从用人单位不签订书面劳动合同的违法行为结束之次日开始计算一年；如劳动者在用人单位工作已经满一年的，从一年届满之次日起计算一年。重庆市则采用此种方式，既符合《劳动争议调解仲裁法》关于仲裁时效之规定，实践中也便于判断，又能充分保障劳动者的合法权益不受侵害。

本案中，王远学关于未签订书面劳动合同的二倍工资差额的仲裁时效期间应从二倍工资差额计算终了之日，即2011年12月13日起算，至2012年10月30日王远学向劳动保障监察大队投诉多营公司未与王远学签订书面劳动合同之日未超过一年的仲裁时效期间。王远学的投诉属于向有关部门请求权利救济的情形，产生诉讼时效中断的法律后果。故仲裁时效应从2012年10月30日中断之日时起重新计算，至2012年12月14日王远学向江津区劳动人事争议仲裁院申请仲裁之日，也未超过一年的仲裁时效期间。

编写人：重庆市江津区人民法院　伍晶晶

59

如何审查用人单位单方调岗降薪的合法性

——张健诉中国农业银行股份有限公司北京东城支行劳动争议案

【案件基本信息】

1. 裁判书字号

北京市第二中级人民法院（2014）二中民终字第08494号民事判决书

2. 案由：劳动争议纠纷

3. 当事人

原告（上诉人）：张健

被告（被上诉人）：中国农业银行股份有限公司北京东城支行（以下简称农行东城支行）

【基本案情】

张健与农行东城支行于2002年6月30日订立一份无固定期限劳动合同，约定张健担任业务岗位工作，执行定时工作制，根据张健的工作岗位及贡献大小确定劳动报酬。张健于2004年12月9日负工伤，级别为八级。张健停工留薪12个月之后申请延长12个月，到期后，张健再次向有关部门提出延长停工留薪期，有关部门未批准。2007年张健回农行东城支行上班，农行东城支行给其安排监保守库岗位，2009年12月该岗位撤销。农行东城支行安排张健在其单位值夜班，张健以父母妻子有病需要照顾为由不同意，要求做信件交换工作，农行东城支行答复该岗位已经撤销。张健称这项工作由保安人员去做了。

2009年12月底农行东城支行安排张健ATM机加钞工作，2010年1月张健从事了7天加钞工作后提出因伤残不能从事该项工作，此后张健在农行东城支行处于无岗位状态。2010年5月12日张健给农行东城支行出具说明，张健自守库岗位撤了后一直待岗，中间支行给找了二次岗位机会，自己终因各种原因没有去，自己找了几个营业网点，终因年龄比较大了，业务多年没有干，并且营业网点上了好多新业务，自己不太熟悉，很难适应营业网点的业务。请求农行东城支行考虑其本身情况，再安排一下岗位。农行东城支行称已口头答复其可回原安排的工作岗位或自己找岗位，2010年5月后张健待岗期结束，张健未进行任何劳动，农行东城支行一直按本市最低工资标准支付张健工资。

2012年5月10日农行东城支行与张健的谈话记录其中记载，主要解决张健上岗工作问题，张健自2011年12月底就没有上过班，今天协商能否安排新的岗位，即使没有新的岗位今后也要遵守劳动纪律，按时到单位上班，这时想办理病退缺乏政策依据，张健陈述曾想做信件交换工作，农行东城支行告知张健监控中心不失为不错的选择，今天定不下来回去考虑。5月16日张健提出上岗申请，6月起张健未上班。2012年8月农行东城支行提出与张健解除劳动合同关系。

农行东城支行于2010年1月至4月按基础工资3200元标准向张健支付工资；1

月支付张健效益工资1100元，2月至4月按每月500元向张健支付了效益工资，5月至12月按本市最低工资标准支付张健工资，（于2010年12月补足张健不足本市最低工资标准部分）；于2010年9月至12月期间分4次（每次税前2950.82元）向张健支付了奖金。2011年、2012年1月至7月以不低于本市最低工资标准支付张健工资。

原告张健主张自发生工伤后，被告克扣原告的工资和福利，导致原告基本工资、效益工资及福利的损失。故起诉要求被告补发2010年1月至2012年8月欠发的基本工资、绩效工资、补发2010年和2011年的年中、年终奖及2012年年中奖等诉讼请求。被告认为对于原告的工资不存在欠发的情形，2010年原告未完全脱离岗位期间，被告已向其发放效益工资总计2600元及奖金11803.28元，之后原告无岗位，未参加任何工作，其主张之效益工资与奖金于法无据。

【案件焦点】

本案争议焦点为如何审查用人单位调岗降薪的合法性问题。

【法院裁判要旨】

北京市东城区人民法院经审理认为：《工伤保险条例》对于职工因工致残被鉴定为七级至十级伤残应享受的待遇中，对于工伤职工工作岗位的安排及次数没有强制性规定。张健工伤停工留薪期满上班后，其原工作岗位撤销后，农行东城支行给其安排值夜班的工作，张健因个人原因不同意；2010年1月农行东城支行又给张健安排了给ATM机加钞的工作，张健在工作了7天后又表示不能胜任此工作，但张健并不能证明其因身体原因不能胜任该项工作。依法订立的劳动合同具有约束力，用人单位与劳动者应当履行劳动合同约定的义务。双方在劳动合同中约定，根据张健的工作岗位及贡献大小确定劳动报酬。2010年1月后张健没有具体工作岗位，农行东城支行于2010年1月至4月支付了张健基础工资、绩效工资，5月起按本市最低工资标准支付张健工资，并支付了年中奖金，并无不妥，张健继续要求农行东城支行支付基本工资、绩效工资及年中、年终奖，不符合合同约定，本院不予支持。

北京市东城区人民法院依照《中华人民共和国劳动合同法》第三条，《最高人民法院关于民事诉讼证据的若干规定》第二条之规定，作出如下判决：

一、自判决生效之日起七日内，被告中国农业银行股份有限公司北京东城支行支付尚欠原告张健的防暑降温费300元及劳保费900元。

二、被告中国农业银行股份有限公司北京东城支行给付原告张健京客隆购物卡四张（总计金额1140元），已履行。

三、自判决生效之日起七日内，被告中国农业银行股份有限公司北京东城支行支付原告2010年至2012年未休年休假工资4050元。

四、驳回原告张健的其他诉讼请求。

张健持原审起诉意见提起上诉。北京市第二中级人民法院经审理认为：其所持理由与一审法院一致。综上所述，原审法院认定事实清楚，实体处理恰当，张健的上诉请求不能成立，本院不予支持。

北京市第二中级人民法院依照《中华人民共和国民事诉讼法》第一百七十条第一款第（一）项之规定，作出如下判决：

驳回上诉，维持原判。

【法官后语】

本案审判的关键在于如何审查用人单位调岗降薪的合法性问题。

本案中，原告张健坚持主张被告克扣原告的工资和福利，导致原告基本工资、效益工资及福利的损失。农行东城支行则辩称在张健停工留薪期满后，单位一共三次为其安排工作岗位，张健终因岗位被撤销或自身原因而无法继续从事上述岗位，最终出现无岗位的工作状态。之后农行东城支行支付张健工资的情况可分为三个阶段：2010年1月张健工作了7天，当月按照全勤支付了全额基础工资和效益工资；2010年2月至4月过渡期间支付全额基础工资，但效益工资减半；2010年5月至解除劳动关系时止一直按本市最低工资标准支付工资。此外，无岗位之后农行东城支行还支付了张健2010年的年中奖。因此被告对于原告的工资不存在欠发的情形。

笔者认为，用人单位调岗降薪是否合法可以从以下四个方面进行审查：

1. 用人单位是否享有单方调岗的权利

用人单位和劳动者在劳动合同里已对工作岗位进行明确约定，依据劳动合同法的规定，在通常情况下因双方协商一致用人单位可以变更原约定岗位。在双方没有达成协商一致的情况下，用人单位是否享有单方调岗的权利呢？《劳动法》《劳动合同法》并没有直接规定用人单位具有单方调岗的权利，但《劳动法》第二十六条和《劳动合同法》第四十条在规定无过失性辞退的条件时均提到“劳动者患病或者非因工负伤，医疗期满后，不能从事原工作，也不能从事由用人单位另行安排的工作的”或“劳动者不能胜任工作，经过培训或者调整工作岗位，仍不能胜任工作的”，用人单位提前三十日以书面形式通知劳动者本人或者额外支付劳动者一个月工资后，可以解除劳动合同。因此可以推知，上述法条赋予了用人单位在法定条件下行使单方调岗的权利。

2. 本案是否符合用人单位单方调岗的法定情形

根据《劳动法》第二十六条和《劳动合同法》第四十条的规定，用人单位单方调岗的法定情形有两种：(1) 劳动者患病或者非因工负伤，在规定的医疗期满后不能从事原工作；(2) 劳动者不能胜任工作。此外，虽然法律没有规定，笔者认为从实务的角度出发，应允许增加一种调岗情形：(3) 原工作岗位因客观情况发生变化而被撤销的。本案张健因工负伤，农行东城支行的两次调岗行为属于第二种和第三种情形。张健在停工留薪期满后上班，农行东城支行考虑其身体原因安排监保守库岗位，但该岗位于2009年12月撤销，农行东城支行安排张健值夜班，张健因其个人原因（值夜班无法照顾家人）未同意，农行东城支行又安排张健从事ATM机加钞工作，张健在2010年1月工作了7天后因伤残表示不能胜任未再从事此工作，此后张健一直处于无岗位状态，自2012年6月起未再上班。综上所述，农行东城支行第一次调岗（安排值夜班）是因为原岗位被撤销，第二次调岗（安排ATM机加钞）是因为劳动者不能胜任工作，因此本案农行东城支行的调岗行为符合用人单位单方调岗的法定情形。

实践中，对于劳动者不能胜任工作的举证责任和判断标准存在不统一的裁判意见。就举证责任方面而言，应遵循谁主张谁举证的原则，用人单位主张劳动者不能胜任工作而调岗时，用人单位应举证证明劳动者不能胜任工作；劳动者主张因自己不能胜任原工作而要求用人单位调岗时，劳动者应举证证明自己不能胜任工作。就本案而言，张健主张自己不能胜任工作，应举证证明，但张健并未能证明因身体原因不能胜任工作，因此应承担用人单位无法为其继续调岗而产生的后果。就判断标准方面而言，应允许法官就掌握“不能胜任工作”的判断标准进行自由心证。譬如本案中张健称自己因公负伤时自己的脚踝曾经受伤过，无法胜任ATM机加钞工作，对于该项主张是否为真，实践中如果通过启动鉴定程序予以确定将不具备可操作性也费时费力。这时，法官在庭审过程中会根据双方对于向ATM机加钞工作的描述结合常理来判断：ATM机可以填入的钞票数量是有限，因此运送钞票的款箱不会过分沉重，而且从运钞车到ATM机之间搬运款箱的路程不会过远，而张健的伤残等级属于较轻级别，因此法官最终判断张健能够胜任ATM机加钞工作的可能性较大。

3. 用人单位单方调岗的次数有无限制

虽然法律赋予用人单位未经协商一致可单方调岗的权利，但实践中经常发生劳动者不满意用人单位为其安排的新的工作岗位，双方因此产生争议。这就涉及用人单位应至少进行几次调岗的问题。《劳动法》第二十六条和《劳动合同法》第四十条并没有规定当发生法定调岗情形时，用人单位应当至少对劳动者进行几次调岗。是只要进行一次调岗后发现劳动者仍不能胜任工作，就可以辞退，还是至少进行过两次调岗，才能予以辞退？调岗的次数问题往往引发双方对于之后的薪酬调整以及用人单位之后可能采取的单方辞退行为的合法性产生争议。本案中，农行东城支行进行了三次岗位安排，直到无岗位可安排的程度，应当说是已经充分考虑到劳动者的身体条件。

笔者认为，审判实务中不宜明确限定调岗的次数，应该从主客观不同方面来具体分析用人单位调岗次数的合理性：从主观角度来说，调岗应当充分考虑劳动者的利益，不得有恶意目的。用人单位调岗权利的行使不得违反法律、法规的规定，不得具有损害劳动者合法权益的主观意图。从客观角度而言，调岗应当穷尽一切手段，帮助劳动者找到条件匹配的岗位，客观上不得明显损害劳动者的合法权益。用人单位调岗应当充分考虑劳动者的年龄、身体情况、学历、工作经验等因素，为其安排劳动者可以胜任的工作岗位，直至没有合适的岗位可安排。

4. 调岗能不能降薪

《劳动法》第二十六条和《劳动合同法》第四十条依然没有规定调岗后薪酬是否可以发生改变，特别是当岗位级别降低时，薪酬标准是否可以随之下降。

笔者认为，劳动合同虽然要受到较多国家强制性规范的约束，如最低工资、最高工时等劳动基准以及法定的解除制度等，但其本质仍属于合同，仍应贯彻意思自治原则，即用人单位与劳动者应就提供劳动、支付报酬这一基本要素形成合意。《劳动合同法》第三条规定："订立劳动合同，应当遵循合法、公平、平等自愿、协商一致、诚实信用的原则。依法订立的劳动合同具有约束力，用人单位与劳动者应当履行劳动合同约定的义务。”本案中，张健与农行东城支行签订的劳动合同约定农行东城支行可根据张健的工作岗位及贡献大小确定劳动报酬。因此，农行东城支行根据张健的无岗位工作状态支付工资符合双方之间劳动合同的约定。

但如果双方之间劳动合同没有约定用人单位享有根据劳动者的工作岗位确定劳动报酬的权利，用人单位是否有权利调岗并调整劳动报酬呢？《劳动法》第四十六条和第四十七条规定工资分配应当遵循按劳分配原则，实行同工同酬；用人单位根据本单位的生产经营特点和经济效益，依法自主确定本单位的工资分配方式和工资水平。我们认为，岗位管理包含了岗位的薪酬管理，岗位异动也往往伴随着岗位报酬标准的变动，法律规定了企业在员工不胜任前提下可调岗，其让渡的应当是完整的岗位管理权，该权利包括履行新的岗位薪酬标准、新的考核办法等等。员工因不胜任工作而被调整到新的岗位，其薪酬应当根据新岗位的标准确定，否则有违于“同工同酬”的基本立法思想。另一方面，为了防止企业调薪权利的滥用，充分保障劳动者的合法权益，企业在调薪操作时应当基于以下前提：（1）有明确的岗位职系和薪酬对应标准；若无制度规定和合同约定，调岗后的薪酬标准应当协商确定，而不能由用人单位单方确定；（2）与员工书面确定新的岗位与报酬标准；（3）如果是降薪，企业应当为劳动者准备2至3个月的过渡期，在过渡期内不降薪。本案中，农行东城支行在2010年2月至4月无岗位期间仍然支付了张健基础工资和部分效益工资，体现出用人单位对劳动者的照顾和保护。

结合上述四个方面进行审查，农行东城支行享有单方调岗权利，对张健的单方调岗行为符合法律关于单方调岗的法定情形，在调岗的次数和降薪后果均给予劳动者充分的照拂，其行为无明显不合理之处，无滥用权利侵害劳动者的合法权益。故农行东城支行的单方调岗降薪行为具有合法性。

编写人：北京市东城区人民法院　杨世和　程新桐

图书在版编目（CIP）数据

中国法院2016年度案例．劳动纠纷：含社会保险纠纷／国家法官学院案例开发研究中心编．—北京：中国法制出版社，2016.3

ISBN 978-7-5093-7172-5

Ⅰ.①中… Ⅱ.①国… Ⅲ.①劳动争议-案例-汇编-中国 Ⅳ.①D920.5

中国版本图书馆CIP数据核字（2016）第015765号

策划编辑：李小草（lixiaocao2008@sina.cn）

责任编辑：黄会丽　　封面设计：温培英、李宁

中国法院2016年度案例·劳动纠纷（含社会保险纠纷）

ZHONGGUO FAYUAN 2016 NIANDU ANLI · LAODONG JIUFEN（HAN SHEHUI BAOXIAN JIUFEN）

编者/国家法官学院案例开发研究中心

经销/新华书店

印刷/三河市紫恒印装有限公司

开本/730毫米×1030毫米　16　　印张/15.75　字数/205千

版次/2016年5月第1版　　2016年5月第1次印刷

中国法制出版社出版

书号 ISBN 978-7-5093-7172-5　　定价：48.00元

北京西单横二条2号　　值班电话：66026508

邮政编码 100031　　传真：66031119

网址：http：//www.zgfzs.com　　编辑部电话：66070084

市场营销部电话：66033393　　邮购部电话：66033288

（如有印装质量问题，请与本社编务印务管理部联系调换。电话：010-66032926）

中国法院 2012、2013、2014、2015、2016 年度案例系列

国家法官学院案例开发研究中心　编

简便易用、权威实用——打造“好读有用”的案例

1. 权威的作者：国家法官学院案例开发研究中心持续 20 余年编辑了享誉海内外的《中国审判案例要览》丛书，2012 年起推出《中国法院年度案例》丛书，旨在探索编辑案例的新方法、新模式，以弥补当前各种案例书的不足。

2. 强大的规模：2012、2013 年各推出 15 本，2014 年推出 18 本，2015 年推出 19 本，2016 年推出 20 本，含传统和新近的所有热点纠纷，所有案例均是从全国各地法院收集到的上一年度审结的近万件典型案例中挑选出来的，具有广泛的选编基础和较强的代表性。

3. 独特的内容：不再有繁杂的案情，高度提炼案情和裁判要旨，突出争议焦点问题。不再有冗长的分析，主审法官撰写“法官后语”，展现裁判思路方法。

1. 婚姻家庭与继承纠纷
2. 物权纠纷
3. 土地纠纷（含林地纠纷）
4. 房屋买卖合同纠纷
5. 合同纠纷
6. 买卖合同纠纷
7. 借款担保纠纷
8. 民间借贷纠纷
9. 侵权赔偿纠纷
10. 道路交通纠纷
11. 雇员受害赔偿纠纷（含帮工受害纠纷）
12. 人格权纠纷（含生命、健康、身体、姓名、肖像、名誉权纠纷）
13. 劳动纠纷（含社会保险纠纷）
14. 公司纠纷
15. 保险纠纷
16. 金融纠纷
17. 知识产权纠纷
18. 行政纠纷
19. 刑法总则案例
20. 刑法分则案例

最高人民法院指导性案例裁判规则理解与适用系列

公司卷（第二版）（上下册）	139 元	婚姻家庭卷	50 元
民事诉讼卷（上下册）	139 元	合同卷四	98 元
侵权赔偿卷二	69 元	合同卷三	98 元
侵权赔偿卷一	69 元	合同卷二	98 元
房地产卷	98 元	合同卷一	98 元
劳动争议卷	58 元	担保卷	98 元

最高人民法院知识产权审判实务系列

商标法适用的基本问题（增订版）	78 元
反不正当竞争法的创新性适用【精装】	68 元
知识产权保护的新思维——知识产权司法前沿问题	98 元
最高人民法院知识产权审判案例指导（第 7 辑）	98 元
最高人民法院知识产权审判案例指导（第 6 辑）	78 元
最高人民法院知识产权审判案例指导（第 5 辑）	88 元
最高人民法院知识产权审判案例指导（第 4 辑）	78 元
最高人民法院知识产权审判案例指导（第 3 辑）	78 元
最高人民法院知识产权审判案例指导（第 2 辑）	78 元
最高人民法院知识产权审判案例指导（第 1 辑）	48 元
中国知识产权指导案例评注（第 6 辑）	128 元
中国知识产权指导案例评注（第 5 辑）	118 元
中国知识产权指导案例评注（第 4 辑）	98 元
中国知识产权指导案例评注（第 3 辑）	98 元
中国知识产权指导案例评注（上、下卷）	188 元
商业秘密司法保护实务	98 元
知识产权法律适用的基本问题——司法哲学、司法政策与裁判方法	168 元
最高人民法院知识产权司法解释理解与适用	58 元

北京市高级人民法院知识产权审判实务书系

知识产权司法保护与审判指导（2015 年第 1 辑，总第 1 辑）	36 元
商业特许经营合同原理解读与审判实务	58 元
北京市高级人民法院《专利侵权判定指南》理解与适用	128 元
商标授权确权的司法审查	88 元
知识产权疑难案例要览（第 3 辑）	98 元
北京市高级人民法院知识产权疑难案例要览（第 2 辑）	88 元
北京市高级人民法院知识产权疑难案例要览（第 1 辑）	78 元

北京市西城区人民法院审判实务书系

老字号企业知识产权管理与法律风险防范	58 元

宁波市中级人民法院知识产权审判实务书系

知识产权审判理念与实务	68 元

中国知识产权报书系

知识产权经典案例评析（2015 年卷）	50 元
知识产权经典案例评析（2016 年卷）	50 元